TOPIK II

한국어능력시험

# 韓国語能力試験 総合対策

第3版

韓国教育財団諮問委員
イム・ジョンデ［著］

秀和システム

# まえがき

本書の初版の刊行は2018年2月で、2020年2月に第2版が刊行されました。TOPIKの出題内容は、その時の状況とともに変化しています。もちろん時代の変化と無関係に韓国語の基本的実力を問わなければならない問題も依然として出題されますが、重要なのは、TOPIK制度そのものが、韓国で生活したり、あるいは、韓国語で仕事をされる方々の語学力振興のための資格試験であることを踏まえた時に、試験問題の一定部分は、その時の状況を踏まえたものにならざるを得ないということです。

TOPIKを主管するのは、韓国の국립국제교육원(国立国際教育院)というところで、試験問題は、外国語としての韓国語教育に携わっている先生たちによって作られます。TOPIK(韓国語能力試験)の級にはⅠとⅡがあり、それぞれ目指そうとしている目標が若干違います。TOPIK Ⅱは、目安として、韓国の大学において修学できる能力が備わったと見るレベルで、TOPIK Ⅰは、その準備段階といえます。ですから、TOPIK Ⅰは日常生活において会話ができる、文章が理解できる、といったところにその取得目標が置かれることになります。単語の数も、目安として、1,500語から2,000語くらいになろうかと思います。

第3版は、この基本目的に符合する形での模擬テストをそのまま残すと同時に、冒頭で言ったような新傾向に合わせた問題を改めて制作し、入れ替える形を取りました。また、その新傾向がどういう内容で、どのような対策が必要なのかを説明する모음を追加し、さらに巻末には、最近の傾向に合わせた文型や単語も収録しています。

外国語を勉強するのは、中々大変な作業です。しかし、使えた時、分かった時はまた喜びもひとしおです。試験を受けてみるのは、素晴らしいことです。そこに目標があり、その目標達成に向けて努力が積み重ねられるからです。語学の成功は、そういう努力の賜物なのです。その皆様のご努力に本書が少しでも役立つものになることを願って止みません。

この本の出版と関連し、株式会社秀和システムの清水雅人氏には、大変お世話になりました。この場を借りて、感謝の意を表したいと思います。

2023年7月　イム・ジョンデ

# 目次

まえがき 3

## 첫 번째 모음　試験について

韓国語能力試験について 8

## 두 번째 모음　듣기説明編

Ⅰ TOPIKという試験 14
Ⅱ 듣기 시험（聞き取り試験）その1 15
Ⅲ 듣기 시험（聞き取り試験）その2 16
듣기（聞き取り） パターン1 18
듣기 パターン2 22
듣기 パターン3 26
듣기 パターン4 29
듣기 パターン5 32
듣기 パターン6 34
듣기 パターン7 40
듣기 パターン8 44

## 세 번째 모음　읽기説明編

Ⅰ 읽기 시험（読解試験）その1 52
Ⅱ 읽기 시험（読解試験）その2 54
읽기（読解） パターン1 56
읽기 パターン2 58
읽기 パターン3 62
읽기 パターン4 65
읽기 パターン5 69
읽기 パターン6 72
읽기 パターン7 84
읽기 パターン8 86

## 네 번째 모음　文法編


文法というもの 90

Ⅰ 助詞 92

Ⅱ 指示詞 99

Ⅲ 終結表現 100

Ⅳ 否定表現 115

Ⅴ 連体表現 117

Ⅵ 連結表現 118


## 다섯 번째 모음　模擬試験


第1回　Ⅰ 듣기(1번～30번) 126

第1回　Ⅱ 읽기(31번～70번) 133

第1回　Ⅰ 듣기　正解及び解説 146

第1回　Ⅱ 읽기　正解及び解説 156

第2回　Ⅰ 듣기(1번～30번) 166

第2回　Ⅱ 읽기(31번～70번) 173

第2回　Ⅰ 듣기　正解及び解説 186

第2回　Ⅱ 읽기　正解及び解説 196

第3回　Ⅰ 듣기(1번～30번) 206

第3回　Ⅱ 읽기(31번～70번) 213

第3回　Ⅰ 듣기　正解及び解説 226

第3回　Ⅱ 읽기　正解及び解説 236

第4回　Ⅰ 듣기(1번～30번) 248

第4回　Ⅱ 읽기(31번～70번) 255

第4回　Ⅰ 듣기　正解及び解説 268

第4回　Ⅱ 읽기　正解及び解説 282


## 여섯 번째 모음　最新の出題傾向 293

**音声ダウンロードのご紹介**

本書で紹介されている듣기の問題文をネイティブスピーカーが読み上げた音声を以下のサイトから無料でダウンロードいただけます。

URL https://www.shuwasystem.co.jp/support/7980html/7051.html

音声のファイル名は本文記載のトラック名と対応しています。

本書は赤シートに対応しています。正解や解説を隠して、理解度の確認にご利用下さい。

＊本書に赤シートは付属していません。

TOPIK I

# 첫 번째 모음

## 試験について

# 韓国語能力試験について

## 試験の種類及び等級

1）　試験の種類：TOPIK Ⅰ、TOPIK Ⅱ
TOPIK：Test of Proficiency in Koreanの略

2）　評価の等級：1級～6級

| 種類 | TOPIK Ⅰ | | TOPIK Ⅱ | | | |
|---|---|---|---|---|---|---|
| | 1級 | 2級 | 3級 | 4級 | 5級 | 6級 |
| 等級 | 80点以上 | 140点以上 | 120点以上 | 150点以上 | 190点以上 | 230点以上 |

※TOPIK Ⅰは200点満点、TOPIK Ⅱは300点満点です。上記の等級は試験の結果によって自動的に決まるもので、自分で指定して応募することは出来ません。

## 試験の構成

1）　種類別

| 種類 | 時間 | 区分（分） | 形式 | 問題数 | 点数 | 合計点 |
|---|---|---|---|---|---|---|
| TOPIK Ⅰ | 1時間目 | 聞き取り（40分） | 選択 | 30 | 100 | 200 |
| | | 読解（60分） | 選択 | 40 | 100 | |
| TOPIK Ⅱ | 1時間目 | 聞き取り（60分） | 選択 | 50 | 100 | 300 |
| | | 書き取り（50分） | 記述 | 4 | 100 | |
| | 2時間目 | 読解（70分） | 選択 | 50 | 100 | |

2）　問題別

a　4択式－듣기（聞き取り）試験、읽기（読解）試験

b　記述式－쓰기（書き取り）試験

i　完成型－単語や短い表現を入れ、文を完成していくタイプの問題です。2問出ます。

ii　作文型－200字～300字の中級レベルの説明文が1問、600字～700字の上級レベルの論文が1問、計2問出ます。

## 主管機関

1） 教育部－TOPIK制度の立案や政策決定、指導監督などを行う韓国の機関です。
2） 国立国際教育院－試験に関連し、出題や採点などの一線の業務全般を担当する教育部所属の外郭団体です。

## 有効期間

成績発表日から2年間が有効で、その間は国立国際教育院のホームページ(http://www.topik.go.kr)から成績証明書を出力することが出来ます。

## 試験時間割

<table>
<tr><th rowspan="2">区分</th><th rowspan="2">時間</th><th rowspan="2">領域</th><th colspan="3">日本・韓国の試験場</th><th rowspan="2">試験時間<br>(分)</th></tr>
<tr><th>入室時間</th><th>開始</th><th>終了</th></tr>
<tr><td>TOPIK Ⅰ</td><td>1時間目</td><td>聞き取り<br>読解</td><td>09:20<br>(日本は09:30)</td><td>10:00</td><td>11:40</td><td>100</td></tr>
<tr><td rowspan="2">TOPIK Ⅱ</td><td>1時間目</td><td>聞き取り<br>書き取り</td><td>12:20<br>(日本は12:30)</td><td>13:00</td><td>14:50</td><td>110</td></tr>
<tr><td>2時間目</td><td>読解</td><td>15:10</td><td>15:20</td><td>16:30</td><td>70</td></tr>
</table>

1） 韓国・日本以外の試験場は上記とは異なる試験時間となります。
2） TOPIK ⅠとTOPIK Ⅱは併願が可能です。
3） 入室時間は厳守です。入室時間を過ぎるといかなる理由があっても入室が認められません。
4） TOPIK Ⅰは1時間目のみとなります。

## 試験当日の流れ

| | 入室時間 | 開始 | 終了 |
|---|---|---|---|
| TOPIK Ⅰ | 09:30 | 10:00 | 11:40 |
| TOPIK Ⅱ | 1時間目　12:30 | 13:00 | 14:50 |
| | 2時間目　15:10 | 15:20 | 16:30 |

1） 韓国・日本以外の試験場は上記とは異なる試験時間となります。
2） TOPIK ⅠとTOPIK Ⅱは併願が可能です。
3） 入室時間は厳守です。入室時間を過ぎるといかなる理由があっても入室が認められません。
4） 韓国の試験場での当日の流れは、基本的に日本の試験場での流れと一緒です。ただ、詳細な時間が異なるので、韓国で受験する時には必ずご確認下さい。

## 試験の実施時期と願書受付

1） 2018年度は、韓国では、1月、4月、5月、7月、10月、11月の計6回実施されます。この中で日本で実施されない1月、5月、11月の試験の応募は、韓国国内でのみ受付が可能で、成績も国立国際教育院のホームページでしか確認出来ません。諸事情により受験を希望する場合には、韓国国内で受付をし、韓国に渡って受験しなければなりません。
2） 日本では年3回実施されます。県別に試験会場が設けられ、試験の結果が自宅に送付されてきます。
3） 韓国の大学へ進学・編入学を希望する場合には、基本的にTOPIK Ⅱ 3級以上を取得することが条件となりますが、その場合、3月の入学・編入学に間に合うように、10月の試験で3級以上を取得しなければなりません。もし10月の試験で3級が取れなかった場合、各大学の入試日程にもよりますが、基本的には受付不可ということになります。但し、大学によっては11月や1月の試験の合格を待って条件付きで入学願書を受け付けてくれるところもあります。1月の試験の結果が2月初旬に出ますので、3月の入学にぎりぎりのタイミングで間に合うことになります。9月の入学・編入学を希望する場合には、7月の試験が最後のチャンスとなります。

※以上の説明は、今までのTOPIK制度を踏まえたものですが、試験制度や問題構成などは時々見直して変更されることがありますのでご注意下さい。

※本文の日本語訳は学習がしやすいよう、直訳調で記載されている場合があります。

TOPIK Ⅰ

# 두 번째 모음

# 説明編

# Ⅰ TOPIKという試験

TOPIKという試験制度は、基本的には、資格取得を目指して行うものではありません。もちろん試験の成績で級が決まるわけですから結果的には資格取得になりますし、また韓国の大学によっては外国人の入学の条件として一定以上の級を取得することを課してきたり、卒業の要件としてTOPIKⅡ 4級以上の取得を義務付けたりするところもあるので、TOPIKの受験目的を資格取得に置く人もいます。しかし教育というキーワードから捉えると、試験とは、教育の中の評価の一環として行うもので、教育の最後の段階においてその目標が達成されたかどうかをチェックするためのものなので、TOPIKという試験も、資格取得というよりも、自分が最終ゴールに到達出来たかどうかをチェックするためのものだと考えた方が妥当ではないかと思います。

さて、その目標ですが、TOPIKⅠの場合、外国人が韓国での日常生活の中で、または旅行中に接することになる簡単な会話ができ簡単な話や文章をある程度理解出来るようになることにあります。従ってTOPIKⅠの試験で扱われる問題の内容も、簡単なコミュニケーション能力や文章の理解力などを問うものが中心となり、問題のテーマも、韓国での日常生活や一時滞在中に十分にあり得るシチュエーションのものばかりとなっています。ですから、試験を受ける皆様は、今度はどんな内容の問題が出題されるのか、何の勉強をすればいいのかと悩む必要はありません。ごく普通のテーマ、十分に想定出来る内容ばかりが出題されるからです。これらの話を踏まえると、TOPIKⅠが取得出来たら、ご自分に韓国語の簡単な会話能力と文章力、簡単な読解能力が身に付いたと自己判断を下してもいいということになります。

# Ⅱ 듣기 시험（聞き取り試験）その1

TOPIK Ⅰの듣기（聞き取り）試験は、外国人の韓国語学習者が韓国国内で日常生活を送ったり、旅行のため一時滞在をするという状況を想定して作られています。したがって試験の内容も、韓国人からの簡単な質問にどう答えるのか、現地で聞こえてくる簡単な会話や情報をどう理解し、どう反応するのかを問う内容となっています。具体的には下記のようなものが考えられます。

## 試験のテーマ

下記にTOPIK Ⅰの듣기試験で今まで出題されてきたテーマと今後考えられるテーマをまとめてみました。

1）挨拶 ……………………簡単な自己紹介、簡単なお礼や謝罪

2）数 ………………………時計、時間、曜日、日付、値段、単位

3）買い物 …………………デパート、市場、コンビニ、空港、お店

4）仕事 ……………………会社、仕事、職業、出張

5）趣味・レジャー ………趣味、スポーツ、旅行、宿泊、週末、地理、休日、休み、好き嫌い、スポーツ

6）芸術 ……………………コンサート、展示会、博物館、チケット

7）交通 ……………………電車、列車、バス、タクシー、切符

8）日常生活 ………………約束事、服装、天気、季節、気候、料理、招待、電話、公園、注文、出前

9）学校 ……………………学校、先生、友達、先輩、後輩、授業、サークル、塾、習い事

10）家庭 ……………………家族、兄弟、親戚、料理、家事、住居、来客

11）医療・健康 ……………病院、薬局、スポーツ、トレーニング、ジム、山登り、ウォーキング、マッサージ

## 試験の内容

듣기試験は、相手の話した内容をどのくらい聞き取れているのかを問うものなので、問題の内容もそれに沿った簡単な質問に答えるものと、生活の中の情報や案内などの内容を理解して答えるものとの2つに分かれます。以下はその具体例です。

| 他人とのコミュニケーション | 情報案内・情報提供 |
|---|---|
| **プライベートの会話**<br>●家庭や学校などの場所で家族、友人・知人との間で交わす簡単な日常会話<br>**社会生活の中での対話**<br>●病院、郵便局、図書館、バスターミナル、駅、官公庁などを利用する時の会話<br>●公の場で自己紹介をする時の会話<br>●家で出前を頼んだり飲食店やコーヒーショップなどで注文を取ったりする時の会話<br>●問い合わせや相談などをする時の会話<br>●会議をする時の会話 | **各種案内**<br>●空港、地下鉄、バス、駅、忘れ物、迷子、募集、施設利用、集会、セール、観光、旅行、食品、製品、マンション、寮などにおける案内放送など<br>**広告やお知らせ**<br>●製品、求人、募集、企業、集い、コンサート、展示会、博物館などの広告やお知らせ |

## Ⅲ 듣기 시험（聞き取り試験）その2

問題文はすべて韓国語で書かれていますが、듣기試験でよく使われる質問文は、大体次のようなものになります。

・다음을 듣고《보기》와 같이 물음에 맞는 대답을 고르십시오.
・다음을 듣고《보기》와 같이 이어지는 말을 고르십시오.
・여기는 어디입니까?《보기》와 같이 알맞은 것을 고르십시오.

・다음은 무엇에 대해 말하고 있습니까?《보기》와 같이 알맞은 것을 고르십시오.
・다음 대화를 듣고 알맞은 그림을 고르십시오.
・다음을 듣고《보기》와 같이 대화 내용과 같은 것을 고르십시오.
・다음을 듣고 ○○의 중심 생각을 고르십시오.
・다음을 듣고 물음에 답하십시오.

**日本語の意味**

・次を聞いて、《例》のように質問に合った答えを選んで下さい。
・次を聞いて、《例》のように後ろに続く表現を選んで下さい。
・ここはどこですか。《例》のように適切なものを選んで下さい。
・次は何について話していますか。《例》のように適切なものを選んで下さい。
・次の会話を聞き、適切な絵を選んで下さい。
・次を聞いて、《例》のように会話の内容と一致するものを選んで下さい。
・次を聞いて、○○が一番言いたいことは何かを選んで下さい。
・次を聞いて、質問に答えて下さい。

それでは、今までの듣기試験ではどんな問題が出題されたのかを、最近の問題を参考にしながら詳しく見ていくことにしましょう。

なお、TOPIKの出題傾向ですが、小規模の変更はあり得ても、前項で説明したような教育目標そのものが変わることはありませんので、下記に紹介する問題と大幅にずれることはありません。

## 듣기 パターン 1

듣기試験で最初に登場するこのパターンからは計4問出題されます。4問すべてが、音声を聞いて、答えを選ぶ問題です。質問のパターンとしては「はい／いいえ」で答えるタイプのものと、「誰が、いつ、どこで、何を、どうして、どのように、どんな」などの疑問詞からなる質問に答えるタイプとの2つに分かれます。下記の例では質問を文で載せていますが、実際の試験では音声が流れるのみです。

track sample_01

**※다음을 듣고《보기》와 같이 물음에 맞는 대답을 고르십시오.**

《보기》

㉮ : **월요일이에요?**

㉯ : ________________

❶ 네, 월요일이에요.
② 네, 월요일이 아니에요.
③ 아니요, 월요일이에요.
④ 아니요, 월요일이 있어요.

（＊色の丸数字が正解です。）

1. 4점

track sample_02

남자 : **한국 드라마를 봐요?**

여자 : ________________

① 네, 드라마를 해요.
② 네, 드라마가 아니에요.
③ 아니요, 드라마를 안 봐요.
④ 아니요, 드라마가 재미있어요.

2. 4점 track sample_03

여자 : **시간이 많아요?**

남자 : ____________________

① 네, 시간이 없어요. ② 네, 시간이 많아요.
③ 아니요, 시간이에요. ④ 아니요, 시간이 있어요.

3. 3점 track sample_04

남자 : **옷을 언제 샀어요?**

여자 : ____________________

① 옷을 샀어요. ② 오빠가 샀어요.
③ 어제 샀어요. ④ 슈퍼에서 샀어요.

4. 3점 track sample_05

여자 : **무슨 일을 하세요?**

남자 : ____________________

① 내일 해요. ② 일이 있어요.
③ 일이 많아요. ④ 가방을 팔아요.

**日本語訳と正解**

※次を聞いて《例》のように質問に合った答えを選んで下さい。

《例》

㉮ : 月曜日ですか。

㉯ : ____________________

❶ はい、月曜日です。 ② はい、月曜日ではありません。
③ いいえ、月曜日です。 ④ いいえ、月曜日があります。

1.　男性：韓国のドラマを見ますか。4点
女性：＿＿＿＿＿＿＿＿

① はい、ドラマをやっています。　② はい、ドラマではありません。
❸ いいえ、ドラマを見ません。　④ いいえ、ドラマが面白いです。

2.　女性：時間はたくさんありますか。4点
男性：＿＿＿＿＿＿＿＿

① はい、時間がありません。　❷ はい、時間がたくさんあります。
③ いいえ、時間です。　④ いいえ、時間があります。

3.　男性：洋服をいつ買ったのですか。3点
女性：＿＿＿＿＿＿＿＿

① 服を買いました。　② 兄が買いました。
❸ 昨日買いました。　④ スーパーで買いました。

4.　女性：どんな仕事をしていますか。3点
男性：＿＿＿＿＿＿＿＿

① 明日します。　② 用事があります。
③ 仕事が多いです。　❹ カバンを売っています。

**解　説**

パターン１で出題される２つの類型のうち、「네（はい）／아니요（いいえ）」で答えるタイプのものは、聞き方や答え方が日本語とあまり変わらないので、質問の意図が分かれば日本語と同じ答え方で正解を選べばいいということになります。

一方「누가（誰が）、언제（いつ）、어디에서（どこで）、무엇을/뭘（何を）、왜（どうして、なぜ）、어떻게（どのように）、무슨（どんな、何の）、어떤（どんな）、어때요？（どうですか）、몇 시（何時）」などのように疑問詞で聞いてくる質問の場合には、何を聞いているのかを正確に理解し、その質問に合った答えを選ぶ必要があります。例えば次のようなものです。

| 疑問詞の例 | 質問の例 | 返事の例 |
|---|---|---|
| 누가<br>誰が | 누가 먹었어요?<br>誰が食べましたか。 | 제가 먹었어요.<br>私が食べました。 |
| 누구를<br>誰を、誰に | 누구를 만났어요?<br>誰に会いましたか。 | 친구를 만났어요.<br>友達に会いました。 |
| 누구한테<br>誰に | 누구한테 줬어요?<br>誰にあげましたか。 | 엄마한테 줬어요.<br>お母さんにあげました。 |
| 언제<br>いつ | 언제 여행 가요?<br>いつ旅行に行きますか。 | 이번 주말에 가요.<br>今度の週末に行きます。 |
| 어디에서<br>どこで | 한국말 어디에서 배웠어요?<br>韓国語はどこで習いましたか。 | 대학교에서 배웠어요.<br>大学で習いました。 |
| 무엇이/뭐가<br>何が | 뭐가 재미있어요?<br>何が面白いですか。 | 드라마가 재미있어요.<br>ドラマが面白いです。 |
| 무엇을/뭘<br>何を | 오늘 무엇을 하고 싶어요?<br>今日何をしたいですか。 | 명동에 가고 싶어요.<br>明洞に行きたいです。 |
| 왜<br>どうして、なぜ | 왜 먼저 갔어요?<br>なぜ先に行きましたか。 | 일이 있었어요.<br>仕事がありました。 |
| 어떻게<br>どうやって | 거기에 어떻게 가요?<br>そこにどうやって行きますか。 | 버스로 가요.<br>バスで行きます。 |
| 무슨<br>何の、どんな | 무슨 일을 해요?<br>どんな仕事をしていますか。 | 저는 의사예요.<br>私は医者です。 |
| 어떤<br>どんな | 어떤 가방이 좋아요?<br>どんなカバンがいいですか。 | 큰 것이 좋아요.<br>大きなものがいいです。 |
| 어때(요)?<br>どう(ですか)? | 이 옷 어때요?<br>この服、どうですか。 | 아주 잘 어울려요.<br>とてもよく似合います。 |
| 몇 시<br>何時 | 몇 시에 잤어요?<br>何時に寝ましたか。 | 열한 시에 잤어요.<br>11時に寝ました。 |

## 듣기　パターン2

パターン2からは計2問出題されています。日常のいろいろな場面で言われる可能性のある簡単な声かけに、どう返せばいいのかを答える問題で、実際の試験では声かけ部分が音声で流れ、受験者は4つの選択肢から正解を選びます。

track sample_06

**※다음을 듣고《보기》와 같이 물음에 맞는 대답을 고르십시오.**

《보기》

남자 : **맛있게 드세요.**
여자 : ______________

❶ 잘 먹겠습니다.　② 아주 좋습니다.
③ 잘 모르겠습니다.　④ 반갑습니다.

5. 4점　track sample_07

남자 : **그럼 안녕히 계세요.**
여자 : ______________

① 네, 실례합니다.　② 네, 고맙습니다.
③ 네, 안녕히 가세요.　④ 거기 있어요.

6. 3점　track sample_08

여자 : **여보세요, 이유영 씨 좀 바꿔 주세요.**
남자 : ______________

① 네, 없는데요.　② 네, 전데요.
③ 네, 죄송해요.　④ 네, 있습니다.

**日本語訳と正解**

※次を聞いて《例》のように質問に合った答えを選んで下さい。

《例》

男性：どうぞお召し上がり下さい。
女性：＿＿＿＿＿＿＿＿

❶ いただきます。　② とてもいいです。
③ よく分かりません。　④（お会い出来て）嬉しいです。

5. 男性：それでは、さようなら。 4点
女性：＿＿＿＿＿＿＿＿

① はい、失礼します。　② はい、ありがとうございます。
❸ はい、さようなら。　④ そこにいます。

6. 女性：もしもし、イ・ユヨンさんに代わってもらえますか。 3点
男性：＿＿＿＿＿＿＿＿

① はい、いないんですけど。　❷ はい、私ですが。
③ はい、すみません。　④ はい、います。

**解　説**

このタイプの過去問に今まで出てきた場面は下記のとおりです。参考までに場面ごとの声かけと、それに対する返事の例を載せておきました。実際の会話では、声かけと返事が逆になって現れることもよくあり、試験でも逆になることがあります。

| 想定の場面 | 声かけ | 返　事 |
|---|---|---|
| 初めての挨拶 | 안녕하세요? | 처음 뵙겠습니다. |
| | 처음 뵙겠습니다. | 만나서 반갑습니다. |
| | 잘 부탁합니다. | 네, 잘 부탁드립니다. |

| 想定の場面 | 声かけ | 返　事 |
| --- | --- | --- |
| 謝る | 미안합니다. | 아니에요. |
| 謝罪の言葉に返事を返す | 죄송합니다. | 괜찮습니다. |
| | | 아니에요, 괜찮아요. |
| 感謝する | 감사합니다. | 아니에요. |
| 感謝の言葉に返事を返す | 고맙습니다. | 아니에요. |
| | | 아닙니다. |
| 別れる | 안녕히 가세요. | 안녕히 계세요. |
| | 안녕히 계세요. | 안녕히 가세요. |
| 久しぶりに会う | 오랜만입니다. | 오랜만이에요. |
| | 잘 지내셨습니까? | 네, 잘 지냈어요? |
| 人を室内に通す | 어서 오세요. | 실례합니다. |
| | 들어오세요. | |
| お店の人がお客様に | 어서 오세요. | |
| 訪ね先を離れる | 그럼 다시 오겠습니다. | 네, 안녕히 가세요. |
| 訪ねたが会えずそのまま帰る | 그럼 또 오겠습니다. | |
| | 나중에 오겠습니다. | |
| 来客 | 어떻게 오셨어요? | ○○ 씨 계세요? |

| 想定の場面 | 声かけ | 返事 |
| --- | --- | --- |
| 客が来たのに担当者がいない | ○○ 씨 찾아왔는데요. | 지금 자리에 없는데요. |
| 人を待たせる | 잠깐만 기다리세요. | 네, 감사합니다. |
| 人に祝いの言葉をかける | 축하드립니다. | 네, 고맙습니다. |
| | 축하합니다. | |
| 相手に返事を求められる | 알았습니까? | 네, 잘 알겠습니다. |
| | 아시겠어요? | |
| 電話をする | ○○ 씨 부탁합니다. | 네, 잠깐만 기다리세요. |
| | ○○ 씨 좀 바꿔 주세요. | 네, 전데요. |
| | ○○ 씨 계세요? | 지금 안 계시는데요. |
| 出かける人に | 잘 다녀오세요. | 다녀오겠습니다. |
| 出かける人が残っている人に | 다녀올게요. | 잘 다녀오세요. |
| | 다녀오겠습니다. | |
| 食事する時に | 잘 먹겠습니다. | 많이 드세요. |
| 食事が終わって | 잘 먹었습니다. | |

## 듣기　パターン 3

パターン3からは計4問出題されています。男女2人の会話を聞かせ、その会話がどんな場所で交わされているのかを答えさせる問題です。場所を表す単語をどのくらい覚えているかがカギとなります。この問題でも男女2人の会話は音声で流れるだけで皆様がその会話文を目にすることはありません。

track sample_09

※여기는 어디입니까? 《보기》와 같이 알맞은 것을 고르십시오.

《보기》

㉮ : 어디가 아파요?
㉯ : 머리가 아픈데요.

① 공항　❷ 병원　③ 가게　④ 학교

7. 3점　track sample_10

여자 : 어디까지 가세요?
남자 : 부산까지요.

① 택시　② 터미널　③ 버스　④ 지하철

8. 3점　track sample_11

남자 : 주문 도와 드리겠습니다.
여자 : 레몬티 한 잔 주세요.

① 빵집　② 커피숍　③ 백화점　④ 매점

9. 3점 ◀)) track sample_12

여자 : 택배 보내고 싶은데요.
남자 : 안에 뭐가 들어 있어요?

① 극장 ② 회사 ③ 우체국 ④ 화장실

10. 4점 ◀)) track sample_13

남자 : 감기약은 어디에 있어요?
여자 : 이쪽으로 오세요, 손님.

① 약국 ② 서점 ③ 미술관 ④ 정류장

**日本語訳と正解**

※ここはどこですか。《例》のように適切なものを選んで下さい。

《例》

㉮：どこが具合悪いですか。
㉯：頭が痛いんですけど。

① 空港 ❷ 病院 ③ 店 ④ 学校

7. 女性：どこまで行きますか。3点
男性：釜山までです。

① タクシー ❷ ターミナル ③ バス ④ 地下鉄

8. 男性：ご注文をお伺いいたします。3点
女性：レモンティー1杯下さい。

① パン屋 ❷ コーヒーショップ
③ 百貨店 ④ 売店

9.　女性：宅配、送りたいのですが。3点
男性：中に何が入っていますか。

① 劇場　② 会社　❸ 郵便局　④ トイレ

10.　男性：風邪薬はどこにありますか。4点
女性：こちらへどうぞ、お客様。

❶ 薬局　② 書店　③ 美術館　④ バス停

**解　説**

これらの問題においては、남자 옷/여자 옷（紳士服／婦人服）、다음 정류장（次のバス停／駅）、동화/소설（童話／小説）、소포/택배를 보내다（小包／宅配を送る）、얼마（いくら）、한국 돈으로 바꾸다（韓国のお金に両替する）、표를 사다（切符を買う）など、場所の特定につながる言葉を聞き取れるかどうかがカギとなります。꽃집（花屋）、도서관（図書館）、신발 가게（靴屋）、커피숍（コーヒーショップ）、호텔（ホテル）なども覚えておきましょう。

## 듣기　パターン4

パターン4では計4問出題されています。男女2人の会話を流し、その2人が何について話し合っているのかを答える問題です。この問題を解くカギは、2人の会話の中から共通するものを見つけられるかどうかにあります。例えば、問題文の中で、나（私）という人物が형（兄）や동생（弟、妹）の話に触れているとすれば、家族のことについて話していることになるでしょうし、2人が－시（～時）と話しているとすれば、時間について語っていることになります。수영（水泳）や테니스（テニス）について話し合っているとすれば、運動についての会話になり、겨울（冬）や여름（夏）のことを話しているとすれば、季節について語っていることになります。このように、パターン4は個々の単語の意味を追いかけるより、会話をしている2人が何について話をしているのかを把握することが重要になります。

track sample_14

※다음은 무엇에 대해 말하고 있습니까?《보기》와 같이 알맞은 것을 고르십시오.

《보기》

㉮：미라 씨, 탁구 잘 쳐요?
㉯：아니요 못 쳐요.

① 직업　② 나라　❸ 운동　④ 여행

11. 3점　track sample_15

남자：누구세요?
여자：얘는 동생이고 이쪽은 오빠예요.

① 친구　② 부모　③ 가족　④ 선배

12. 3점 (track sample_16)

여자 : 몇 시에 여기로 와요?
남자 : 한 시까지 갈게요.

① 시간 ② 나이 ③ 날짜 ④ 계절

13. 3점 (track sample_17)

남자 : 유영 씨, 딸기 좋아해요?
여자 : 네. 그리고 바나나도 좋아해요.

① 꽃 ② 과일 ③ 음식 ④ 맛

14. 4점 (track sample_18)

여자 : 성규 씨, 어디에 있어요?
남자 : 도서관 안에 있어요.

① 요일 ② 서점 ③ 의사 ④ 위치

**日本語訳と正解**

※次は何について話していますか。《例》のように適切なものを選んで下さい。

《例》

㉮ : ミラさん、卓球は上手ですか。
㉯ : いいえ、下手です。

① 職業 ② 国 ❸ 運動 ④ 旅行

11. 男性 : どなたですか。 3点
女性 : この子は弟でこちらは兄です。

① 友達 ② 両親 ❸ 家族 ④ 先輩

12. 女性：何時にこちらへ来ますか。3点
    男性：1時までに行きます。

    ❶ 時間　② 年齢　③ 日付　④ 季節

13. 男性：ユヨンさん、イチゴ好きですか。3点
    女性：はい。それからバナナも好きです。

    ① 花　❷ 果物　③ 料理　④ 味

14. 女性：ソンギュさん、どこにいますか。4点
    男性：図書館の中にいます。

    ① 曜日　② 書店　③ 医者　❹ 位置

**解　説**

パターン4の問題に関連しては、가족（家族）、계절（季節）、계획（計画）、건물（建物）、공부（勉強）、공원（公園）、과일（果物）、교실（教室）、교통（交通）、극장（映画館）、기분（気分）、꽃집（花屋）、꿈（夢）、나라（国）、나이（年齢）、날씨（天気）、날짜（日付）、도서관（図書館）、맛（味）、모임（集まり）、물건（もの）、방학（休み）、백화점（デパート）、부모님（両親）、사진（写真）、색（色）、서점（書店）、선물（お土産、プレゼント）、선생님（先生）、쇼핑（買い物）、수업（授業）、시간（時間）、시장（市場）、식당（食堂）、약국（薬局）、약속（約束）、여행（旅行）、역（駅）、요일（曜日）、우체국（郵便局）、운동（運動）、위치（位置）、은행（銀行）、음식（食べ物）、음악（音楽）、주소（住所）、지하철역（地下鉄の駅）、직업（職業）、춤（ダンス、踊り）、취미（趣味）、친구（友達）、학교（学校）、휴일（休日）などの言葉を覚えておくといいでしょう。

## 듣기 パターン5

パターン5からは計2問出題されています。男女2人の会話を聞いて、その会話の内容と一番近い絵を選ぶ問題です。このパターンでは보기（例）は与えられません。いきなり問題に入るような形式になっています。듣기試験は、全般的に、質問が流れる前に解答①～④の内容を把握しておくのが重要ですが、特にこのパターン5では、質問が流れる前に解答①～④の絵の状況を把握することがとても重要です。会話が全部終わってから問題を解き始めると、絵を見ているうちに覚えたつもりの会話内容があやふやになり、解くのに時間がかかるからです。

**※다음 대화를 듣고 알맞은 그림을 고르십시오.** 각 4점

track sample_19

15. 여자：뭘 드릴까요? 손님.
    남자：커피 레귤러 한 잔 주세요.

①

②

③

④

track sample_20

16. 여자 : 남대문 시장까지 가 주세요.
남자 : 네, 알겠습니다.

①

②

③

④

**日本語訳と正解**

※次の会話を聞いて適切な絵を選んで下さい。各4点

15. ❶ 女性：何になさいますか。お客様。
男性：コーヒーのレギュラーを1杯下さい。

16. ❶ 女性：南大門市場(ナム デ ムン シジャン)に行ってください。
男性：はい、かしこまりました。

**解　説**

パターン5の問題を解くカギは絵にあります。音声を聞く前に絵の内容を把握するのが重要と言いましたが、絵を見るときには2つのことに注目しましょう。1つ目は場所です。どんな場所なのか、どんな場面なのかをまず把握することです。2つ目は登場人物に関することです。絵の中に出てくる2人の人物がどんな関係の人でどんな動きをしているかを確認します。この2点を確認し、それから質問の内容を聞けば、消去法で2つの見方からはみ出るものをはじき出し、正解を選べると思います。

# 듣기 パターン6

パターン6からは計5問出題されています。これは、2人の登場人物による会話を聞かせ、4つの解答項目からその2人の会話内容と最も一致している説明を選ばせるタイプの問題です。もちろん会話内容は音声で流れるだけで皆様がそれを文章で確認することは出来ません。今までの問題とは違って総合力を問われるタイプのものなので、内容を聞く前にまず解答項目を確認し、会話が流れ始めたら重要なキーワードを書き取りながら聞くことが肝心です。2人の会話を聞きながら重要と思われるキーワードを書き取り、その後メモを取った内容と解答項目とを照らし合わせる方法もありますが、やはり先に解答項目の内容に目を通し、その把握した内容に流れてくる2人の会話を照らし合わせていった方がより効果的です。

track sample_21

※다음을 듣고《보기》와 같이 대화 내용과 같은 것을 고르십시오. 각 3점

《보기》

남자 : 요즘 테니스를 배워요?
여자 : 네. 친구한테서 테니스를 배워요.

① 남자는 선수입니다.
② 여자는 학교에 다닙니다.
③ 남자는 테니스를 가르칩니다.
❹ 여자는 테니스를 배웁니다.

🔊 track sample_22

17. 남자 : **여자 친구한테 생일 선물을 하고 싶은데, 뭐가 좋을까요?**
여자 : **이 목걸이 어떠세요?**
남자 : **그럼 그 목걸이로 주세요.**

① 남자는 목걸이를 삽니다.
② 여자는 생일 선물을 받습니다.
③ 남자는 여자 친구가 없습니다.
④ 여자는 선물을 팝니다.

🔊 track sample_23

18. 남자 : **저는 주말에 여행도 하고 친구도 만났어요. 영미 씨는 뭐 했어요?**
여자 : **저는 쭉 학원에만 갔어요.**
남자 : **그래요? 무슨 학원이요?**
여자 : **영어 학원이에요. 토익 시험이 다음 주에 있어요. 그래서 공부해야 돼요.**

① 여자는 학원에 놀러 갑니다.
② 남자는 다음 주에 시험을 봅니다.
③ 여자는 주말에 시험 준비를 했습니다.
④ 남자는 일 때문에 여행을 못 갔습니다.

🔊 track sample_24

19. 남자 : **어디가 안 좋으세요?**
여자 : **어제부터 머리가 너무 아파요. 열도 있고요.**
남자 : **그럼 여기 누워 보세요.**
여자 : **오늘 아침에는 배도 조금 아팠어요.**

① 남자는 기분이 안 좋습니다.
② 여자는 머리를 다쳤습니다.
③ 남자는 자려고 합니다.
④ 여자는 병원에 있습니다.

track sample_25

20. 남자 : **다음 주에 김바울 씨 연주회가 있어요.**
여자 : **그래요? 제가 전부터 좋아하는 피아니스트인데.**
남자 : **그럼 같이 가실래요? 이번 주에 표 사 놓을게요.**
여자 : **네, 좋아요.**

① 여자는 피아니스트를 좋아합니다.
② 남자는 연주회에 관심이 없습니다.
③ 여자는 이번 주에 표를 살 겁니다.
④ 남자는 피아노를 가르치려고 합니다.

track sample_26

21. 여자 : (감탄하며) **와, 집에 책이 정말 많네요.**
남자 : **제가 책 읽는 것을 좋아해서 이렇게 많아졌어요.**
여자 : **여기에 만화책도 있네요. 만화책도 읽으세요?**
남자 : **네, 그 만화책은 친구한테 잠깐 빌린 거예요.**

① 여자는 남자하고 만화책을 읽었습니다.
② 남자는 책을 많이 가지고 있습니다.
③ 여자는 남자한테 만화책을 빌려 주었습니다.
④ 남자는 만화책을 안 좋아합니다.

**日本語訳と正解**

※次を聞いて《例》のように会話内容と一致するものを選んで下さい。各3点

《例》

男性：最近テニスを習っているんですか。
女性：はい。友達にテニスを習っています。

① 男性は選手です。
② 女性は学校に通っています。
③ 男性はテニスを教えています。
❹ 女性はテニスを習っています。

17. 男性：彼女に誕生日プレゼントをしたいのですが、何がいいでしょうかね。
女性：このネックレスはいかがですか。
男性：じゃあ、そのネックレスを下さい。

❶ 男性はネックレスを買います。
② 女性は誕生日プレゼントをもらいます。
③ 男性には彼女がいません。
④ 女性はプレゼントを売っています。

18. 男性：私は週末に旅行をして、友達にも会いました。ヨンミさんは何しましたか。
女性：私はずっと塾にしか行っていません（←塾にだけ行きました）。
男性：そうですか。何の塾ですか。
女性：英語のスクールです。TOEICの試験が来週あります。それで勉強しないといけないんですよ。

① 女性は塾に遊びに行きます。
② 男性は来週試験を受けます。
❸ 女性は週末に試験準備をしました。
④ 男性は仕事のために旅行に行けませんでした。

19. 男性：どこか具合がよくないですか。
女性：昨日からすごく頭が痛いんですよ。熱もありますし。
男性：じゃあ、ここに横になってみて下さい。
女性：今朝はお腹もちょっと痛かったです。

① 男性は気分がよくありません。
② 女性は頭にけがをしました。
③ 男性は寝ようとしています。
❹ 女性は病院にいます。

20. 男性：来週キム・バウルさんの演奏会があります。
女性：そうですか。私が前から好きなピアニストですけど。
男性：じゃあ、一緒に行きますか。今週チケット買っておきます。
女性：はい、いいですよ。

❶ 女性はピアニストが好きです。
② 男性は演奏会に関心がありません。
③ 女性は今週チケットを買うと思います。
④ 男性はピアノを教えようとしています。

21. 女性：(感心して) わあ、家に本が本当に多いですね。
男性：私が本を読むのが好きなのでこんなに多くなりました。
女性：ここに漫画の本もありますね。漫画の本も読むのですか。
男性：はい、その漫画は友達からしばらく借りたものです。

① 女性は男性と漫画の本を読みました。
❷ 男性は本をたくさん持っています。
③ 女性は男性に漫画の本を貸してあげました。
④ 男性は漫画の本が好きではありません。

**解　説**

パターン6の問題を解く時に注意しなければならない点があります。2人の会話の内容が、時々分かりづらい内容になることがあります。例えば第52回のTOPIK Ⅰの19番で次のような会話がありました。

남자 : (걱정하는 목소리로) 미영 씨, 왜 그래요? 어디 안 좋아요?
여자 : 아침부터 머리가 너무 아파요. 지금은 열도 나고요.
남자 : 그럼 일찍 가서 좀 쉬는 게 어때요?
여자 : 감사합니다, 과장님. 이 일만 끝내고 가겠습니다.

**日本語訳**

男性：（心配する声で）ミヨンさん、どうしたんですか。どこか具合でも悪いのですか。
女性：朝から頭がかなり痛いんです。今は熱もありますし。
男性：じゃあ、早く帰って少し休んだらどうですか。
女性：ありがとうございます、課長。この仕事だけ終わらせて帰ります。

ここに出てくる男女2人は会社の上司と部下という関係設定ですが、女性が最後に相手の男性を과장님（課長）と呼ぶまで、この2人を会社の上司と部下の関係として捉えることはなかなか難しいです。上記の会話の流れを聞いている限り、途中まで2人は付き合っている関係か、知人の関係にあるとしか思えないからです。そういう感覚で話を聞いているうちに急に과장님という言葉が聞こえてきて、なおかつ仕事という言葉も出てくるので、一体どこでの会話で2人はどんな関係にあるのだろうと頭が混乱してしまいます。このような場合があるので、受験者の皆様は、内容そのものにとらわれるよりも、聞こえてくる言葉をそのまま受け止める必要があります。

## 듣기　パターン7

このパターン7からは計3問出題されています。男女二人の会話を聞かせ、その女性または男性が何を言おうとしているのかを解答項目から選ばせるタイプの問題です。パターン6から総合力を問われる問題が出てくると言いましたが、このパターン7になると、さらに流れる会話も長くなり、文も短いものから接続表現を使った長いものになってきます。もちろん二人の会話は音声で流れるだけで、その文章を目で確認することは出来ません。実際の韓国語の問題文には、女性または男性の「중심 생각」を選ぶ指示が出ますが、「중심 생각」とは直訳すると「中心の考え」という意味で、この女性または男性が一番言いたいことは何かを選びなさいという意味のものです。

track sample_27

**※다음을 듣고 여자의 중심 생각을 고르십시오.** 각 3점

22. 남자：어서 오세요. 무슨 일로 오셨어요?
여자：지하철 안에서 지갑을 잃어버려서 왔는데요.
남자：언제 어디에서 잃어버리셨어요? 그리고 지갑 색깔하고 어떻게 생겼는지도 말씀해 주세요.
여자：그저께 서울역에서 잃어버렸고요. 색깔은 빨간색이고 반지갑이에요.

① 지갑을 찾고 싶습니다.
② 지하철 안에 지갑을 두고 내렸습니다.
③ 가지고 있는 지갑을 좋아하지 않습니다.
④ 어제 지갑을 잃어버려서 기분이 좋지 않습니다.

track sample_28

23. 남자 : **집에서 학교까지 얼마나 걸려요?**
여자 : **우리 집은 학교에서 멀어요. 버스로 한 시간쯤 걸려요.**
남자 : **그럼 학교 근처에 살지 그래요? 학교 가기 안 힘들어요?**
여자 : **집이 좀 멀지만 공기도 좋고 집이 마음에 들어서 괜찮아요.**

① 지금 살고 있는 집이 좋습니다.
② 학교와 집은 가까운 게 좋습니다.
③ 공기가 좋은 학교 근처에 살고 싶습니다.
④ 집에서 학교까지 전철로 다녀야 합니다.

track sample_29

24. 남자 : **어제 가게에서 과자를 샀는데 바꿀 수 있나요?**
여자 : **네. 저도 그런 적이 있는데 영수증을 가져가면 괜찮을 거예요.**
남자 : **가격을 잘못 보고 사서 돈이 조금 아까워요.**
여자 : **하지만 되도록 빨리 가져가는 게 좋아요. 한참 있다 가면 안 바꿔 줄 수도 있어요.**

① 과자는 싼 게 좋습니다.
② 영수증만 있으면 산 것을 바꿀 수 있습니다.
③ 가게에서 과자를 사면 바꾸기 쉽습니다.
④ 잘못 산 것은 바꿀 수 있습니다.

**日本語訳と正解**

※次を聞いて女性が一番言いたいことは何かを選んで下さい。各3点

22. 男性：こんにちは。どうされましたか。
女性：地下鉄の中で財布をなくしたので来たんですが。
男性：いつどこでなくされたのですか。それから財布の色とどんな形なのかもおっしゃって下さい。
女性：一昨日ソウル駅でなくしまして。色は赤で2つ折りの財布です。

❶ 財布を見つけたいです。
② 地下鉄の中に財布を置き忘れて降りました。
③ 持っている財布が好きではありません。
④ 昨日財布をなくして、気分がよくありません。

23. 男性：家から学校までどのくらいかかりますか。
女性：私の家は学校から遠いです。バスで1時間くらいかかります。
男性：だったら学校の近くに住んだらどうですか。学校に通うのが大変ではないですか。
女性：家がちょっと遠いけど、空気もいいし、家が気に入っているので大丈夫です。

❶ 今住んでいる家がいいです。
② 学校と家は近い方がいいです。
③ 空気のきれいな学校の近くに住みたいです。
④ 家から学校まで電車で通わなければいけません。

24. 男性：昨日お店でお菓子を買ったのですが、交換出来ますかね。
女性：はい。私もその経験がありますが、領収証を持っていけば大丈夫だと思います。
男性：値段を見間違えて買ったので、お金がちょっともったいないです。
女性：しかし、なるべく早く持っていった方がいいですよ。しばらく経ってから行くと交換してもらえないこともあります。

① お菓子は安いのがいいです。
② 領収証さえあれば買ったものを交換出来ます。
③ お店でお菓子を買うと交換しやすいです。
❹ 間違って買ったものは交換出来ます。

**解　説**

設問では、男女2人の会話が韓国人の情緒を表している内容で、日本人からしたらおかしいと感じる内容である場合があります。例えば第52回TOPIK Ⅰの22番の問題ですが、お腹が空いているという男性に対して女性が突然自分が持

っている牛乳を差し出します。日本人の感覚ですと2人が付き合っているか、よほど男性に好意を抱いているかだと思うのではないでしょうか。しかし実はそうではありません。2人は同じクラスで授業を一緒に受けているだけで、付き合っている関係でも特別仲の良い友達の関係でもありません。また最後に女性が男性に「아침밥을 먹는 게 건강에 좋아요（朝ご飯を食べた方が健康にいいですよ）」とややおせっかいに感じられる発言をする場面が出てきますが、韓国では普通の挨拶代りの言葉です。

試験問題はそもそも受験者の常識や感性を満足させるためのものではないので、文化や情緒的な違いにまどわされず、問題の主旨を理解して答えるように心がける必要があります。

# 듣기 パターン8

パターン8は今まで3つのグループに分かれて出題されています。3つの部分すべて問題文としては「다음을 읽고 물음에 답하십시오（次を読んで質問に答えて下さい）」が使われていますが、それぞれの問題構成は少しずつ違っています。1つ目は、女性または男性の音声を聞かせ、なぜその話をしているのかを4つの項目から選ぶ問題と、音声の内容と一致するものを解答項目から選ぶ問題の計2問が出題される形式です。2つ目は、男女2人の会話を聞かせ、2人が何について話をしているのかを4つの項目から選ぶ問題と、音声の内容と一致するものを解答項目から選ぶ問題の計2問が出題される形式です。3つ目は、男女2人の会話を聞かせ、その中の女性または男性がなぜそのようなことをしているのかを4つの項目から選ぶ問題と、音声の内容と一致するものを解答項目から選ぶ問題の計2問が出題される形式です。듣기試験はこれで最後になりますが、ここでは《例》が提示されません。

**※다음을 듣고 물음에 답하십시오.** track sample_30

남자 : (딩동댕) 관리 사무소에서 아파트 관리비에 대하여 안내 말씀 드립니다. 우리 아파트는 매월 관리비 사용 내역을 공개하고 있습니다. 공개된 아파트 관리비 정보는 인터넷 홈페이지에서 확인하실 수 있습니다. 궁금하신 점이 있으면 관리 사무소에 문의하시기 바랍니다. (딩동댕)

**25. 남자가 왜 이 이야기를 하고 있는지 고르십시오.** 3점

① 아파트 관리비 사용 내역을 알려 주려고
② 인터넷 홈페이지를 가르쳐 주려고

③ 관리 사무소에 오라고
④ 아파트 관리비 사용 내역이 공개되고 있는 것을 알리려고

**26. 들은 내용과 같은 것을 고르십시오.** 4점

① 아파트는 관리비 사용 내역을 공개하지 않습니다.
② 관리비에 대해서는 인터넷으로 봐야 합니다.
③ 아파트 관리비 정보는 홈페이지에서 확인할 수 있습니다.
④ 관리 사무소는 안내 방송을 하지 않습니다.

**※다음을 듣고 물음에 답하십시오.** track sample_31

여자 : 네, 무지개 식당입니다.
남자 : 지금 배달 됩니까?
여자 : 네, 뭐 시키실 건데요?
남자 : 육개장 하나하고 물냉면 하나, 그리고 왕만두 하나 갖다 주세요. 카드 결제 할 겁니다. 얼마나 걸리죠?
여자 : 한 시간쯤 걸릴 겁니다. 감사합니다.
남자 : 네, 감사합니다.

**27. 두 사람이 무엇에 대해 이야기를 하고 있는지 고르십시오.** 3점

① 이제부터 먹을 음식
② 남자가 좋아하는 음식 주문
③ 음식이 나올 때까지의 시간
④ 배달 음식 주문

28. **듣은 내용과 같은 것을 고르십시오.** 4점

① 남자는 지금 배달을 합니다.
② 남자는 한 시간 후에 밥을 먹을 겁니다.
③ 여자는 식당을 나갔습니다.
④ 여자는 육개장을 한 시간에 만듭니다.

※**다음을 듣고 물음에 답하십시오.** track sample_32

남자 : 이번에 우리 회사에 입사하셨는데요. 기분이 어떠세요?
여자 : 저보다 뛰어난 분들도 많았는데 제가 회사에 들어올 수 있어서 정말 기쁩니다.
남자 : 그렇군요. 면접 때 긴장도 안 하고 자연스럽게 잘하셔서 놀랐어요.
여자 : 제가 원래 긴장을 하는 편이 아니에요. 그런데 이번에는 정말 긴장됐어요. 연습을 많이 하기는 했지만 자연스럽게 하려고 했던 게 좋았던 것 같아요.
남자 : 네, 그런데 왜 우리 회사에 지원하셨어요?
여자 : 우리 회사가 혁신적인 기업이라서 다른 회사에서 못 할 경험을 해 보고 싶었어요.

29. **여자가 회사에 입사한 이유를 고르십시오.** 3점

① 뛰어난 사람이 많아서
② 면접을 아주 잘해서
③ 회사에서 특별한 경험을 하고 싶어서
④ 자연스럽게 회사 생활을 하고 싶어서

30. 들은 내용과 같은 것을 고르십시오. 4점

① 여자는 자기가 입사한 회사를 잘 모릅니다.
② 여자는 원래 긴장을 잘 합니다.
③ 여자는 면접 연습을 많이 해서 회사에 들어왔습니다.
④ 여자는 회사에 못 들어올 수도 있다고 생각했습니다.

**日本語訳と正解**

※次を聞いて質問に答えて下さい。

> 男性：(チャイムの音)管理事務所からマンションの管理費についてご案内致します。当マンションは毎月の管理費使用の内訳を公開しています。公開されたマンションの管理費の情報はインターネットのホームページから確認することが出来ます。ご質問等ありましたら管理事務所にお問い合わせ下さい。(チャイムの音)

25. 男性がなぜこの話をしているのか選んで下さい。3点

① マンションの管理費使用の内訳を教えようと思って
② インターネットのホームページを教えてあげようと思って
③ 管理事務所に来てほしくて
❹ マンションの管理費使用の内訳が公開されているのを知らせようと思って

26. 聞いた内容と一致するものを選んで下さい。4点

① マンションは管理費使用の内訳を公開しません。
② 管理費についてはインターネットで見なければなりません。
❸ マンションの管理費情報はホームページで確認出来ます。
④ 管理事務所は案内放送をしません。

※次を聞いて質問に答えて下さい。

女性：はい、ムジゲ（虹）食堂です。
男性：今、出前出来ますか。
女性：はい、何を注文なさいますか。
男性：ユッケジャン1つとムルネンミョン1つ、それからワンマンドゥ1つ持ってきて下さい。カード決済にします。どのくらいかかりますか。
女性：1時間くらいかかります。ありがとうございます。
男性：はい、ありがとうございます。

27. 2人が何について話しているのか、選んで下さい。3点

① これから食べる予定の食べ物
② 男性が好きな食べ物の注文
③ 食べ物が出てくるまでの時間
❹ 出前料理の注文

28. 聞いた内容と一致するものを選んで下さい。4点

① 男性は今配達をしています。
❷ 男性は1時間後にご飯を食べるはずです。
③ 女性は食堂を出ました。
④ 女性はユッケジャンを1時間で作ります。

※次を聞いて質問に答えて下さい。

男性：この度わが社に入社されましたが、お気持ちはいかがですか。
女性：私より優秀な方々も多いのに、私が入社することが出来て本当に嬉しいです。
男性：そうですか。面接の時に緊張もしないで自然によくやっておられたので驚きました。
女性：私は元々緊張する方ではないんですよ。でも今回は本当に緊張しました。練習はたくさんすることはしましたが、自然にやろうとしたのがよかったのではないかと思います。
男性：はい、ところでなぜわが社に応募されたのですか。
女性：うちの会社が革新的な企業なので他社で出来ない経験をしてみたかったのです。

29. 女性が会社に入社した理由を選んで下さい。3点

① 優秀な人が多いので
② 面接をとても上手にやったので
❸ 会社で特別な経験をしたくて
④ 自然に会社生活をしたくて

30. 聞いた内容と一致するものを選んで下さい。4点

① 女性は自分が入社した会社についてよく知りません。
② 女性は元々よく緊張します。
③ 女性は面接の練習をたくさんやったので会社に入ってきました。
❹ 女性は会社に入れないこともあると考えていました。

TOPIK Ⅱ

# 세 번째 모음

# 説明編

읽기

# 읽기 시험(読解試験)その1

TOPIK Ⅰの읽기(読解)試験も듣기試験同様、日本人の韓国語学習者が韓国国内で日常生活を送ったり、旅行のため一時滞在をするという状況を想定して作られています。したがって試験の内容も実際の状況を踏まえ、韓国での日常生活やよく目に触れる簡単な文を読んで、その情報をどう理解・把握して次の行動につなげられるかを問う内容となっています。TOPIK Ⅰの읽기試験で主に扱われるテーマとしては次のようなものが考えられます。

## 試験のテーマ

1）挨拶 ……………………簡単な自己紹介、簡単なお礼や謝罪

2）数 ………………………時計、時間、曜日、日付、値段、単位

3）買い物 …………………デパート、市場、コンビニ、空港、お店

4）仕事 ……………………会社、仕事、職業、出張

5）趣味・レジャー ………趣味、スポーツ、旅行、宿泊、週末、地理、休日、休み、好き嫌い、スポーツ

6）芸術 ……………………コンサート、展示会、博物館、チケット

7）交通 ……………………電車、列車、バス、タクシー、飛行機、切符

8）日常生活 ………………約束事、服装、天気、季節、気候、料理、招待、電話、公園、注文、出前

9）学校 ……………………学校、先生、友達、先輩、後輩、授業、サークル、塾、習い事

10）家庭 ……………………家族、兄弟、親戚、料理、家事、住居、来客

11）医療・健康 ……………病院、薬局、スポーツ、トレーニング、ジム、山登り、ウォーキング、マッサージ

## 試験の内容

읽기試験でまず取り組まなければいけないのは、今読んでいる文がどういう場所・場面を想定しているのかを素早く判断することです。場所・場面が特定出来ればそこから発信される情報の内容も絞られてくるからです。それが分かったら次のステップで主語と述語を特定します。「誰/何がどうなのか」「誰/何が何なのか」「誰/何が何をするのか」などのような構造かを把握するということです。主語や述語を特定する時には、韓国語に主語を省略する特徴があるという点を勘案し、まず述語（名詞＋だ、動詞、形容詞）を見つけ出すようにして下さい。

읽기試験は、日常生活で触れる簡単な文をどれくらい理解できているのかを測るためのものなので、問題内容もそれに沿った簡単な文を提示してその内容を把握させるもの、日常生活で触れる簡単な情報などをどれくらい理解・把握しているのかを問うもの、比較的易しい文学作品の理解力を問うものなどの3つに分かれます。例えば次のようなものです。

| 他人との<br>コミュニケーション | 情報 | 自己表現<br>（文学作品） |
|---|---|---|
| ・SNS<br>・チャット<br>・メモ<br>・手紙<br>・Eメール<br>・招待状<br>・メッセージ | ・天気予報<br>・広告<br>・紹介文<br>・説明文<br>・案内文<br>・証明書<br>・切符<br>・チケット | ・日記<br>・簡単なエッセー |

# Ⅱ 읽기 시험(読解試験)その2

읽기試験の問題も듣기試験同様、これまで大体似たようなパターンの構成になっています。問題の提示のし方として7つのパターンから構成されています。問題文は듣기試験同様、すべて韓国語になっており、翻訳は付きません。問題は計40問、100点満点の構成です。もちろん今後変更される可能性はありますが、듣기の説明でも言いましたように、教育目標そのものは変わるものではありませんので、出題される問題の中身も大幅に変わることはないでしょう。

- ・무엇에 대한 이야기입니까? 《보기》와 같이 알맞은 것을 고르십시오.
- ・《보기》와 같이 (　　) 안에 들어갈 가장 알맞은 것을 고르십시오.
- ・다음을 읽고 맞지 않는 것을 고르십시오.
- ・다음의 내용과 같은 것을 고르십시오.
- ・다음을 읽고 중심 생각을 고르십시오.
- ・다음을 읽고 물음에 답하십시오.
- ・다음을 순서대로 맞게 나열한 것을 고르십시오.

**日本語の意味**

- ・何に関する話ですか。《例》のように適切なものを選んで下さい。
- ・《例》と同じように(　　)の中に入る最も適切なものを選んで下さい。
- ・次を読んで正しくないものを選んで下さい。
- ・次の内容と一致するものを選んで下さい。
- ・次を読んで一番言いたいことは何かを選んで下さい。

・次を読んで質問に答えて下さい。
・次を順番どおりに正しく並べたものを選んで下さい。

それでは今までの問題例を具体的に見ていくことにしましょう。

# 읽기　パターン 1

읽기試験の最初のパターンからは計3問が出題されています。簡単な文を読んで、何について語っているのかを答える問題です。

※무엇에 대한 이야기입니까? 《보기》와 같이 알맞은 것을 고르십시오. 각 2점

《보기》

딸기를 먹었습니다. 딸기가 맛있었습니다.

① 계절　❷ 과일　③ 음식　④ 생일

31. 누나는 대학생입니다. 형은 고등학생입니다.

① 형제　② 나이　③ 이름　④ 학교

32. 오늘은 화요일입니다. 내일은 수요일입니다.

① 날짜　② 요일　③ 계절　④ 시간

33. 영화를 봅니다. 그리고 친구도 만납니다.

① 휴일　② 날씨　③ 여행　④ 취미

### 日本語訳と正解

※何に関する話ですか。《例》のように適切なものを選んで下さい。各2点

《例》

イチゴを食べました。イチゴが美味しかったです。

① 季節　❷ 果物　③ 料理　④ 誕生日

31. 姉は大学生です。兄は高校生です。

❶ 兄弟　② 年齢　③ 名前　④ 学校

32. 今日は火曜日です。明日は水曜日です。

① 日付　❷ 曜日　③ 季節　④ 時間

33. 映画を見ます。それから友達にも会います。

❶ 休日　② 天気　③ 旅行　④ 趣味

### 解　説

パターン1では、問題に出されている2つの文の共通点を見つけるのがカギとなります。例えば「스물한 살(21歳)」「스물세 살(23歳)」と年齢のことが共通して書かれているとすれば、正解は「나이(歳)」のこととなります。「비(雨)」や「바람(風)」という言葉が出てきたら「날씨(天気)」についての話になるという感じです。

## 읽기　パターン2

パターン2からは穴埋め形式の問題が計6問出題されています。文脈の流れに最も相応しい単語を選ばせる問題です。単語と言いましたが、具体的には助詞や名詞、副詞、形容詞、動詞などを選ぶ問題です。

**※《보기》와 같이 (　　)에 들어갈 가장 알맞은 것을 고르십시오.**

《보기》

**창문을 엽니다. (　　)이 들어옵니다.**

① 비　② 구름　❸ 바람　④ 날씨

34. 2점

**저는 미야모토입니다. 일본(　　) 왔습니다.**

① 한테　② 에　③ 에서　④ 하고

35. 2점

**돈이 없습니다. (　　)에 갑니다.**

① 식당　② 은행　③ 학교　④ 여행사

36. 2점

**저는 골프를 좋아합니다. 그래서 (　　) 칩니다.**

① 가끔　② 제일　③ 많이　④ 벌써

37. 3점

**내일은 결혼식입니다. 그래서 아주 (　　　).**

① 슬픕니다　② 기쁩니다　③ 많습니다　④ 짧습니다

38. 3점

**친구를 만납니다. 카페에서 (　　　).**

① 있습니다　② 웃습니다　③ 잡니다　④ 기다립니다

39. 2점

**아빠의 생일입니다. 함께 축하 노래를 (　　　).**

① 봅니다　② 만듭니다　③ 부릅니다　④ 배웁니다

**日本語訳と正解**

※《例》と同じように（　　）に入る最も適切なものを選んで下さい。

《例》

窓を開けます。（　　）が入ってきます。

① 雨　② 雲　❸ 風　④ 天気

34. 私は宮本です。日本（　　）来ました。2点

① に　② に　❸ から　④ と

35. お金がありません。（　　）に行きます。2点

① 食堂　❷ 銀行　③ 学校　④ 旅行社

36. 私はゴルフが好きです。それで(　　)します。2点

❶ 時々　② 最も　③ たくさん　④ もう

37. 明日は結婚式です。それでとても(　　)。3点

① 悲しいです　❷ 嬉しいです　③ 多いです　④ 短いです

38. 友達に会います。カフェで(　　)。3点

① います　② 笑います　③ 寝ます　❹ 待ちます

39. パパの誕生日です。一緒にお祝いの歌を(　　)。2点

① 見ます　② 作ります　❸ 歌います　④ 習います

**解説**

パターン2では、3つのことに注意して下さい。1つ目は、助詞のことですが、例えば「-으로/로(～で、～へ、～に)」のように2つ以上の意味を持つ場合、どういう条件で異なる意味になるのかをしっかり把握することが重要です。また「-이/가 되다(～になる)」の「-이/가」のように、日本語とは違う使い方をする助詞もちゃんと暗記しておく必要があります。詳しくは、文法編を参照して下さい。

2つ目は、日本語に翻訳すると言えそうに思えてしまう副詞の問題です。TOPIK Ⅰでは紛らわしい副詞はあまり出題されませんが、韓国語の学習を長く続けようと思ったら、副詞を「A＝B」のように単体で覚えるのではなく、動詞や形容詞を続けた形で覚えた方が効果的です。

3つ目は、形容詞や動詞の穴埋め問題でよく出てくる不規則活用の問題です。韓国語の不規則活用は覚えにくくかなり複雑ですが、それがどんなに難しく複雑であっても、初級の段階でしっかり学習しておくことが重要です。難しいか

らといって先延ばしにしておくと、いずれ壁にぶつかり、道半ばで諦めてしまうことにもなりかねないからです。今まで何十年も日本で韓国語を教えてきて、この不規則活用の壁を越えずに韓国語が上達出来たという方を見たことがありません。多くの途中脱落者がこの不規則活用でつまずいています。

## 읽기　パターン3

パターン3からは計3問出題されています。絵を見てその絵が示す内容と一致しないものを選ぶ問題です。ここでは《例》が提示されません。

**※다음을 읽고 맞지 않는 것을 고르십시오.** 각 3점

40.

승차권　2017년 12월 25일

대전 ▶ 부산
Daejeon　Busan
09:10 ▶ 10:43

요금 33,000원

① 대전으로 갑니다.
② 표는 삼만 삼천 원입니다.
③ 오전 열 시 사십 분경에 도착합니다.
④ 십이월 이십오일에 기차를 탑니다.

41.

재영 아빠

어머니가 갑자기 오셨어요.
잠깐 슈퍼에 다녀올게요.
금방 돌아올 거예요. 조금만 기다리세요.

당신 여보가

① 부인이 메모를 남겼습니다.
② 부인은 슈퍼에 갔습니다.
③ 부인 시어머니가 집에 왔습니다.
④ 부인은 슈퍼에 오래 있습니다.

42.

12월
크리스마스 콘서트

★일시: 12월 9일(토) 오후 7시~9시
★장소: 동대문 교회
★내용: 크리스마스 캐롤을 다 같이

① 콘서트는 주말에 합니다.
② 콘서트는 교회에서 합니다.
③ 콘서트는 저녁 일곱 시에 시작합니다.
④ 콘서트에서는 노래를 못 부릅니다.

**日本語訳と正解**

※次を読んで正しくないものを選んで下さい。各3点

40. ❶ 大田へ行きます。
② 切符は33,000ウォンです。
③ 午前10時40分頃に着きます。
④ 12月25日に汽車に乗ります。

41. ① 奥さんがメモを残しました。
② 奥さんはスーパーに行きました。
③ 奥さんのお姑さんが自宅に来ました。
❹ 奥さんはスーパーに長くいます。

42. ① コンサートは週末に行われます。
② コンサートは教会で行われます。
③ コンサートは夕方の7時に始まります。
❹ コンサートでは歌を歌うことが出来ません。

**解　説**

パターン3で今まで出題されたテーマとしては、案内文（観光、寮、集会、食堂の営業時間、ビルのフロア）、説明書、メモ、契約書、切符（汽車、バス）、チケット（映画、コンサート）、メニュー、ポスター（展示会、音楽会）、チラシ、学生証、広告、お知らせ、計画表、領収証、薬袋などがありました。

# 읽기 パターン4

パターン4からは計3問出題されています。短い文章を提示し、その内容と一致するものを解答項目から選ぶ問題です。읽기試験は、このパターン4から流れが大きく変わります。ここからは、韓国語に対する単純な知識を問うような内容ではなく、総合的な読解力や理解力を問う内容になっていきます。パターン4以降の問題の解き方で共通して注意して頂きたいことがあります。それは、問題文や解答項目の文を隅から隅まで読む必要はないということです。受験経験のある方たちから隅から隅まで読んでいったら時間が足りなくなったという話をよく聞きます。正解が分かった時点でそれ以上読むのを止めて次の問題に行ってかまいません。一旦最後まで終わらせた後、気になるところがあったら戻って確認をするようなやり方を取った方がより得点が取れると思います。

**※다음의 내용과 같은 것을 고르십시오.**

43. 3점

내일은 친구의 졸업식입니다. 저는 친구에게 주려고 축하 카드를 썼습니다. 내일 친구에게 꽃다발과 함께 줄 겁니다.

① 저는 축하 카드를 살 겁니다.
② 친구가 학교에 들어갔습니다.
③ 친구한테 카드를 보낼 겁니다.
④ 저는 내일 친구에게 꽃다발을 줄 겁니다.

44. 2점

> 오늘 미숙 씨와 미술 전시회에 갔습니다. 우리는 미술관까지 전철을 타고 갔습니다. 전시회를 보고 미숙 씨 집에서 같이 저녁을 먹었습니다.

① 저는 미숙 씨와 미술 전시회를 봤습니다.
② 저는 미술관까지 혼자 갔습니다.
③ 저는 밖에서 저녁 식사를 했습니다.
④ 저는 미술관에서 미숙 씨를 만났습니다.

45. 3점

> 저는 매일 제 차로 출근합니다. 저는 만원 버스가 싫기 때문에 차가 좋습니다. 그런데 오늘은 제 처가 차가 필요하다고 해서 버스를 타고 출근했습니다.

① 오늘은 차가 없어서 회사에 안 갔습니다.
② 저는 회사에 가끔 버스를 타고 갑니다.
③ 제 처는 제 차를 안 탑니다.
④ 오늘은 만원 버스를 이용했습니다.

**日本語訳と正解**

※次の内容と一致するものを選んで下さい。

43. 3点

> 明日は友達の卒業式です。私は友達にあげようと思って、お祝いのカードを書きました。明日友達に花束と一緒に渡すつもりです。

① 私はお祝いのカードを買うつもりです。
② 友達が学校に入りました。

③ 友達にカードを送るつもりです。
❹ 私は明日友達に花束をあげるつもりです。

44. 2点

今日ミスクさんと美術展示会に行きました。私たちは美術館まで電車に乗っていきました。展示会を見てからミスクさんの家で一緒に夕飯を食べました。

❶ 私はミスクさんと美術展示会を見ました。
② 私は美術館まで1人で行きました。
③ 私は外で夕食をとりました。
④ 私は美術館でミスクさんに会いました。

45. 3点

私は毎日自分の車で出勤します。私は満員のバスが嫌なので車がいいです。しかし今日は私の妻が車が必要だと言うのでバスに乗って出勤しました。

① 今日は車がなくて会社に行きませんでした。
② 私は会社に時々バスに乗っていきます。
③ 私の妻は私の車に乗りません。
❹ 今日は満員のバスを利用しました。

**解　説**

パターン4は、問題文を読んでそこに出てくる情報と解答項目とを照らし合わせ、本文の内容と一致するものを選ぶタイプの問題なので、問題文に含まれている重要な情報、誰が、誰に、どこで、いつ、何を、なぜ、どうやって、するなどの部分をしっかりチェックする必要があります。例えば、上記の問題43番では、「私は、自分が書いたカードを、明日、卒業式を迎えた友達に、花束と一緒に渡す」という内容になっているので、①②③がその内容に合わず、④が正解になります。問題44番は、「私は、ミスクさんと一緒に、美術展示会を見に、美術館に電車に乗っていき、その後ミスクさんの家で、一緒にご飯を食べた」という内容なので、②③④がその内容と合わず、①が正解になります。問題45番は、「私は、満員のバスは嫌なので、自分の車で出勤するが、今日は、妻が車を使うと言うので、満員のバスに乗って出勤した」という内容になっているので、①②③がその内容と合わず、④が正解になります。本文の内容と合っているもの1つを選ぶ問題ですから、合わないものを除いていき、1つだけが残るようにする消去法を取った方が効率的と思われます。

# 읽기 パターン5

パターン5からも計3問出題されています。問題文を読み、一番言いたいのが何かを答える問題です。

**※다음을 읽고 중심 생각을 고르십시오.**

46. 3점

어머니가 오늘 일본으로 돌아가셨습니다. 우리는 공항에서 작별 인사를 했습니다. 저는 어머니를 보내고 눈물이 났습니다.

① 저는 일본에 가려고 했습니다.
② 저는 어머니가 떠나서 슬펐습니다.
③ 저는 그냥 집에 있었습니다.
④ 저는 어머니를 보고 울고 싶었습니다.

47. 3점

제 차는 10년 되었습니다. 저는 제 차를 새로운 것으로 바꾸고 싶습니다. 그래서 요즘 열심히 일하고 있습니다.

① 저는 제 차가 좋습니다.
② 저는 새 차를 좋아하지 않습니다.
③ 저는 아르바이트를 하고 있습니다.
④ 저는 차를 만드는 일을 합니다.

48. 2점

> 저는 주말에 친구와 여행을 자주 갑니다. 그런데 지난주에는 친구가 일 때문에 지방에 갔습니다. 저는 매주 여행을 갔으면 좋겠습니다.

① 저는 지난주에 여행을 갔습니다.
② 저는 일로 지방에 가려고 합니다.
③ 저는 친구 때문에 여행을 갑니다.
④ 저는 이번 주에 여행을 가고 싶습니다.

**日本語訳と正解**

※次を読んで一番言いたいことが何かを選んで下さい。

46. 3点

> お母さんが今日日本へ帰りました。私たちは空港で別れの挨拶をしました。私はお母さんを見送ってから涙が出ました。

① 私は日本に帰ろうとしました。
❷ 私はお母さんが帰ったので悲しかったです。
③ 私はそのまま家にいました。
④ 私はお母さんを見て泣きたかったです。

47. 3点

> 今の車は10年になりました。私は自分の車を新しいものに変えたいと思っています。それで最近一生懸命に仕事をしています。

① 私は自分の車が気に入っています。
② 私は新しい車が好きではありません。
❸ 私はアルバイトをしています。
④ 私は車を作る仕事をしています。

48. 2点

> 私は週末に友達とよく旅行に行きます。ところが先週は友達が仕事のため地方に行きました。私は毎週旅行に行けたら嬉しいです。

① 私は先週旅行に行きました。
② 私は仕事で地方に行こうと思っています。
③ 私は友達がいるから旅行に行きます。
❹ 私は今週旅行に行きたいです。

**解　説**

パターン5の韓国語の問題文に書いてある「중심 생각」とは直訳すると「中心の考え、中心の思い」となります。問題文全体を通して最も言いたい事は何かを選べということです。したがって、解答項目が問題文の内容と合っているかどうかや、事柄が成立する可能性のある項目を選ぶ問題ではないということを覚えておいて下さい。例えば46番問題ですが、①の可能性がないとは言えません。しかし本文の中でその内容が明確に触れられているわけではないので、私という人物が一番言いたがっている内容かどうかは分かりません。それに対して②は、本文に涙が出たという内容がしっかり書かれているので、明らかに私という人物は今悲しい気持ちになっていると言えます。ですから、一番言いたい内容は、②ということになります。

## 읽기　パターン6

パターン6はいくつかのブロックに分かれていて、各ブロックは穴埋め問題と、問題文の内容と一致しているものを選ぶ問題の、計2問出題される形式になっています。下の問題例は途中57、58、63、64番が抜けています。この4問は別パターンの問題形式です。それについては、次項のパターン7で説明します。この4問を挟んで읽기試験は70番まで続きますが、これで읽기試験は終了ということになります。
パターン4のところで、ここから듣기試験の出題のし方が大きく変わるという話をしましたが、パターン6ではさらに韓国語の知識を基盤にした総合的な読解力や理解力が問われる内容が出題されます。パターン4で問題文や解答項目を隅から隅まで読む必要はないと述べましたが、特にこのパターン6ではそれが求められます。正解が分かった時点でそれ以上読むのを止めて、次の問題に行って下さい。丁寧に読んでいたら時間が足りなくなるからです。

**※다음을 읽고 물음에 답하십시오.** 각 2점

저는 노래방에 가는 것을 좋아합니다. 혼자 갈 때도 있고 여러 명의 친구들과 같이 갈 때도 있습니다. 노래 연습을 하고 싶으면 혼자 ( ㉠ ) 조용히 즐기고 재미있게 놀고 싶으면 친구들과 같이 갑니다.

**49. ( ㉠ )에 들어갈 알맞은 말을 고르십시오.**

① 가서　② 가고　③ 가도　④ 가는데

50. **이 글의 내용과 같은 것을 고르십시오.**

① 저는 저만의 노래방 룰이 있습니다.
② 저는 노래방에 늘 혼자서 갑니다.
③ 저는 노래 연습을 하고 싶을 때만 노래방에 갑니다.
④ 저는 노래방 갈 때마다 떠들고 즐깁니다.

**※다음을 읽고 물음에 답하십시오.**

| 저는 커피를 좋아합니다. 많이 마실 때는 하루에 5잔을 마실 때도 있습니다. 우리 어머니는 커피를 마시면 잠을 못 자는데 저는 커피를 많이 마셔도 잘 잡니다. 저는 커피가 한국에서는 나지 않는 줄 알았습니다. ( ㉠ ) 지금은 한국에서도 커피가 자랍니다. |
|---|

51. **( ㉠ )에 들어갈 알맞은 말을 고르십시오.** 3점

① 그래서　　② 그러면　　③ 그런데　　④ 그리고

52. **무엇에 대한 이야기인지 맞는 것을 고르십시오.** 2점

① 커피에 대한 이런저런 이야기
② 커피와 잠에 대한 이야기
③ 커피를 마시는 양에 대한 이야기
④ 커피가 한국에서도 자란다는 이야기

**※다음을 읽고 물음에 답하십시오.**

| 우리 남편은 위가 좀 약합니다. 좋아하기는 하는데 매운 라면이나 매운 찌개를 먹으면 금방 탈이 납니다. 그래서 남편은 매운 것을 먹을 때 ( ㉠ ). 요즘은 매운 것을 먹어도 괜찮게 되었습니다. |
|---|

**53. ( ㉠ )에 들어갈 알맞은 말을 고르십시오.** 2점

① 깜짝 놀랍니다 ② 많이 먹습니다
③ 계속 토합니다 ④ 꼭 밥하고 같이 먹습니다

**54. 이 글의 내용과 같은 것을 고르십시오.** 3점

① 우리 남편은 뭐든지 잘 먹습니다.
② 저는 매운 라면이나 매운 찌개를 좋아합니다.
③ 남편은 요새 매운 것을 잘 먹지 않습니다.
④ 남편은 매운 것을 잘 먹는 방법을 알았습니다.

**※다음을 읽고 물음에 답하십시오.**

| 저는 어릴 때 군인이 되고 싶었습니다. 그래서 고등학교를 졸업한 후에 바로 군대에 들어갔습니다. 처음에는 괜찮았습니다만 점차 군대를 ( ㉠ ). 이해할 수 없는 명령을 따를 수 없었기 때문입니다. |
|---|

**55. ( ㉠ )에 들어갈 알맞은 말을 고르십시오.** 2점

① 그만두어도 됐습니다 ② 그만두려고 했습니다
③ 그만두고 싶어졌습니다 ④ 그만두면 안 됐습니다

56. **이 글의 내용과 같은 것을 고르십시오.** 3점

① 군대는 들어가면 계속 있습니다.
② 저는 군인이 되려고 고등학교를 졸업했습니다.
③ 군대는 이해할 수 없는 명령을 할 때가 있습니다.
④ 저는 어렸을 때부터 군인이 싫었습니다.

**※다음을 읽고 물음에 답하십시오.**

| 우리 회사는 아주 다양한 제품을 만듭니다. ( ㉠ ). 손수건이나 스카프 같은 소품부터 부인용 코트까지 만듭니다. ( ㉡ ). 손님으로부터 주문이 들어오면 그때 만들어서 고객에게 보냅니다. ( ㉢ ). 우리 회사 고객들은 자신들이 원하는 디자인대로 만들어지기 때문에 아주 좋아합니다. ( ㉣ ). |
|---|

59. **다음 문장이 들어갈 곳을 고르십시오.** 2점

| 그런데 우리 회사 제품은 미리 만들어 놓지 않습니다 |
|---|

① ㄱ ② ㄴ ③ ㄷ ④ ㄹ

60. **이 글의 내용과 같은 것을 고르십시오.** 3점

① 우리 회사는 작은 제품을 만듭니다.
② 고객은 원하는 디자인을 우리에게 이야기합니다.
③ 고객은 우리 회사에서 보내는 제품을 좋아합니다.
④ 우리 회사는 몇 가지만 만듭니다.

**※다음을 읽고 물음에 답하십시오.** 각 2점

> 요즘은 고속 도로 휴게소의 먹거리도 아주 다양해졌습니다. 예전에는 어디를 가나 고속 도로 휴게소에서 파는 음식이 다 똑같았습니다만 요즘은 전국 고속 도로 휴게소 맛집 리스트가 ( ㉠ ) 색다르고 맛다른 음식점이 여기저기 생기고 있습니다.

61. ( ㉠ )**에 들어갈 알맞은 말을 고르십시오.**

① 만들어질 정도로　　② 만들어지는 정도로
③ 만들어진 정도로　　④ 만들어졌는 정도로

62. **이 글의 내용과 같은 것을 고르십시오.**

① 요즘의 휴게소 음식점들은 똑같은 음식을 팝니다.
② 요즘의 휴게소 맛집들은 색다르고 맛다른 곳이 많습니다.
③ 요즘의 휴게소 음식점들은 다 리스트를 만듭니다.
④ 요즘의 휴게소 맛집들은 먹거리가 다양하지 않습니다.

**※다음을 읽고 물음에 답하십시오.**

> 지난달에 고등학교 동창회를 했습니다. 이 동창회를 하기 위해서 1년 전부터 몇몇 사람이 모여서 준비를 했습니다. ( ㉠ ) 다들 기쁜 마음으로 준비하고 동창회 당일을 맞이했습니다. 당일에는 예상보다도 훨씬 많은 친구들이 참석하여 즐거운 시간을 가졌습니다.

65. ( ㉠ )**에 들어갈 알맞은 말을 고르십시오.** 2점

① 자주 하는 모임이라　　② 일부가 빠진 가운데
③ 바쁜 사람은 안 나오고　　④ 오랜만에 모이는 것이라

**66. 이 글의 내용과 같은 것을 고르십시오.** 3점

① 동창회에 친구들이 그렇게 많이 올 줄 몰랐습니다.
② 동창회는 1년에 한 번 합니다.
③ 준비할 때는 참석했는데 동창회에 못 온 사람이 있습니다.
④ 준비할 때는 별로였는데 당일 날은 즐거웠습니다.

**※다음을 읽고 물음에 답하십시오.** 각 3점

우리 동네는 아주 오래된 동네입니다. 옛날 모습이 그대로 남아 있어서 사람들이 많이 찾습니다. 우리 동네를 찾는 사람들을 위해 우리는 ( ㉠ ). 가게를 가지고 있는 사람들은 자기 가게를 예쁘게 꾸미기도 하고 벽에는 재미있는 그림을 그리기도 했습니다. 또 동네 입구에서 전통 과자도 팔기 시작했습니다.

**67. ( ㉠ )에 들어갈 알맞은 말을 고르십시오.**

① 동네를 완전히 떠나기로 했습니다
② 동네를 새롭게 바꿔 보기로 했습니다
③ 동네를 시장으로 만들기로 했습니다
④ 동네를 전시회장으로 꾸몄습니다

**68. 이 글의 내용과 같은 것을 고르십시오.**

① 우리 동네를 찾는 사람이 줄었습니다.
② 우리 동네가 최근에 새로워졌습니다.
③ 우리 동네는 새로 지은 집이 많습니다.
④ 우리 동네에서는 과자를 팔지 않습니다.

## ※다음을 읽고 물음에 답하십시오. 각 3점

> 저희 아버지는 회사원입니다. 매일 아침 6시에 일어나 출근 준비를 하십니다. 술을 드시고 저녁에 늦게 들어오실 때도 있습니다. 지난주 토요일에 제 동생이 다니는 유치원에서 작은 음악회가 있었습니다. 아버지는 회사에 ( ㉠ ) 출근하셨습니다만 동생 음악회 시간에 맞추어서 돌아오셨습니다. 동생은 아버지가 오신 것을 보고 정말 기뻐했습니다.

### 69. ( ㉠ )에 들어갈 알맞은 말을 고르십시오.

① 할 일도 없는데　② 사람을 만나기 때문에
③ 급한 일이 있어서　④ 운동을 하러 가서

### 70. 이 글의 내용으로 알 수 있는 것을 고르십시오.

① 회사원 아버지는 약속을 안 지킵니다.
② 회사원은 술을 마시면 늦게 일어납니다.
③ 회사원 아버지는 자녀들의 음악회에 못 갑니다.
④ 아이들은 발표회 때 부모가 오는 것을 기뻐합니다.

**日本語訳と正解**

※次を読んで質問に答えて下さい。各2点

> 私はカラオケに行くのが好きです。1人で行く時もあれば何人かの友達と一緒に行く時もあります。歌の練習がしたくなったら1人で（行って）静かに楽しみ、楽しく遊びたかったら友達と一緒に行きます。

49. ( ㉠ )に入る適切な言葉を選んで下さい。

❶ 行って　② 行ってから　③ 行っても　④ 行くのだけど

50. この文章の内容と一致しているものを選んで下さい。

❶ 私には自分だけのカラオケルールがあります。
② 私はカラオケにいつも1人で行きます。
③ 私は歌の練習をしたい時のみカラオケに行きます。
④ 私はカラオケに行く度に騒いで楽しみます。

※次を読んで質問に答えて下さい。

> 私はコーヒーが好きです。たくさん飲む時は1日に5杯飲む時もあります。私の母はコーヒーを飲むと眠れなくなりますが、私はコーヒーをたくさん飲んでもよく眠ります。私はコーヒーが韓国では出来ないものと思っていました。(ところが) 今は韓国でもコーヒーが育ちます。

51. ( ㉠ )に入る適切な言葉を選んで下さい。3点

① それで　② では　❸ ところが　④ それから

52. 何についての話なのか、正しいものを選んで下さい。2点

❶ コーヒーについてのあんなこんな話
② コーヒーと睡眠に関する話
③ コーヒーを飲む量についての話
④ コーヒーが韓国でも育っている話

※次を読んで質問に答えて下さい。

> うちの夫は胃が少し弱いです。好きなのは好きですが、辛いラーメンや辛いチゲを食べるとすぐお腹をこわします。それで夫は辛い物を食べる時 (必ずご飯と一緒に食べます)。最近は辛い物を食べても平気になりました。

53. ( ㉠ )に入る適切な表現を選んで下さい。2点

① びっくりします。　② たくさん食べます。

③ 吐き続けます。　　❹ 必ずご飯と一緒に食べます。

54. この文の内容と一致するものを選んで下さい。3点

① うちの夫は何でもよく食べます。
② 私は辛いラーメンや辛いチゲが好きです。
③ 夫は最近辛い物をあまり食べません。
❹ 夫は辛い物を上手に食べる方法が分かりました。

※次を読んで質問に答えて下さい。

> 私は小さい時に軍人になりたいと思っていました。それで高校を卒業した後すぐに軍隊に入りました。最初はよかったのですが、次第に軍隊を（辞めたくなりました）。理解できない命令に従うことが出来なかったからです。

55. （ ㉠ ）に入る適切な表現を選んで下さい。2点

① 辞めてもよかったです。　　② 辞めようとしました。
❸ 辞めたくなりました。　　④ 辞めてはだめでした。

56. この文の内容と一致するものを選んで下さい。3点

① 軍隊は入ったらずっといます。
② 私は軍人になろうと思って高校を卒業しました。
❸ 軍隊は理解できない命令をする時があります。
④ 私は小さい時から軍人が嫌でした。

※次を読んで質問に答えて下さい。

> うちの会社は非常に多様な製品を作ります。（　㉠　）。ハンカチやスカーフのような小物から婦人用のコートまで作っています。（　㉡　）。お客様から注文が入ったらその時に作って顧客に送ります。（　㉢　）。うちの会社のお客様はご自分たちが望むデザインどおりに作ってもらえるのでとても喜びます。（　㉣　）。

59. 次の文章が入るところを選んで下さい。2点

| しかしうちの会社の製品は前もって作っておくことはありません。 |
|---|

① ㄱ　❷ ㄴ　③ ㄷ　④ ㄹ

60. この文の内容と一致するものを選んで下さい。3点

① うちの会社は小さい製品を作ります。
❷ 顧客は希望するデザインを私たちに話します。
③ 顧客はうちの会社が届ける製品が好きです。
④ うちの会社は何種類かしか作りません。

※次を読んで質問に答えて下さい。各2点

| 最近は高速道路のサービスエリアの食べ物もとても多様になりました。以前はどこに行っても高速道路のサービスエリアで売っている食べ物はみな同じでしたが、最近は全国高速道路サービスエリアのグルメ店リストが(作られるくらいに)独特でいろいろな味の飲食店があちらこちらに出来ています。 |
|---|

61. (　　)に入る適切な表現を選んで下さい。

❶ 作られるくらい　② 作られるくらい
③ 作られたくらい　④ 作られたくらい

62. この文の内容と一致するものを選んで下さい。

① 最近のサービスエリアの飲食店は同じ料理を売っています。
❷ 最近のサービスエリアのグルメ店は独特でいろいろな味のところが多いです。
③ 最近のサービスエリアの飲食店はみんなリストを作ります。
④ 最近のサービスエリアのグルメ店は食べ物が多様ではありません。

※次を読んで質問に答えて下さい。

先月高校の同窓会をやりました。この同窓会をするために1年前から何人かが集まって準備をしました。(久しぶりに集まるので) みんな喜んで準備して、同窓会の当日を迎えました。当日は予想よりもはるかに多い友達が参加し、楽しい時間を過ごしました。

65. ( ㉠ )に入る適切な表現を選んで下さい。2点

① しょっちゅうやっている会なので ② 一部が抜けた中で
③ 忙しい人は来ないで ❹ 久しぶりに集まるので

66. この文の内容と一致するものを選んで下さい。3点

❶ 同窓会に友達があんなにたくさん来るとは思いませんでした。
② 同窓会は1年に1回やります。
③ 準備する時は出席したのに、同窓会に来られなかった人がいます。
④ 準備する時はいまいちでしたが、当日は楽しかったです。

※次を読んで質問に答えて下さい。各3点

私の町はとても古い町です。昔の姿がそのまま残っているので、訪ねてくる人が多いです。私たちの町を訪れる人たちのために、私たちは (町を新しく変えてみることにしました)。お店をやっている人はお店をきれいに飾ったり壁には面白い絵を描いたりしました。また町の入口で伝統菓子も売り始めました。

67. ( ㉠ )に入る適切な表現を選んで下さい。

① 町を完全に離れることにしました。
❷ 町を新しく変えてみることにしました。
③ 町を市場に作り替えることにしました。
④ 町を展示会場に作り上げました。

68. この文の内容と一致するものを選んで下さい。

① 私たちの町を訪れる人が減りました。
❷ 私たちの町が最近新しくなりました。
③ 私たちの町は新しく建てた家が多いです。
④ 私たちの町ではお菓子を売っていません。

※次を読んで質問に答えて下さい。各3点

| 私の父は会社員です。毎朝6時に起きて出勤の準備をします。お酒を飲んで夜遅く帰宅をすることもあります。先週土曜日に私の妹が通う幼稚園で小さい音楽会がありました。父は会社に（急な仕事があって）出勤しましたが、妹の音楽会の時間に合わせて帰ってきました。妹は父が来たのを見て本当に喜びました。 |
|---|

69. （ ㉠ ）に入る適切な表現を選んで下さい。

① やることもないのに　　② 人に会うために
❸ 急な仕事があって　　④ 運動をしに行って

70. この文の内容と一致するものを選んで下さい。

① 会社員の父は約束を守りません。
② 会社員はお酒を飲むと遅く起きます。
③ 会社員の父は子供たちの音楽会に行けません。
❹ 子供たちは発表会の時に親が来るのが嬉しいです。

**解　説**

パターン6は、問題文を読んでそこに出てくる情報と解答項目を照らし合わせ、問題文の内容と一致するものを選ぶタイプの問題である点でパターン4と同じですが、パターン4より文章が長くなっており、接続詞を挟んで話の流れが変わっているところもあるなど、難易度が上がっています。本文の内容と合っているものを1つ選ぶ問題ですから、合わないものを除いていき、1つだけが残るようにする消去法が効率的と思われます。

## 읽기　パターン7

パターン7の問題は、パターン6の問題が続く途中で出てくる形で出題されています。2問構成で、4つの文をわざとランダムに並べ、それを正しい順番に並べ替える問題です。従ってこの問題を解く時には、4つの文の間に存在する論理的なつながりを発見することが大事になってきます。

**※다음을 순서대로 맞게 나열한 것을 고르십시오**

57. 3점

(가) 주말이 되면 이곳저곳을 다닙니다.
(나) 나카무라 씨는 한국에서 대학을 다니는 일본인입니다.
(다) 학생이라서 돈이 없기 때문입니다.
(라) 이동할 때는 주로 버스나 지하철을 이용합니다.

① 나-가-다-라　　② 나-가-라-다
③ 나-라-가-다　　④ 나-라-다-가

58. 2점

(가) 늦게 온 친구는 시간을 잘못 알았다고 했습니다.
(나) 시외버스 터미널에서 만나기로 했었습니다.
(다) 한 시간을 기다렸는데 친구가 안 왔습니다.
(라) 일요일에 친구하고 산에 놀러 갔습니다.

① 라-가-나-다　　② 라-가-다-나
③ 라-나-가-다　　④ 라-나-다-가

**日本語訳と正解**

※次を順番どおりに正しく並べたものを選んで下さい。

57. 3点

(가) 週末になるとあっちこっち出かけます。
(나) 中村さんは韓国で大学に通う日本人です。
(다) 学生なのでお金がないからです。
(라) 移動する時には主にバスや地下鉄を利用します。

① 나-가-다-라　❷ 나-가-라-다
③ 나-라-가-다　④ 나-라-다-가

58. 2点

(가) 遅れてきた友達は時間を勘違いしたと言いました。
(나) 市外バスターミナルで会うことにしました。
(다) 1時間待ったのに友達が現れませんでした。
(라) 日曜日に友達と山に遊びに行きました。

① 라-가-나-다　② 라-가-다-나
③ 라-나-가-다　❹ 라-나-다-가

## 읽기　パターン8

パターン8もパターン7同様、パターン6の問題に紛れて出てきます。パターン7と同じで2問構成になっており、提示された文を読んで質問に答える問題です。

**※다음을 읽고 물음에 답하십시오.**

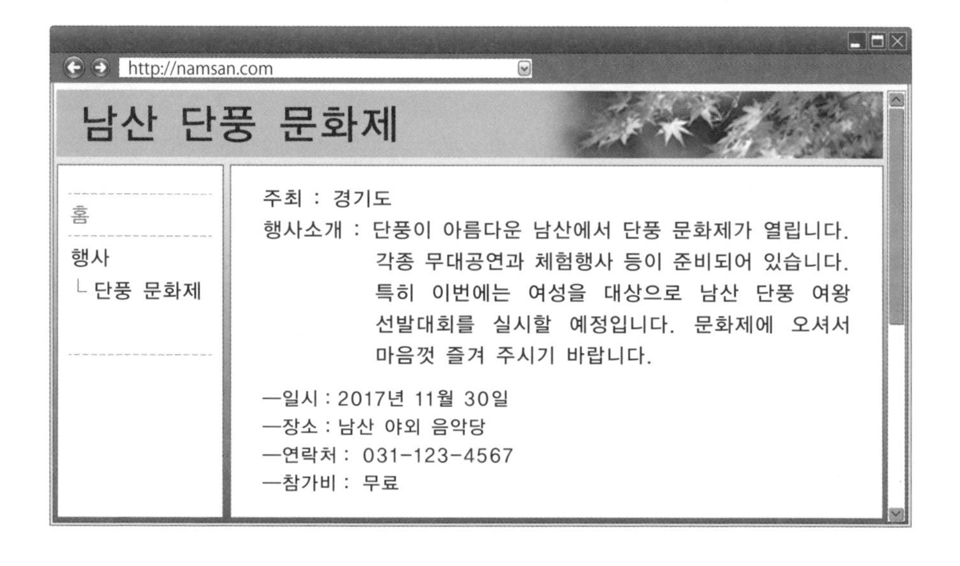


**63. 왜 이 글을 썼는지 맞는 것을 고르십시오.** 2점

① 단풍 문화제 날짜를 확인하려고
② 단풍 문화제를 알려 주려고
③ 단풍 문화제에 필요한 돈을 모으려고
④ 단풍 문화제를 함께 준비할 사람을 찾으려고

64. 이 글의 내용과 같은 것을 고르십시오. 3점

① 단문화제에서는 매번 단풍 여왕 선발대회를 합니다.
② 문화제에 참가하려면 돈을 내야 합니다.
③ 문화제에 가면 공연도 즐기고 체험도 할 수 있습니다.
④ 문화제에는 여성만 참가할 수 있습니다.

**日本語訳と正解**

※次を読んで質問に答えて下さい。

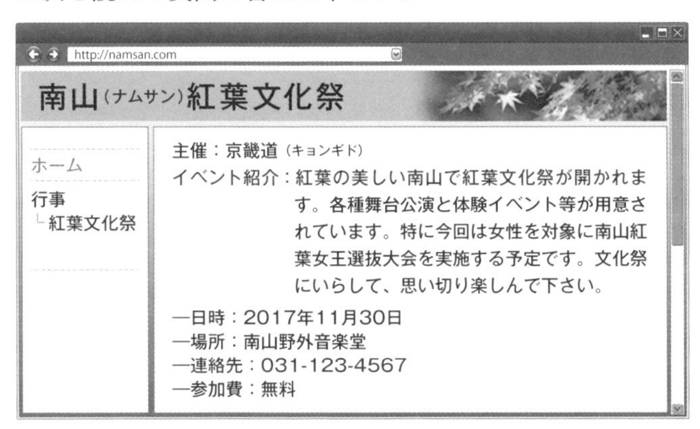
http://namsan.com

南山(ナムサン)紅葉文化祭

ホーム
行事
└紅葉文化祭

主催：京畿道(キョンギド)
イベント紹介：紅葉の美しい南山で紅葉文化祭が開かれます。各種舞台公演と体験イベント等が用意されています。特に今回は女性を対象に南山紅葉女王選抜大会を実施する予定です。文化祭にいらして、思い切り楽しんで下さい。
―日時：2017年11月30日
―場所：南山野外音楽堂
―連絡先：031-123-4567
―参加費：無料

63. なぜこの文を書いたのか、相応しいものを選んで下さい。2点

① 紅葉文化祭の日付を確認しようと思って
❷ 紅葉文化祭を知らせようと思って
③ 紅葉文化祭に必要なお金を集めようと思って
④ 紅葉文化祭を一緒に準備する人を探そうと思って

64. この文の内容と一致するものを選んで下さい。3点

① 文化祭では毎回紅葉女王選抜大会を行っています。
② 文化祭に参加するためにはお金を払わなければなりません。
❸ 文化祭に行けば公演も楽しみ、体験も出来ます。
④ 文化祭には女性のみ参加することが出来ます。

**解　説**

パターン8でよく出てくるのは、各種イベントの情報の案内です。従って問題文から提示されるイベントの詳細内容をしっかり把握することが重要になります。問題を解くコツとしては、問題文の内容と解答項目を1つずつ照合していくことです。どちらかと言えば、2問中の後ろの問題を先に解いた方が全体内容を把握しやすくなります。

TOPIK Ⅰ

# 네 번째 모음

## 文法編

## 文法というもの

現行のTOPIK制度では、文法問題を別立てした形では出題されません。しかし、だからといって文法能力を問う問題が出ないかと言うとそうではありません。읽기試験の中で文法に関する問題がしっかり出題されていますし、外国語の習得に文法は必要不可欠で、文法を勉強しなくていいということには到底なりません。文法というと何かと難しいイメージがつきまといますが、その国の言葉を正しく聞き取り、正しく話すためのルールですのでしっかり覚える必要があります。もちろん、理解し覚えるのは簡単ではありませんが、だからといって文法の勉強を怠ってしまうと、遅かれ早かれ乗り越えられない言葉の壁に直面することになるでしょう。表現を丸ごと覚えるだけでもある段階までは何とか進むかもしれませんが、応用が必要になってくる段階になると残念ながらそれ以上は進まなくなるのです。

よく韓国語学習者の皆さんに、文法より会話を教えて下さいと言われることがあります。恐らく韓国に行った時に、自分が言いたいことやよく聞かれる質問に答えられるようになりたいということだと思いますが、自分が言いたいことが言えただけでは会話になりません。一生懸命覚えたフレーズが現地であまり通用しなかったという体験もあると聞きます。例えば、タクシーに乗る時、切符を買う時、食堂で食べ物を注文する時などに使う表現では、比較的定型型があり、それを覚えて使うことはできるでしょう。しかし、実際にはそのような簡単な表現で済む場面はごくわずかしかありません。会話というのは相手とのコミュニケーションを取る行為ですから、会話はその人の持っているすべての語学能力を駆使することを意味します。コミュニケーションとしての会話ができるようになるには、やはり言葉を紡ぎだす力を与えてくれる文法の習得が欠かせません。文法は、その国の言葉を正しく聞き取り正しく話すためのルールであり、言いたいことを紡ぎだしてくれる“魔法の杖”なのだということを覚えておいて下さい。

さて、日本語と韓国語を年齢に例えて比較をすると、韓国語はおじいちゃん言語で、日本語は青年言語ということになります。両方ともアルタイ語族に属するという説もありますが、実は日本語は若い言語で、韓国語に比べるとあまり細分化が進んでいません。韓国語は年を取っている言語ですから細分化が進んでいて、文末表現では日本語より韓国語の方がはるかに多いことも分かっています。また接続や連結に使われる「～て」に当たる韓国語が非常に多いのもその例です。日本語では同じ表現なのに韓国語ではいくつかの異なる表現になるものがいくつもあるので、使い分けを正確に理解して覚えないと、ある時には通じたのにある時には通じないという間違いを繰り返すことになります。たまたま通じることもあるかもしれませんが、修正も効きません。これでは発展的な学習は期待できないでしょう。

さて、正しく聞き取り正しく話すためのルールである文法は、どのように勉強するのがより理解しやすいでしょうか。それは、日本語と同じ基本の文の構成である「主語＋述語」の順に覚えるのがポイントです。本書ではこの文の基本構成をおさえ、次のような順番で韓国語の理解に必要と思われる表現を紹介していきたいと思います。

Ⅰ　助詞
Ⅱ　指示詞
Ⅲ　終結表現
Ⅳ　否定表現
Ⅴ　連体表現
Ⅵ　連結表現

# Ⅰ 助詞

## 1. −이/가

**(パッチム有名詞)＋이　(パッチム無名詞)＋가**

・「私が、俺が、あなたが、お前が、誰が」の時には「私、俺、あなた、お前、誰」の形が変わる。

例）私（저, 나）→私が（제가, 내가）

あなた、お前（너）→あなたが、お前が（네가）

誰（누구）→誰が（누가）

・「名詞＋になる」は「−이/가 되다」になる。

・「어디（どこ）、무엇/뭐（何）、언제（いつ）、누구（誰）」などの疑問詞が出てくる文では「−이/가」が「〜は」になる。

・「아니다」の前に来て「−이/가 아니다（ではない）」では、否定の対象を表す。

・会話ではよく省略される。

| | | |
|---|---|---|
| が | 시간이 없어요. | 時間がありません。 |
| | 날씨가 좋아요. | 天気がいいです。 |
| に | 국회의원이 돼요. | 国会議員になります。 |
| | 문제가 됩니다. | 問題になります。 |
| は | 이름이 뭐예요? | お名前は何ですか。 |
| | 여기가 어디예요? | ここはどこですか。 |
| では | 가족이 아니에요. | 家族ではありません。 |
| | 제 아내가 아닙니다. | 私の家内ではありません。 |

## 2. −을/를

**(パッチム有名詞)＋을　(パッチム無名詞)＋를**

・「〜に会う」「〜が好きだ/嫌いだ」「〜に乗る」「〜が〜（し）たい」「〜が出来る」「〜が分かる」「〜がほしい」などの「に・が」は「−을/를」になる。

・会話ではよく省略される。

| | | |
|---|---|---|
| を | 이름을 알아요. | 名前を知っています。 |
| | 나를 보세요. | 私を見て下さい。 |
| に | 선생님을 만나요. | 先生に会います。 |
| | 내 차를 타요. | 私の車に乗ります。 |
| が | 비빔밥을 좋아해요. | ビビンバが好きです。 |
| | 영어를 할 줄 알아요. | 英語が出来ます。 |

## 3. –은/는

**(パッチム有名詞)＋은　(パッチム無名詞)＋는**

・「어디（どこ）、무엇/뭐（何）、언제（いつ）、누구（誰）」などの疑問詞が出てくる文での「–은/는」は、取り立てて強調する意味。普通は「–이/가」。

| | | |
|---|---|---|
| は | 다음은 언제예요? | 次はいつですか。 |
| | 너는 안 갈거야? | あなたは行かないつもり？ |

## 4. –에

**(パッチム有/無名詞)＋에**

・場所や時間の意味を表す。
・ゴールとなる場所を表す。
・基準や単位を表す。
・내년（来年）、다음 달（来月）、오늘 아침（今朝）、오전（午前）、오후（午後）、저녁（夕方）などの時間名詞の場合、必ず「–에」をつける。
・오늘（今日）、내일（明日）、모레（明後日）、어제（昨日）、매일（毎日）、언제（いつ）などには「–에」をつけない。

| | | |
|---|---|---|
| に | 아침에 뭐 먹었어요? | 朝、何食べましたか。 |
| | 아파트에 살아요. | マンションに住んでいます。 |
| | 병원에 갔다 왔어요. | 病院に行ってきました。 |

# 5. –에게/한테

**(パッチム有/無名詞)+에게/한테**

・人間や動物の意味を持つ語の後に来る。
・動きが及ぶ対象を表す。
・硬い文章では「–에게」を、会話では「–한테」を使う。

| | | |
|---|---|---|
| に | 우리에게 주는 기회이다. | 私たちにくれる機会だ。 |
| | 아내한테 맡겨요. | 妻に任せます。 |

# 6. –에게서/한테서

**(パッチム有/無名詞)+에게서/한테서**

・人間や動物の意味を持つ語の後に来る。
・出所の意味を持つ。
・硬い文章では「–에게서」を、会話では「–한테서」を使う。

| | | |
|---|---|---|
| から | 부모님에게서 택배가 왔다. | 両親から宅配が来た。 |
| | 아빠한테서 받은 거예요. | お父さんからもらったものです。 |

# 7. –에서

**(パッチム有/無名詞)+에서**

・動きや状態が行われる場所を表す。
・動きや出来事の始まりを表す。

| | | |
|---|---|---|
| で | 밖에서 놀았어요. | 外で遊びました。 |
| | 공항에서 인사했어요. | 空港で挨拶しました。 |
| から | 아파트에서 나왔어요. | マンションから出ました。 |
| | 냉장고에서 꺼내요. | 冷蔵庫から出します。 |

# 8. –에서부터

**(パッチム有/無名詞)+에서부터**

・動きや出来事の始まりを表す。

| | |
|---|---|
| から | 어디에서부터 시작된 거예요?<br>どこから始まったのですか。 |
| | 서울역에서부터 쭉 잤어요.<br>ソウル駅からずっと寝ていました。 |

## 9. −과/와

**(パッチム有名詞)＋과**　**(パッチム無名詞)＋와**

・共同、並列の意味を持つ。

・行動を共にする対象や比較の対象を表す。

・硬い言い方では「−과/와」を使い、柔らかい言い方では10.の「−하고」を使う。

| | | |
|---|---|---|
| と | 제 생각과는 달라요. | 私の考えとは違います。 |
| | 소파와 책상 | ソファーと机 |

## 10. −하고

**(パッチム有/無名詞)＋하고**

・共同、並列の意味。

・行動を共にする対象や比較の対象を表す。

・硬い言い方では9.の「−과/와」を使い、柔らかい言い方では「−하고」を使う。

| | | |
|---|---|---|
| と | 과자하고 음료수 | お菓子と飲み物 |
| | 치킨하고 맥주 | チキンとビール |

## 11. −이랑/랑

**(パッチム有名詞)＋이랑**　**(パッチム無名詞)＋랑**

・共同、並列の意味。

・行動を共にする対象や比較の対象を表す。

・くだけた言い方の場合に使う。

| と | 빵이랑 콜라 사 와. | パンとコーラ買ってきて。 |
|---|---|---|
| | 김밥이랑 떡볶이랑 먹었어. | キムパプとトッポッキ食べたよ。 |
| | 너랑은 같이 못 가. | あなたとは一緒に行けない。 |

## 12. −으로/로

**(パッチム有名詞)＋으로　(パッチム無名詞・ㄹパッチム)＋로**

・手段、方法、道具などの意味を表す。

・原因、理由の意味を表す。

・方角、方向の意味を表す。

| で | 비행기로 가요. | 飛行機で行きます。 |
|---|---|---|
| | 흰색으로 칠해 주세요. | 白で塗って下さい。 |
| | 감기로 입원했다. | 風邪で入院した。 |
| へ | 남쪽으로 가고 있다. | 南へ向かっている。 |
| | 어디로 가고 싶어요? | どこへ行きたいですか。 |
| に | 마지막으로 한 마디만 하겠습니다.<br>最後にひと言だけ申し上げます。 | |
| | 사무실로 오세요. | 事務室に来て下さい。 |

## 13. −의

**(パッチム有/無名詞)＋의**

・「の」の意味。

・「名詞＋の＋名詞」の「の」にあたる「−의」はよく省略される。

| の | 스포츠의 계절입니다. | スポーツの季節です。 |
|---|---|---|
| | 일본의 온천은 특별하다. | 日本の温泉は特別だ。 |

## 14. −도

**(パッチム有/無名詞)＋도**

・「も」の意味。

・数量や頻度などの多さを意味する「も」は「−이나/나」を使う。

| | | |
|---|---|---|
| も | 힘도 세요. | 力も強いです。 |
| | 카드도 받아요? | カードも使えますか。 |

## 15. −이나/나

**(パッチム有名詞)＋이나　(パッチム無名詞)＋나**

・対象があまり意味を持たないという意味。
・どちらを選んでもかまわないという意味。
・数や量が多く程度が高いものであることを表す。

| | | |
|---|---|---|
| でも | 영화나 보러 가자. | 映画でも見に行こう。 |
| | 잠이나 자야겠다. | 寝るか…(←睡眠でも取らないと)。 |
| か | 햄버거나 샌드위치 같은 게 어때요?<br>ハンバーガーかサンドイッチのようなものはどうですか。 | |
| も | 두 시간이나 기다렸어요. | 2時間も待ちました。 |
| | 열 마리나 잡았다. | 10匹も釣った。 |

## 16. −이라도/라도

**(パッチム有名詞)＋이라도　(パッチム無名詞)＋라도**

・対象がかろうじてちょっと意味を持つ事柄であるという意味。

| | | |
|---|---|---|
| でも | 싼 것이라도 괜찮아요. | 安いものでも結構です。 |
| | 혼자라도 좋아요. | 1人でもいいです。 |

## 17. −부터

**(パッチム有/無名詞)＋부터**

・事柄の始まりの意味。

| | | |
|---|---|---|
| から | 간식부터 먼저 사요. | おやつからまず買いましょう。 |
| | 저부터 시작할게요. | 私から始めます。 |

## 18. −까지

**（パッチム有／無名詞）＋까지**

・「まで」の意味。

| | | |
|---|---|---|
| まで | 내일까지 있어요. | 明日までいます。 |
| | 이번 주까지 해요. | 今週までやります。 |

## 19. −마다

**（パッチム有／無名詞）＋마다**

・対象となる出来事がある度に欠かさずという意味。

| | | |
|---|---|---|
| ごとに | 호텔마다 조금씩 달라요. | ホテルごとに少しずつ違います。 |
| | 매주 토요일마다 만나요. | 毎週土曜日ごとに会います。 |
| 度に | 집에 올 때마다 선물을 가지고 온다.<br>家に来る度にお土産を持ってくる。 | |

## 20. −보다

**（パッチム有／無名詞）＋보다**

・複数のものを比較する意味。

| | | |
|---|---|---|
| より | 여기보다는 나아요. | ここよりはましです。 |
| | 금년보다 적어요. | 今年より少ないです。 |

## 21. −처럼

**（パッチム有／無名詞）＋처럼**

・対象と似ているか同じ物事であることを表す。

| | | |
|---|---|---|
| のように、<br>みたいに | 배우처럼 생겼어요. | 俳優さんみたいな顔です。 |
| | 거짓말처럼 들려요. | うそのように聞こえます。 |

## 22. －만

**(パッチム有/無名詞)＋만**

・対象を限定する意味を持つ。

| だけ、ばかり | 맛있는 것만 먹어요. | 美味しいものばかり食べます。 |
|---|---|---|
| | 관광객만 들어갈 수 있다. | 観光客だけ入ることが出来る。 |

## 23. －밖에

**(パッチム有/無名詞)＋밖에**

・「～しか＋否定」の意味。

| しか | 시간이 십 분밖에 없어요 | 時間が10分しかありません。 |
|---|---|---|
| | 이것밖에 준비 못 했어요 | これしか準備出来ていません。 |

# Ⅱ 指示詞

## 1. 이/그/저/어느 (この/その/あの/どの)

| 이 | コ系 | 그 | ソ系 | 저 | ア系 | 어느 | ド系 |
|---|---|---|---|---|---|---|---|
| 이거 | これ | 그거 | それ | 저거 | あれ | 어느 거 | どれ |
| 이것 | これ | 그것 | それ | 저것 | あれ | 어느 것 | どれ |
| 이게 | これが | 그게 | それが | 저게 | あれが | 어느 게 | どれが |
| 이건 | これは | 그건 | それは | 저건 | あれは | 어느 건 | どれかは |
| 이걸 | これを | 그걸 | それを | 저걸 | あれを | 어느 걸 | どれを |
| 여기 | ここ | 거기 | そこ | 저기 | あそこ | 어디 | どこ |
| 이 | この | 그 | その | 저 | あの | 어느 | どの |
| 이쪽 | こちら | 그쪽 | そちら | 저쪽 | あちら | 어느 쪽 | どちら |
| 이런 | こんな | 그런 | そんな | 저런 | あんな | 어떤 | どんな |

※目に見えないものを指す場合、日本語ではア系(あれ、あの等)の指示詞を使うが、韓国語ではソ系(그것、그等)を使う。

# Ⅲ 終結表現

## 1. -는다/ㄴ다

**(パッチム有動詞)＋는다**　**(パッチム無動詞)＋ㄴ다**

・「だ・である調」の動詞文を終わらせる機能を持つ。

| | | |
|---|---|---|
| う段 | 12시에는 자리에 눕는다. | 12時には床に横になる。 |
| | 정성이 느껴진다. | 真心が感じられる。 |

## 2. -다

**(パッチム有/無形容詞)＋다**

・「だ・である調」の形容詞文を終わらせる機能を持つ。

| | | |
|---|---|---|
| だ、い | 방이 깨끗하다. | 部屋がきれいだ。 |
| | 음식이 맛있다. | 食べ物がおいしい。 |

## 3. -이다/다

**(パッチム有名詞)＋이다**　**(パッチム無名詞)＋다**

・「だ・である調」の名詞文を終わらせる機能を持つ。
・パッチム無名詞の後に「-이다」を使うこともある。

| | | |
|---|---|---|
| だ、である | 벌써 12월이다. | もう12月だ。 |
| | 서로 좋아하는 사이이다. | お互いに好きな間柄だ。 |

## 4. -습니다/ㅂ니다

**(パッチム有動詞・形容詞・있다/없다)＋습니다**

**(パッチム無動詞・形容詞・이다)＋ㅂ니다**

・「です・ます調」で動詞、形容詞、있다/없다、이다文を終わらせる機能を持つ。
・硬い文章でよく使われる。

| | | |
|---|---|---|
| します<br>しますか | 아침에 일찍 일어납니다. | 朝早く起きます。 |
| | 두 분 성격이 비슷합니다. | お2人の性格が似ています。 |
| | 며칠 걸립니까? | 何日かかりますか。 |
| | 시간이 없습니다. | 時間がありません。 |
| です<br>ですか | 만나서 반갑습니다. | お会い出来て嬉しいです。 |
| | 김치 맵습니까? | キムチ、辛いですか。 |
| | 저 때문입니다. | 私のせいです。 |

## 5. −아(요)/어(요)<br>−아(요)?/어(요)?

**(陽母音語幹の動詞・形容詞)＋아(요)**

**(陰母音語幹の動詞・形容詞・있다/없다)＋어(요)**

- 「です・ます調」で動詞、形容詞、있다/없다文を終わらせる機能を持つ。
- 柔らかい言い方でよく使われる。
- 文脈やイントネーションによって、普通の叙述、命令、疑問、勧誘などの意味になる。
- 命令の機能を持つ「−아요/어요」は基本的に年下向けの言い方。

| | | |
|---|---|---|
| ます | 저녁때 만나요. | 夕方会います。 |
| | 하루에 한 시간 걸어요. | 1日に1時間歩きます。 |
| ますか | 왜 놀라요? | なぜ驚きますか。 |
| ましょう | 같이 가요. | 一緒に行きましょう。 |
| て下さい | 내 백 좀 가져다줘요. | 私のバッグを持ってきて下さい。 |
| です<br>ですか | 아주 비싸요. | とても高いです。 |
| | 가방 무거워요? | カバン重いですか。 |

## 6. −습니까?/ㅂ니까?

**(パッチム有動詞・形容詞・있다/없다)＋습니까?**

**(パッチム無動詞・形容詞・이다)＋ㅂ니까?**

- 「です・ます調」の動詞、形容詞、있다/없다、이다文を疑問で終わらせる機能を持つ。

・硬い文章でよく使われる。

| ますか | 몇 시에 출발합니까? | 何時に出発しますか。 |
|---|---|---|
| ですか | 여기에서 멉니까? | ここから遠いですか。 |

## 7. −이야/야<br>−이야?/야?

**(パッチム有名詞)＋이야**　**(パッチム無名詞)＋야**

・「だ・である調」の名詞文を疑問で終わらせる機能を持つ。

| なの | 나도 같은 생각이야. | 私も同じ考えだよ。 |
|---|---|---|
| | 거기가 어디야? | そこはどこなの？ |
| | 이거 누구 칫솔이야? | これ、誰の歯ブラシなの？ |

## 8. −이에요/예요<br>−이에요?/예요?

**(パッチム有名詞)＋이에요**　**(パッチム無名詞)＋예요**

・「です・ます調」の名詞文を疑問で終わらせる機能を持つ。

| です | 여기는 처음이에요. | ここは初めてです。 |
|---|---|---|
| | 저기가 기숙사예요. | あそこが寮です。 |
| | 무슨 고기예요? | 何の肉ですか。 |

## 9. −지요<br>−지요?

**(パッチム有／無名詞)＋지(요)?**

・共通の事実に対する確認や同意を相手に求める意味を持つ。

・初めての事実に対する同意や確認を相手に求める意味を持つ。

| んですね | 저희 부모님도 모르시지요. | 私の両親も知らないんですよ。 |
|---|---|---|
| | 제가 도와주지요. | 私が手伝ってあげますね。 |
| | 다음 역에서 내리지요? | 次の駅で降りるんですよね？ |
| | 돈 당연히 필요하지요. | お金は当然必要ですよ。 |

## 10. -읍시다/ㅂ시다

**(パッチム有動詞・있다)＋읍시다　(パッチム無動詞)＋ㅂ시다**

・「です・ます調」の動詞、있다文を勧誘の意味で終わらせる機能を持つ。
・硬い文章でよく使われる。

| ましょう | 이 음악 잠깐만 같이 들읍시다.<br>この音楽をちょっとだけ一緒に聞きましょう。 |
|---|---|
| | 저 분한테 물어봅시다.　あの方に聞いてみましょう。 |

## 11. -으십시오/십시오

**(パッチム有動詞・있다)＋으십시오　(パッチム無動詞)＋십시오**

・「です・ます調」の動詞、있다文を尊敬命令の意味で終わらせる機能を持つ。
・硬い文章でよく使われる。

| て下さい | 부장님 얼른 오십시오. | 部長、早くいらして下さい。 |
|---|---|---|
| | 그걸 끈으로 묶으십시오. | それをひもで結んで下さい。 |

## 12. -군요
## -군요?

**(パッチム有/無動詞)＋는군요**

**(パッチム有/無形容詞・있다/없다・이다)＋군요**

・ある出来事に対して、それが自分にとって納得できる内容であるということを感心、感嘆調で表す表現。

| | | |
|---|---|---|
| ね | 모두들 열심히 하는군요. | 皆、一生懸命やっていますね。 |
| | 휴일이라 그런지 복잡하군요. | 休日だからなのか混んでいますね。 |
| | 아파서 집에 있군요? | 具合が悪くて家にいるのですね？ |
| | 아, 오늘이 생일이시군요? | あ、今日がお誕生日なのですね？ |
| | 그래서 고민하셨군요? | だから悩んだわけですね？ |

## 13. －네요　－네요?

**(動詞・形容詞・있다/없다・이다)＋네요**

・ある出来事に対して、それが自分にとって新たな発見であるということを感心、感嘆調で表す表現。

| | | |
|---|---|---|
| ね | 애기 잘 노네요. | お子さん、元気に遊んでいますね。 |
| | 정말 건강하시네요. | 本当にお元気ですね。 |
| | 이 집 맛이 없네요. | この店、美味しくないですね。 |
| | 그럼 다음 달이네요? | じゃ、来月なのですね？ |
| | 많이 만드셨네요. | たくさん作られましたね。 |

## 14. －고 있다

**(パッチム有/無動詞)＋고 있다**

・ある出来事の動きが継続中であることを表す表現。

| | | |
|---|---|---|
| ている | 한국말 배우고 있어요. | 韓国語を習っています。 |
| | 지금 생각하고 있어요. | 今考えています。 |
| | 아직 모르고 있어요. | まだ知りません。 |

## 15. －아/어 있다

**(陽母音語幹の動詞)＋아 있다**　**(陰母音語幹の動詞)＋어 있다**

・ある出来事の状態が継続中であることを表す表現。

| ている | 문이 열려 있어요. | ドアが開いています。 |
|---|---|---|
| | 밖에 서 있어요. | 外に立っています。 |
| | 자리에 앉아 있어요. | 席に座っています。 |

## 16. −고 싶다

**(パッチム有/無動詞)＋고 싶다**

・「〜したい」の意味。

・「감사하다（感謝する）、건강하다（健康だ）、깨끗하다（きれいだ）、따뜻하다（温かい）、똑같다（同じだ）、미안하다（申し訳ない）、바쁘다（忙しい）、아름답다（きれいだ）、예쁘다（かわいい）、유명하다（有名だ）、즐겁다（楽しい）、친절하다（親切だ）」などの形容詞は「고 싶다」を付けて言うことが可能。

| たい | 사랑하고 싶어요. | 恋したいです。 |
|---|---|---|
| | 깨끗하고 싶어요. | きれいにしたいです。 |
| | 친절하고 싶어요. | 親切にしてあげたいです。 |

## 17. −으세요/세요<br>−으세요?/세요?

**(パッチム有動詞・形容詞・있다/없다)＋으세요**

**(パッチム無動詞・形容詞/이다)＋세요**

・２人称主語⇒丁寧な「ます」や丁寧な命令の意味。

・３人称主語⇒丁寧な「ます」の意味。

| られます | 여기서 뭐 하세요? | ここで何やっていらっしゃるのですか。 |
|---|---|---|
| | 내일 시간 있으세요? | 明日お時間ありますか。 |
| | 그분 정말 친절하세요. | その方は本当にご親切です。 |
| | 그분 지금 어디 사세요?<br>その方は今どこに住んでいらっしゃいますか。 | |

| て下さい | 다섯 시까지는 꼭 오세요. | 5時までには必ず来て下さい。 |
| --- | --- | --- |
| | 잘 생각해 보세요. | よく考えてみて下さい。 |

## 18. −을/ㄹ 것입니다<br>−을/ㄹ 겁니다<br>−을/ㄹ 겁니까?<br>−을/ㄹ 거예요<br>−을/ㄹ 거야

**(パッチム有動詞・形容詞・있다/없다)＋을 것입니다**

**(パッチム無動詞・形容詞・이다)＋ㄹ 것입니다**

・1／２人称主語⇒予定の意味を表す。

・３人称主語⇒緩やかな推測の意味を表す。

| 1／2人称主語の場合⇒予定 | 저는 이 일에 최선을 다할 것입니다.<br>私はこのことに最善を尽くすつもりです。 | |
| --- | --- | --- |
| | 몇 시에 나가실 겁니까? | 何時に出かけますか。 |
| | 서울역에서 내릴 거예요. | ソウル駅で降ります。 |
| | 하루종일 집에 있을 거야. | 1日中家にいるよ。 |
| 3人称主語の場合⇒推測 | 세 시까지는 회의가 끝날 겁니다.<br>3時までには会議が終わると思います。 | |
| | 맛없을 거예요. | まずいと思いますよ。 |
| | 우리 아닐 거예요. | 私たちではないと思います。 |

## 19. −을게요/ㄹ게요

**(パッチム有動詞・있다)＋을게요**　**(パッチム無動詞)＋ㄹ게요**

・1人称主語文⇒話し手の緩やかな意志を表す。

| ます | 전화 제가 받을게요. | 電話、私が出ます。 |
| --- | --- | --- |
| | 저도 일할게요. | 私も働きます。 |
| | 내가 얘기할게. | 俺が話すよ。 |

## 20. −을/ㄹ 것 같다<br>−은/ㄴ 것 같다<br>−는 것 같다

**(パッチム有動詞・形容詞・있다/없다)＋을 것 같다**

**(パッチム無動詞・形容詞・이다)＋ㄹ 것 같다**

・「ようだ」「みたいだ」「そうだ」「と思う」などの意味を表す。

<table>
<tr><td rowspan="5">そうだ、<br>と思う</td><td>어머니가 걱정할 것 같아요. お母さんが心配しそうです。</td></tr>
<tr><td>내일 바쁠 것 같습니다. 明日忙しそうです。</td></tr>
<tr><td>점심때까지는 있을 것 같습니다.<br>お昼頃まではいると思います。</td></tr>
<tr><td>그 일은 힘들 것 같습니다. その仕事は厳しいと思います。</td></tr>
<tr><td>그 계획은 위험할 것 같습니다.<br>その計画は危険そうです。</td></tr>
<tr><td rowspan="7">ようだ、<br>みたいだ</td><td>지금 자는 것 같아요. 今寝ているようです。</td></tr>
<tr><td>우리를 쳐다보는 것 같다. 私たちを見ているようだ。</td></tr>
<tr><td>속옷 안 입은 것 같아요. 下着、着ていないみたいです。</td></tr>
<tr><td>청소 잘 한 것 같습니다. 掃除をきちんとしたみたいです。</td></tr>
<tr><td>분위기 괜찮은 것 같습니다. 雰囲気がいいようです。</td></tr>
<tr><td>우리 일인 것 같습니다. うちの仕事のようです。</td></tr>
<tr><td>내일 아닌 것 같아요. 明日ではないようです。</td></tr>
</table>

## 21. −는데요<br>−은데요/ㄴ데요

**(パッチム有/無動詞・있다/없다)＋는데요**

**(パッチム有形容詞)＋은데요**　**(パッチム無形容詞)＋ㄴ데요**

・話の前置きとなる内容を提示する機能を持つ。

| けど、が | 오후 네 시에 도착하는데요. 午後4時に着きますが。 | |
|---|---|---|
| | 벌써 나갔는데요. | とっくに出ましたけど。 |
| | 집에 없는데요. | 家にいませんけど。 |
| | 역에서 너무 먼데요. | 駅から遠すぎますが。 |
| | 저, 죄송한데요. | あの、恐縮ですが。 |
| | 이 일 너무 힘든데요.<br>この仕事、かなりきついんですけど。 | |

## 22. −을까요?/ㄹ까요?

**(パッチム有動詞・形容詞・있다/없다)＋을까요?**

**(パッチム無動詞・形容詞・이다)＋ㄹ까요?**

・動詞、있다文⇒提案の意味を表す。

・形容詞、없다、이다文⇒推測の意味を表す。

・動詞過去形＋을까요?/ㄹ까요?⇒推測の意味を表す。

| しましょうか | 같이 좀 걸을까요? | 一緒に少し歩きましょうか。 |
|---|---|---|
| | 저도 같이 있을까요? | 私も一緒にいましょうか。 |
| | 갈까요, 말까요? | 行きましょうか、やめましょうか。 |
| でしょうか | 그 집은 조용할까요? | あの家は静かでしょうか。 |
| | 일요일일까요? | 日曜日でしょうか。 |
| | 우리를 봤을까요? | 私たちを見たでしょうか。 |

## 23. −을래요/ㄹ래요<br>−을래요?/ㄹ래요?

**(パッチム有動詞・있다)＋을래요?**　**(パッチム無動詞)＋ㄹ래요?**

・1人称主語⇒自分の一方的な意志。

・2人称主語⇒相手の意志の確認。

| ます | 나는 이 영화 안 볼래요. | 私はこの映画、見ません。 |
|---|---|---|
| | 저 먼저 갈래요. | 私、先に帰ります。 |

| ますか | 네가 운전할래?　お前が運転する？ |
|---|---|
| | 몇 시에 일어날래요?　何時に起きますか。 |

## 24. -으려고/려고 하다

**(パッチム有動詞・있다)＋으려고 하다**

**(パッチム無動詞・이다)＋려고 하다**

・その出来事を実行しようとしている段階に、既に入っていることを表す表現。

| しようとする/思う | 잊어버리려고 하고 있어요.　忘れようとしています。 |
|---|---|
| | 언니 거 입으려고 해요.<br>姉のものを着ようと思っています。 |
| | 당분간 쉬려고 합니다.　当分休もうと思っています。 |

## 25. -을까/ㄹ까 하다

**(パッチム有動詞・있다)＋을까 하다**

**(パッチム無動詞)＋ㄹ까 하다**

・その出来事が、実行の計画段階にあることを表す表現。

| しようかなと思う | 오늘부터 시작할까 합니다.<br>今日から始めようかなと思っています。 |
|---|---|
| | 운동을 같이 할까 해요.<br>運動を一緒にしようかなと思っています。 |
| | 곤색 양복을 입을까 해요.<br>紺色のスーツを着ようかなと思っています。 |

## 26. -을/ㄹ 수 있다/없다

**(パッチム有動詞・있다/없다)＋을 수 있다/없다**

**(パッチム無動詞・이다)＋ㄹ 수 있다/없다**

・可能/可能否定の意味。

| 可能／<br>可能否定 | 저녁식사 같이 할 수 있어요?　夕飯一緒に出来ますか。 |
|---|---|
| | 이곳에서는 사진을 찍을 수 없습니다.<br>ここでは写真を撮ることが出来ません。 |
| | 휴일일 수도 있습니다.　休日ということもあり得ます。 |

## 27. －은/ㄴ 적이 있다/없다

**（パッチム有動詞・있다/없다）＋은 적이 있다/없다**

**（パッチム無動詞・이다）＋ㄴ 적이 있다/없다**

・経験の有無を表す表現。

| したことが<br>ある／ない | 동생이랑 싸운 적이 한 번도 없습니다.<br>弟とけんかしたことが一度もありません。 |
|---|---|
| | 깜짝 놀란 적이 있어요.　びっくりしたことがあります。 |

## 28. －으러/러 가다/오다

**（パッチム有動詞）＋으러 가다/오다**

**（パッチム無動詞）＋러 가다/오다**

・目的の意味を表す表現。

| しに行く／<br>来る | 너 만나러 왔어.　あなたに会いに来たよ。 |
|---|---|
| | 방학 때 놀러 갈게요.　休みに遊びに行きます。 |

## 29. －으면/면 되다

**（パッチム有動詞・있다）＋으면 되다**

**（パッチム無動詞・이다）＋면 되다**

・その条件でいいという意味を表す表現。

| ればいい | 들어가시면 됩니다.　お入りになればいいですよ。 |
|---|---|
| | 여기서 기다리면 돼요.　ここで待てばいいです。 |

# 30. -으면/면 안 되다

**(パッチム有動詞・形容詞・있다/없다)+으면 안 되다**

**(パッチム無動詞・形容詞・이다)+면 안 되다**

・その条件ではだめという意味を表す表現。

| | | |
|---|---|---|
| てはいけない | 불을 끄면 안 됩니다. | 灯を消したらいけません。 |
| | 복잡하면 안 돼요. | ややこしかったらだめです。 |
| | 재미없으면 안 됩니다. | つまらなかったらだめです。 |
| | 소극적이면 안 돼요. | 消極的ではいけません。 |

# 31. -아/어 주다

**(陽母音語幹の動詞)+아 주다**

**(陰母音語幹の動詞・있다)+어 주다**

・授受表現。

| | | |
|---|---|---|
| てあげる | 내가 가르쳐 줄게요. | 私が教えてあげます。 |
| | 엄마가 넣어 줄 거예요. | 母が入れてあげると思います。 |
| てくれる | 깎아 주세요. | まけて下さい。 |
| | 도와주셔서 고맙습니다.<br>助けてくれてありがとうございます。 | |

# 32. -아/어 보다

**(陽母音語幹の動詞)+아 보다**

**(陰母音語幹の動詞・있다)+어 보다**

・「てみる」の意味。

| | | |
|---|---|---|
| てみる | 노력해 보겠습니다. | 努力してみます。 |
| | 그 집 냉면 먹어 보세요.<br>あの店の冷麺、食べてみて下さい。 | |

## 33. −아야/어야 하다

**(陽母音語幹の動詞)＋아야 하다**

**(陰母音語幹の動詞・있다/없다・이다)＋어야 하다**

・当然と判断する動きや義務などを行う意味を表す。

| | |
|---|---|
| ないといけない | 한 시간은 더 걸어가야 합니다.<br>さらに1時間歩かなければいけません。 |
| | 이런 오해는 없어야 합니다.<br>こういう誤解はあってはいけません。 |

## 34. −아야/어야 되다

**(陽母音語幹の動詞)＋아야 되다**

**(陰母音語幹の動詞・있다/없다・이다)＋어야 되다**

・そういう動きや状態になってしかるべきだという意味を表す表現。

| | | |
|---|---|---|
| なければならない | 모르면 물어봐야 됩니다.<br>分からなかったら聞いてみるべきです。 | |
| | 당분간 여기 있어야 돼요. | 当分ここにいなければなりません。 |
| | 가운데여야 됩니다. | 真ん中じゃないといけません。 |

## 35. −아도/어도 되다

**(陽母音語幹の動詞)＋아도 되다**

**(陰母音語幹の動詞・있다/없다・이다)＋어도 되다**

・譲歩や許可、許容する意味を表す表現。

| | | |
|---|---|---|
| てもいい | 몰라도 됩니다. | 知らなくてもいいですよ。 |
| | 문 닫아도 돼요 | ドア、閉めてもいいです。 |
| | 큰 도시 아니여도 돼요?<br>大きな都市じゃなくてもいいですか。 | |

# 36. −아지다/어지다

**(陽母音語幹の形容詞)＋아지다**

**(陰母音語幹の形容詞・없다)＋어지다**

・自然にそのような状況、状態になっていることを表す表現。

| | | |
|---|---|---|
| くなる、<br>になる | 자꾸 돈이 없어져요. | よくお金がなくなります。 |
| | 집이 넓어졌습니다. | 家が広くなりました。 |
| | 올해 유명해졌습니다. | 今年有名になりました。 |

# 37. −게 되다

**(パッチム有/無動詞・形容詞・있다・이다)＋게 되다**

・外部の影響によりそのような状況、状態になっていることを表す表現。

| | |
|---|---|
| くなる、<br>になる、<br>ようになる | 이제는 요리를 잘 하게 됐어요.<br>今は料理をよくするようになりました。 |
| | 이번 일은 미안하게 됐어요.<br>今回の件は申し訳ないことになりました。 |
| | 목표 달성이 어렵게 되었다.<br>目標達成が難しくなった。 |

# 38. −기로 하다

**(パッチム有・無動詞/있다/이다)＋기로 하다**

・約束、決心などの気持ちになっていることを表す表現。

| | |
|---|---|
| ことにする | 조금만 마시기로 합시다.<br>ちょっとだけ飲むことにしましょう。 |
| | 큰 소리로 대답하기로 해요.<br>大きな声で答えることにしましょう。 |
| | 사이좋게 지내기로 했어요.<br>仲良く過ごすことにしました。 |

## 39. −는게 좋겠다

**(パッチム有/無動詞・있다/없다)＋는게 좋겠다**

・それが望ましいと思う自分の気持ちを表す表現。

| | |
|---|---|
| た方がいい | 안 맡는 게 좋겠어요.　担当しない方がよさそうです。 |
| | 의견을 나누어 보는 게 좋겠습니다.<br>意見を交換してみた方がよさそうです。 |

## 40. −았으면/었으면 좋겠다

**(陽母音語幹の動詞・形容詞)＋았으면 좋겠다**

**(陰母音語幹の動詞・形容詞・있다/없다・이다)＋었으면 좋겠다**

・話し手の強い願望、希望の意味を表す。

| | |
|---|---|
| (是非)<br>〜たい | (내가) 좋은 대학에 갔으면 좋겠어요.<br>(自分が) 是非いい大学に行きたいです。 |
| | 그때 뵐 수 있었으면 좋겠습니다.<br>その時に是非お会いしたいです。 |
| | 맛있는 것 먹었으면 좋겠어요.<br>美味しいもの是非食べたいです。 |
| てほしい | 빨리 결심했으면 좋겠어요.　早く決心してほしいです。 |
| | 내 친구였으면 좋겠어요.　私の友達であってほしいです。 |
| | 좋은 남자가 나타났으면 좋겠다.<br>いい男性(ひと)が現れてほしい。 |

#  否定表現

## 1. -이/가 아니다

**(パッチム有名詞)+이 아니다**　**(パッチム無名詞)+가 아니다**

・名詞を否定する機能を持つ。

| | | |
|---|---|---|
| ではない | 제 생각이 아닙니다. | 私の考えではないです。 |
| | 감기가 아니에요. | 風邪ではありません。 |

## 2. 안

**안+(動詞・形容詞・있다)**

・後ろに来る動詞/形容詞/있다を否定する機能を持つ。

| | | |
|---|---|---|
| ない | 요새 안 만나요. | 最近会いません。 |
| | 별로 안 가까워요. | あまり近くないです。 |
| | 전혀 안 시원해요. | 全く涼しくありません。 |
| | 가만히 안 있어요. | じっとしていません。 |

## 3. -지 않다

**(動詞・形容詞・있다/없다・이다)+지 않다**

・「-지 않다」の前の事柄を否定する機能を持つ。

| | | |
|---|---|---|
| ない | 그런 사람하고는 결혼하지 않습니다. | そういう人とは結婚しません。 |
| | 그렇게 슬프지 않아요. | そんなに悲しくないです。 |
| | 재미가 없지는 않아요. | 面白くなくはないです。 |
| | 생각한 만큼 멋있지 않아요. | 思ったほど格好よくありません。 |
| | 전혀 매력적이지 않습니다. | 全く魅力的ではありません。 |

## 4. 못

**못＋(動詞・있다)**

・後ろに来る動詞、있다の可能性を否定する機能を持つ。

| | | |
|---|---|---|
| 可能否定 | 스케줄 못 바꿔요. | スケジュール、変えられません。 |
| | 시간이 없어서 못 읽어요. | 時間がないので読めません。 |
| | 주말까지 못 있어요. | 週末までいられません。 |

## 5. -지 못하다

**(動詞・있다・이다)＋지 못하다**

・「지 못하다」の前に来る事柄の可能性を否定する機能を持つ。

| | | |
|---|---|---|
| 可能否定 | 도와주지 못해서 미안해요.<br>助けてあげることが出来なくてすみません。 | |
| | 잡지 못할 것 같습니다. | 捕まえられなさそうです。 |
| | 같이 있지는 못해요. | 一緒にいることは出来ません。 |
| | 생산적이지 못합니다. | 生産的でないです。 |

## 6. -지 말다

**(動詞・있다)＋지 말다**

・「-지 말다」の前に来る事柄に対して禁止命令の指示を出す機能を持つ。
・「-지 마세요」は「-지 말다」の「です・ます調」の言い方。

| | | |
|---|---|---|
| 禁止命令 | 담배 피우지 마세요. | タバコを吸わないで下さい。 |
| | 울지 마. | 泣くなよ。 |
| | 그러지 마라. | やめて(←そうするな)。 |
| | 다시는 저를 찾지 마십시오. | 二度と私を探さないで下さい。 |

#  連体表現

## 1. -는

**(パッチム有/無動詞・있다/없다)+는**

・動詞の現在連体形。

| | |
|---|---|
| 動詞現在連体形 | 지금 사는 데가 어디세요?<br>今住んでいるところはどこですか。 |
| | 앞에 걸어가는 사람 누구예요?<br>前を歩いている人は誰ですか。 |

## 2. -은/ㄴ

**(パッチム有動詞・形容詞)+은**

**(パッチム無動詞・形容詞・이다)+ㄴ**

・動詞+은/ㄴ⇒過去連体形または状態進行形。

・形容詞+은/ㄴ⇒現在連体形。

| | | |
|---|---|---|
| た | 벗은 옷은 여기 거세요. | 脱いだ服はここにかけて下さい。 |
| | 그건 끝난 이야기입니다. | それは終わった話です。 |
| ている | 결혼한 사람 손 들어 보세요.<br>結婚している人、手上げてみて下さい。 | |
| な、い | 뜨거운 물 좀 주세요. | 熱いお湯を下さい。 |
| | 필요한 게 뭡니까? | 必要なものは何ですか。 |

## 3. -을/ㄹ

**(パッチム有動詞・形容詞・있다/없다)+을**

**(パッチム無動詞・形容詞・이다)+ㄹ**

・これから起こる可能性のある出来事を連体形としてつなげる機能を持つ。

| | |
|---|---|
| う段、い、な | 저일 가능성이 커요.　　私である可能性が大きいです。 |
| | 넥타이를 선물할 생각이다.　ネクタイを贈るつもりだ。 |
| | 가장 바쁠 시간이에요.　　一番忙しい時間です。 |

## 4. －을/ㄹ 때

**(パッチム有動詞・形容詞・있다/없다)＋을 때**

**(パッチム無動詞・形容詞・이다)＋ㄹ 때**

・「때(時)」につなげる場合には必ず「－을/ㄹ」を使う。

・過去形の場合には「－았을/었을 때」になる。

| | |
|---|---|
| う時、な時、い時 | 김치 담글 때 불러 주세요.<br>キムチを漬ける時に呼んで下さい。 |
| | 이럴 때 정신을 차려야 돼요.<br>こういう時しっかりしなければなりません。 |
| | 실패할 때도 있을 겁니다.　失敗する時もあるでしょう。 |

# Ⅵ 連結表現

## 1. －고

**(パッチム有/無動詞・形容詞・있다/없다・이다)＋고**

・複数の出来事を並べて表す機能を持つ。

| | |
|---|---|
| て、で、するし | 동생은 서울에 살고 나는 부산에 삽니다.<br>弟はソウルに住み、私は釜山に住んでいます。 |
| | 이 집은 깨끗하고 좋다.　　この家はきれいでいい。 |
| | 아버지는 의사이고 어머니는 간호사이다.<br>父は医者で母は看護師だ。 |
| | 시간도 없고 여유도 없어요.<br>時間もないし、余裕もありません。 |
| | 얼른 씻고 밥 먹어.　　早く洗ってご飯食べてね。 |
| | 지하철을 타고 학교에 갔다. 地下鉄に乗って学校へ行った。 |

## 2. −아서/어서

**(陽母音語幹の動詞・形容詞)＋아서**

**(陰母音語幹の動詞・形容詞・있다/없다・이다)＋어서**

・前の文がまず成立し、それを受けて後ろの文が成立していることを表す。

| | |
|---|---|
| て、ので、から | 내일 와서 보세요.　明日来て見て下さい。 |
| | 여기 앉아서 기다리세요.　ここに座って待って下さい。 |
| | 비싸서 못 사겠어요.　高くて買えません。 |
| | 재미없어서 그냥 왔어요.<br>面白くないのでそのまま帰ってきました。 |
| | 혼자여서 그랬을 겁니다.<br>1人だからそうしたと思いますよ。 |
| | 제가 있어서 불편하셨지요?<br>私がいたから色々と気を遣ったでしょう。 |

## 3. −지만

**(パッチム有/無動詞・形容詞・있다/없다・이다)＋지만**

・前の文と後ろの文とが反対の内容であることを表す。

| | |
|---|---|
| が、けど | 저는 뚱뚱하지만 제 아내는 아닙니다.<br>私は太っていますが、私の家内は違います。 |
| | 오늘은 그냥 가지만 또 올 겁니다.<br>今日はこのまま帰りますが、また来ます。 |
| | 죄송하지만 좀 비켜 주시겠어요?<br>すみませんが、ちょっとどいてもらえますか。 |

## 4. −는데<br>−은데/ㄴ데

**(パッチム有/無動詞・있다/없다)＋는데**

**(パッチム有形容詞)＋은데**　**(パッチム無形容詞・이다)＋ㄴ데**

・前の文が後ろの文の話をするための前置きになっていることを表す。
・前置きの内容には、所用、対立、時間、反転、理由などがある。

| | |
|---|---|
| けど、<br>のに、<br>から | 이거 만드는데 얼마 듭니까?<br>これを作るのにいくらかかりますか。 |
| | 나는 바쁜데 다른 사람들은 논다.<br>私は忙しいのに他の人たちは休んでいる。 |
| | 친구 만나고 있는데 엄마한테서 전화가 왔어요.<br>友達と会っているんだけどお母さんから電話がかかってきました。 |
| | 나는 별로인데 동생은 정말 예뻐요.<br>私はいまいちですけど、妹は本当にかわいいです。 |
| | 일본 놀러 갈 건데 같이 갈래요?<br>日本に遊びに行くんですけど、一緒に行きますか。 |
| | 지금 시간 없는데 내일 오세요.<br>今時間がないから明日来て下さい。 |

## 5. −으러/러

**(パッチム有動詞)＋으러**　**(パッチム無動詞)＋러**

・その動きをする目的を表す。

| | | |
|---|---|---|
| に | 영화 보러 갑니다. | 映画を観に行きます。 |
| | 저녁 먹으러 왔어요. | 夕飯を食べに来ました。 |

## 6. −으면/면

**(パッチム有動詞・形容詞・있다/없다)＋으면**

**(パッチム無動詞・形容詞・이다)＋면**

・条件や仮定の意味を表す。

| | | |
|---|---|---|
| ば、<br>たら、<br>と、 | 들리면 대답하세요. | 聞こえたら答えて下さい。 |
| | 싫으면 안 만나도 돼요. | 嫌なら会わなくてもいいですよ。 |
| | 시간 있으면 같이 가요.<br>時間があったら一緒に行きましょう。 | |

| | |
|---|---|
| なら | 어른이 되면 알게 됩니다.<br>大人になれば分かるようになります。 |

## 7. -으면서/면서

**(パッチム有動詞・形容詞・있다/없다)+으면서**

**(パッチム無動詞・形容詞・이다)+면서**

・前の文と後ろの文の内容が同時に進行していることを表す。

| | |
|---|---|
| ながら | 집에 있으면서 전화를 안 받아요.<br>家にいながら電話に出ないんですよ。 |
| | 서로 도우면서 살아가야 합니다.<br>互いに助け合いながら生きていかなければなりません。 |
| | 싸면서도 맛있다.　　安いながらも美味しい。 |
| | 기다리면서 책 읽고 있었어요.<br>待ちながら本を読んでいました。 |

## 8. -은/ㄴ 지

**(パッチム有動詞)+은 지**　**(パッチム無動詞)+ㄴ 지**

・あることをしてから今までかかった時間がどのくらいかを表す。

| | |
|---|---|
| て、てから | 여기 온 지 얼마나 됐어요?<br>ここに来てどのくらい経ちましたか。 |
| | 담배를 끊은 지 1년이 지났습니다.<br>タバコをやめて1年が経ちました。 |

## 9. -은/ㄴ 후에

**(パッチム有動詞)+은 후에**　**(パッチム無動詞)+ㄴ 후에**

・「～した後で」の意味。

| | |
|---|---|
| た後で | 귀국한 후에 연락이 왔습니다.<br>帰国した後で連絡が来ました。 |

| | |
|---|---|
| | 출장 다녀온 후에 보고 드리겠습니다.<br>出張に行ってきた後でご報告致します。 |

## 10. -으니까/니까

**(パッチム有動詞・形容詞・있다/없다)＋으니까**

**(パッチム無動詞・形容詞・이다)＋니까**

・話し手の主観的な原因・理由を表す。後ろの文には命令、勧誘、強い意志、依頼などの内容が続く。

| | | |
|---|---|---|
| から | 맛없으니까 먹지 마세요. | まずいから食べないで下さい。 |
| | 필요하니까 가져오세요. | 必要だから持ってきて下さい。 |
| | 무시하니까 화를 내지요. | 無視するから怒るのですよ。 |
| | 긴장하니까 실수하게 돼요.<br>緊張するからミスをするんですね。 | |

## 11. -게

**(パッチム有/無形容詞)＋게**

・形容詞を副詞にする機能を持つ。

| | | |
|---|---|---|
| く、に | 솔직하게 말씀하세요. | 正直に話して下さい。 |
| | 젊게 보입니다. | 若く見えます。 |

## 12. -아도/어도

**(陽母音語幹の動詞・形容詞)＋아도**

**(陰母音語幹の動詞・形容詞・있다/없다・이다)＋어도**

・「～ても」の意味を持つ。

| | | |
|---|---|---|
| ても | 구경해도 돼요? | 見てもいいですか。 |
| | 뭐 좀 물어봐도 괜찮아요? | ちょっと聞いても大丈夫ですか。 |
| | 반대해도 할 겁니까? | 反対してもやるつもりですか。 |

# 13. −거나

## (パッチム有/無動詞・形容詞・있다/없다・이다)＋거나

・複数の出来事の中でどれかを選択する意味を持つ。

| | |
|---|---|
| たり | 기억이 나거나 생각이 나거나 하면 연락 주세요.<br>記憶がよみがえったり思い出したりしたら連絡下さい。 |
| | 한가해지면 영화를 보거나 책을 읽거나 합니다.<br>暇になったら映画を見たり本を読んだりします。 |

# 14. −기 전에

## (パッチム有/無動詞・이다)＋기 전에

・「～する前に」の意味。

| | |
|---|---|
| する前に | 문 닫기 전에 빨리 가요.　　閉店する前に早く行きましょう。 |
| | 자기 전에 꼭 하는 일이 있습니다.<br>寝る前に必ずすることがあります。 |

# 15. −기 때문에

## (パッチム有/無動詞・形容詞・있다/없다・이다)＋기 때문에

・論理的な原因・理由を表す。

| | |
|---|---|
| ので | 가깝기 때문에 자주 갑니다. 近いのでよく行きます。 |
| | 싸고 맛있기 때문에 손님이 많습니다.<br>安くて美味しいので客が多いです。 |

TOPIK I

# 다섯 번째 모음

# 模擬試験

第3版では、最新の傾向に合わせた模擬試験を4回収録しています。第1回が最も難易度が高くなっており、第2回、第3回、第4回と難易度が低くなっています。

# 第1回　I　듣기 (1번~ 30번)

track1-01

[1-4]　다음을 듣고 《보기》와 같이 물음에 맞는 대답을 고르십시오.

《보기》

㉮ : 내일이에요?
㉯ : ______________

❶ 네, 내일이에요.　② 네, 내일이 없어요.
③ 아니요, 내일이 있어요.　④ 아니요, 내일이에요.

1. 4점　track1-02

① 네, 비싸요.　② 네, 안 가요.
③ 아니요, 싫어해요.　④ 아니요, 안 좋아요.

2. 4점　track1-03

① 네, 안 좋아해요.　② 네, 잘 먹어요.
③ 아니요, 사요.　④ 아니요, 안 마셔요.

3. 3점　track1-04

① 오늘이에요.　② 지금 없어요.
③ 오천 원이에요.　④ 삼천 명이에요.

4. 3점　track1-05

① 지금 가요.　② 매일 가요.
③ 내가 가요.　④ 지하철로 가요.

track1-06

[5-6] **다음을 듣고《보기》와 같이 물음에 맞는 대답을 고르십시오.**

《보기》

**남자 : 맛있게 드세요.**
**여자 : ______________________**

❶ 잘 먹겠습니다. ② 아주 좋습니다.
③ 잘 모르겠습니다. ④ 반갑습니다.

5. 4점 track1-07
① 네, 실례하겠습니다. ② 네, 죄송합니다.
③ 네, 안녕히 가세요. ④ 여기에 있습니다.

6. 3점 track1-08
① 네, 전데요. ② 네, 저도요
③ 네, 미안해요. ④ 네, 괜찮아요.

track1-09

[7-10] **여기는 어디입니까?《보기》와 같이 알맞은 것을 고르십시오.**

《보기》

㉮ : **어디가 아파요?**
㉯ : **머리가 아픈데요.**

① 교실 ② 공항 ③ 가게 ❹ 병원

7. 3점 track1-10
① 버스 터미널 ② 택시 ③ 전철 ④ 지하철

8. 3점 track1-11
① 빵집 ② 카페 ③ 백화점 ④ 매점

9. 3점 track1-12
① 극장 ② 식당 ③ 미술관 ④ 은행

10. 4점 track1-13
① 편의점 ② 서점 ③ 역 ④ 버스 정류장

[11-14] **다음은 무엇에 대해 말하고 있습니까?《보기》와 같이 알맞은 것을 고르십시오.**

(track1-14)

《보기》

㉮ : **누구예요?**
㉯ : **이 사람은 형이고 이 사람은 동생이에요.**

❶ 가족　　② 친구　　③ 선생님　　④ 부모님

11. 3점 (track1-15)

① 계절　　② 직업　　③ 나라　　④ 장소

12. 3점 (track1-16)

① 주소　　② 취미　　③ 교통　　④ 나이

13. 4점 (track1-17)

① 약속　　② 시간　　③ 여행　　④ 날짜

14. 3점 (track1-18)

① 운동　　② 요일　　③ 위치　　④ 음식

[15-16] **다음 대화를 듣고 알맞은 그림을 고르십시오.** 각 3점

15. (track1-19)

①

②

③

④

16.

(track1-20)

①

②

③

④

[17-21] **다음을 듣고《보기》와 같이 대화 내용과 같은 것을 고르십시오.**
각 3점

(track1-21)

《보기》

**남자 : 요즘 한국어를 공부해요?**
**여자 : 네. 한국 친구한테서 한국어를 배워요.**

① 남자는 학생입니다. ② 여자는 학교에 다닙니다.
③ 남자는 한국어를 가르칩니다. ❹ 여자는 한국어를 공부합니다.

17.

(track1-22)

① 남자는 오랜만에 잘 쉬었습니다.
② 여자는 영화를 봤습니다.
③ 남자는 여행 가는 것을 좋아합니다.
④ 여자는 휴가를 안 갔습니다.

18.

(track1-23)

① 여자는 무엇을 살 것인지 정했습니다.
② 남자는 여자와 같이 백화점에 왔습니다.
③ 여자는 결혼했습니다.
④ 남자는 선물을 정했습니다.

19. (track1-24)

① 남자는 여자만 파티에 초대합니다.
② 여자는 파티에 가고 싶지 않습니다.
③ 남자는 파티 준비를 하지 않습니다.
④ 여자는 무엇인가를 가지고 파티에 가려고 합니다.

20. (track1-25)

① 여자는 토익 성적이 별로 좋지 않습니다.
② 남자는 입사 시험에 관심이 없습니다.
③ 여자는 시험장에 혼자 갑니다.
④ 남자는 취직할 생각이 별로 없습니다.

21. (track1-26)

① 여자는 남자의 노래를 들은 적이 없습니다.
② 남자는 평소에 노래방에 자주 갑니다.
③ 여자는 노래를 잘하는 사람을 좋아합니다.
④ 남자는 혼자 노래하는 것을 좋아합니다.

**[22-24] 다음을 듣고 여자의 중심 생각을 고르십시오.** 각 3점

22. (track1-27)

① 약속 시간에 늦어서 남자한테 미안한 마음을 가지고 있습니다.
② 힘들면 늦잠을 잘 수도 있습니다.
③ 기차를 타려면 일찍 일어나야 합니다.
④ 약속 장소에 늦게 가면 점심값을 내야 합니다.

23. (track1-28)

① 짐이 있기 때문에 집은 넓은 것이 좋습니다.
② 슈퍼는 멀어도 괜찮습니다.
③ 집이 넓고 좋아도 비싸면 안 됩니다.
④ 짐을 많이 가지고 다니면 힘이 듭니다.

24. ◀)) track1-29

① 사려고 생각하고 있는 제품이 있습니다.
② 혼자 살기 때문에 텔레비전은 작은 것이 좋습니다.
③ 가격만 맞으면 텔레비전 크기는 상관없습니다.
④ 원하는 가격에 적당한 크기의 텔레비전을 사고 싶습니다.

[25-26] **다음을 듣고 물음에 답하십시오.** ◀)) track1-30

25. **남자가 왜 이 이야기를 하고 있는지 고르십시오.** 3점

① 지하철 갈아타는 방법을 설명해 주려고
② 손님들에게 목적지를 안내해 주려고
③ 서울 메트로를 가르쳐 주려고
④ 손님에게 지하철 안내 방송을 하려고

26. **들은 내용과 같은 것을 고르십시오.** 4점

① 종로3가에는 지하철을 갈아타는 곳이 없습니다.
② 종로3가에서는 오른쪽 문으로 내립니다.
③ 오금 방면으로 가려면 지하철 3호선으로 갈아타야 합니다.
④ 종로3가에서는 상일동 방면으로 갈 수 없습니다.

[27-28] **다음을 듣고 물음에 답하십시오.** ◀)) track1-31

27. **두 사람이 무엇에 대해 이야기를 하고 있는지 고르십시오.** 3점

① 4학년 학생의 자격 취득
② 자료를 찾는 방법
③ 학생에게 도움을 주는 방법
④ 학생의 취직 활동

28. **들은 내용과 같은 것을 고르십시오.** 4점

① 남자는 학생을 도울 수 없습니다.
② 남자는 자료를 조사할 겁니다.
③ 여자는 취직을 부탁하러 왔습니다.
④ 여자는 자신의 힘으로 취직 활동을 합니다.

[29-30] **다음을 듣고 물음에 답하십시오.** track1-32

29. **여자가 남자를 만난 이유를 고르십시오.** 3점

① 좋은 남자를 만나고 싶어서
② 저녁식사를 같이 하고 싶어서
③ 결혼 상대를 찾기 위해서
④ 좋은 친구를 소개 받았으니까

30. **들은 내용과 같은 것을 고르십시오.** 4점

① 여자는 젊기 때문에 결혼 생각이 없습니다.
② 여자는 남자와 같이 식사를 했습니다.
③ 여자는 주말이 되면 놀러 갑니다.
④ 여자는 식사를 같이 한 남자와 또 만납니다.

# 第1回　Ⅱ　읽기 (31번～70번)



[31-33] 무엇에 대한 이야기입니까? 《보기》와 같이 알맞은 것을 고르십시오. 각 2점

《보기》

**포도를 먹었습니다. 포도가 맛있었습니다.**

① 공부　　❷ 과일　　③ 여름　　④ 생일

31. **내일은 운동을 합니다. 주말에는 집에 있습니다.**

① 시간　　② 일　　③ 날짜　　④ 계획

32. **김밥은 삼천 원입니다. 떡볶이는 사천 원입니다.**

① 옷　　② 맛　　③ 값　　④ 길

33. **내 여동생은 열두 살이고 우리 형은 스무 살입니다.**

① 휴일　　② 나이　　③ 이름　　④ 날씨

[34-39] 《보기》와 같이 (　　)에 들어갈 가장 알맞은 것을 고르십시오.

《보기》

**단어를 모릅니다. (　　)을 찾습니다.**

① 안경　　② 수박　　❸ 사전　　④ 지갑

34. 2점

**이것은 제 지갑입니다. 어머니(　　) 받았습니다.**

① 에서　　② 가　　③ 한테서　　④ 는

35. 2점

**(　　)에 갑니다. 기차를 탑니다.**

① 집　　② 역　　③ 공항　　④ 항구

36. 2점

**저는 커피를 좋아합니다. 그래서 (　　　) 마십니다.**

① 매일　　② 가끔　　③ 제일　　④ 전혀

37. 3점

**슈퍼입니다. 사람이 아주 (　　　).**

① 있습니다　　② 많습니다　　③ 쉽습니다　　④ 깁니다

38. 3점

**물을 (　　　). 차를 마십니다.**

① 꺼냅니다　　② 부릅니다　　③ 보냅니다　　④ 끓입니다

39. 2점

**집에 돌아옵니다. 손과 발을 (　　　).**

① 빱니다　　② 조심합니다　　③ 씻습니다　　④ 씁니다

[40-42] **다음을 읽고 맞지 않는 것을 고르십시오.** 각 3점

40.

11월

| 날짜 | 요일 | 일정 |
|---|---|---|
| 21 | 일 | 교회 |
| 22 | 월 | 우체국 |
| 23 | 화 | 학교 수업 |
| 24 | 수 | 아르바이트 |
| 25 | 목 | 학교 수업 |
| 26 | 금 | 친구들과 저녁 약속 |
| 27 | 토 | 데이트 약속 |
| 28 | 일 | |

① 학교 수업은 한 번 있습니다.

② 수요일에 아르바이트를 합니다.

③ 십일월 이십육 일에 친구들과 약속이 있습니다.

④ 주말에 여자 친구와 데이트를 합니다.

41.

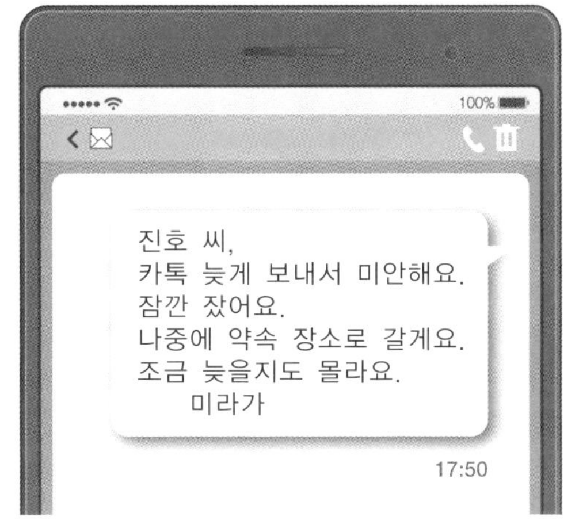


① 진호 씨는 나중에 미라 씨와 만납니다.
② 진호 씨는 카톡을 보내고 기다렸습니다.
③ 미라 씨는 잤기 때문에 카톡을 늦게 봤습니다.
④ 미라 씨는 약속 시간대로 갑니다.

42.

**K-pop 연구회 신입생 환영회**

저희 K-pop 연구회와 함께
즐거운 시간을 보내시지 않겠습니까?

* * * * * *

●**모임 장소** : 학생회관 205호
●**모임 시간** : 4월 1일 금요일
오후 05:00-오후 07:00
●**내용** : 18학번 신입생을 위한 환영회와 선배들과의 교류
●**비용** : 신입생은 무료.
※음료와 알콜이 준비되어 있습니다.

① 신입생은 비용을 안 내도 됩니다.
② 신입생만 참석할 수 있습니다.
③ 신입생 환영회는 매년 한 번 있습니다.
④ 신입생 환영회는 두 시간 동안 합니다.

[43-45] **다음의 내용과 같은 것을 고르십시오.**

43. 3점

> **친구하고 종로에서 만나기로 했습니다. 지금 버스를 기다리고 있습니다. N62번 버스가 오면 탈 겁니다.**

① 친구가 N62번 버스 정류장에서 기다립니다.
② 친구는 지금 종로에 있습니다.
③ 친구와 같이 버스를 타기로 했습니다.
④ N62번 버스는 종로를 지나갑니다.

44. 2점

> **오늘 미선 씨와 탁구를 쳤습니다. 미선 씨는 탁구를 잘 칩니다. 탁구를 치고 같이 저녁을 먹으러 갔습니다. 저녁은 내가 좋아하는 스파게티를 먹었습니다.**

① 저는 미선 씨와 같이 운동을 했습니다.
② 저는 저녁을 혼자 먹었습니다.
③ 저는 스파게티를 별로 좋아하지 않습니다.
④ 저는 미선 씨와 집에서 식사를 했습니다.

45. 3점

> **이번 주말에 한강 공원에 나갑니다. 한강 공원에 갈 때는 언제나 도시락을 준비해서 갑니다. 그런데 이번에는 준비를 못 했기 때문에 배달을 시키려고 합니다.**

① 이번 주말에는 공원에 나갈 수 없습니다.
② 이번 주말에도 시켜 먹을 겁니다.
③ 이번 주말에는 도시락을 가지고 갈 겁니다.
④ 저는 공원에서 도시락을 먹을 때가 많습니다.

[46-48] **다음을 읽고 중심 생각을 고르십시오.**

46. 2점

> **오늘도 늦게까지 회사에서 일을 했습니다. 집에 12시가 넘어서 도착했습니다. 가족들은 다 자고 있었습니다. 아이들의 얼굴을 보고 싶었습니다.**

① 저는 12시 반까지 회사에 있었습니다.
② 저는 아이들의 얼굴을 보지 못하는 것이 슬픕니다.
③ 저는 빨리 일을 끝내고 싶었습니다.
④ 저는 늦게까지 일을 하는 것을 좋아합니다.

47. 3점

> **저는 시장에서 옷을 팝니다. 저는 제가 만든 옷을 많이 팔고 싶습니다. 그래서 돈을 많이 벌어서 부모님을 행복하게 해 드리고 싶습니다.**

① 저는 옷을 만드는 방법을 모릅니다.
② 저는 옷을 많이 팔면 돈을 많이 벌 것 같습니다.
③ 저는 열심히 일해서 부모님과 행복하게 살 겁니다.
④ 저는 옷을 만드는 회사에서 일합니다.

48. 3점

> **저는 아직 담배를 피웁니다. 담배를 피울 때는 밖에 나가서 피웁니다. 담배 냄새 때문에 여자들이 싫어할 때도 있습니다. 그런데 담배를 그만둘 수가 없습니다.**

① 저는 이제부터 담배를 피우려고 합니다.
② 저는 사무실 안에서 담배를 피웁니다.
③ 저는 담배를 피우는 여자가 싫습니다.
④ 저는 담배를 끊고 싶습니다.

※다음을 읽고 물음에 답하십시오. 각 2점

저는 친구들과 만나서 이야기하는 것을 좋아합니다. 같이 식사를 ( ㉠ ) 놀러 가는 것도 좋아하지만 그냥 카페에서 친구들과 이런저런 이야기하는 것을 좋아합니다. 하루 종일 카페에서 이야기하면서 보낸 적도 있습니다.

49. ( ㉠ )에 들어갈 알맞은 말을 고르십시오.

① 하거나 ② 해서 ③ 하고 ④ 하는데

50. 이 글의 내용과 같은 것을 고르십시오.

① 저는 친구들과 있으면 시간을 잊어버립니다.
② 저는 카페에 놀러 가는 것을 좋아합니다.
③ 저는 친구들을 만나면 식사하러 갑니다.
④ 저는 카페에 갈 때마다 친구를 만납니다.

※다음을 읽고 물음에 답하십시오.

올리브유는 올리브 나무의 열매로 만듭니다. 코코넛 오일과 함께 건강에 좋은 식물성 오일로 알려져 있습니다. 올리브유는 주로 요리에 사용됩니다. ( ㉠ ) 건강을 개선하기 위해 사용하는 경우도 있어서 유방암이나 고콜레스테롤에 효과가 있습니다.

51. ( ㉠ )에 들어갈 알맞은 말을 고르십시오. 2점

① 그래서 ② 그러면 ③ 그런데 ④ 그리고

52. 무엇에 대한 이야기인지 맞는 것을 고르십시오. 3점

① 올리브유에 관한 여러 가지 이야기
② 올리브유의 원료가 무엇인가에 대한 이야기
③ 올리브유와 코코넛 오일에 대한 이야기
④ 건강 개선을 위한 이야기

※다음을 읽고 물음에 답하십시오.

| 한국 사람들은 목욕을 하는 방법이 일본 사람과 다릅니다. 일본 사람은 매일 뜨거운 물을 받아서 욕조 안에 몸을 담그는 사람이 많지만 한국 사람은 그냥 뜨거운 물이 나오는 샤워로 목욕을 하는 사람이 많습니다. 그렇지만 물론 뜨거운 물에 몸을 담그는 온천을 좋아하는 한국 사람도 ( ㉠ ). |
|---|

53. ( ㉠ )에 들어갈 알맞은 말을 고르십시오. 2점

① 아주 비슷합니다.
② 새로 나타납니다.
③ 전혀 없습니다.
④ 꽤 많습니다.

54. 이 글의 내용과 같은 것을 고르십시오. 3점

① 한국 사람은 겨울에도 찬물로 목욕을 합니다.
② 일본 사람은 샤워로 목욕을 합니다.
③ 한국 사람은 온천을 좋아하지 않습니다.
④ 한국과 일본과는 좋아하는 목욕 방법이 다릅니다.

※다음을 읽고 물음에 답하십시오.

| 오늘 저녁에 손님이 오기 때문에 아내하고 같이 슈퍼에 다녀왔습니다. 무엇을 만들어서 대접할까 아내하고 상의하는 시간이 즐거웠습니다. 집에 와서 보니 계란이 깨져 있었습니다. 아내는 저를 보고 웃었습니다. 그것 보세요. 내가 그렇게 ( ㉠ )고 했지요? |
|---|

55. ( ㉠ )에 들어갈 알맞은 말을 고르십시오. 2점

① 넣어도 된다
② 넣어야 한다
③ 넣으면 안 된다
④ 넣어서 안 된다

56. **이 글의 내용과 같은 것을 고르십시오.** 3점

① 제 아내가 계란을 잘못 넣어서 깨졌습니다.
② 제 아내는 저하고 같이 슈퍼에 가는 것을 싫어합니다.
③ 저는 제 아내와 같이 무엇인가를 하는 것이 즐겁습니다.
④ 손님이 오면 아내가 모든 것을 다 합니다.

**※다음을 순서대로 맞게 나열한 것을 고르십시오.**

57. 3점

| |
|---|
| **(가) 초등학교에 들어가기 전부터 다녔습니다.** |
| **(나) 저는 고등학교 때까지 피아노를 배웠습니다.** |
| **(다) 지금도 취미로 피아노를 치는 것을 좋아합니다.** |
| **(라) 음악을 계속할 생각은 없었습니다.** |

① 나-다-가-라　　② 나-가-라-다
③ 나-라-가-다　　④ 나-라-다-가

58. 2점

| |
|---|
| **(가) 결국 그 친구하고 같이 신청하기로 했습니다.** |
| **(나) 내가 좋아하는 뮤지션이면 가고 싶습니다.** |
| **(다) 라이브 콘서트를 잘 아는 친구에게 물었습니다.** |
| **(라) 한류 스타의 라이브가 있는 것 같습니다.** |

① 라-가-나-다　　② 라-가-다-나
③ 라-나-가-다　　④ 라-나-다-가

※다음을 읽고 물음에 답하십시오.

> 갑자기 머리가 아파서 병원에 갔습니다. ( ㉠ ) 왜 머리가 아픈지 그 이유를 밝히기 위해서 여러 가지 검사를 했습니다. ( ㉡ ) 얼마 전에 운동을 하고 나서 마사지를 받으러 갔습니다. ( ㉢ ) 마사지를 받은 후에 정말 거짓말처럼 머리 아픈 것이 없어졌습니다. ( ㉣ ) 머리가 아픈 이유는 다른 데 있는 것을 알았습니다.

59. 다음 문장이 들어갈 곳을 고르십시오. 2점

> 그런데 결국 머리가 아픈 이유를 알 수가 없었습니다.

① ㄱ ② ㄴ ③ ㄷ ④ ㄹ

60. 이 글의 내용과 같은 것을 고르십시오. 3점

① 나는 병원에 가는 것을 아주 싫어합니다.
② 내가 머리가 아픈 이유는 병 때문이 아니었습니다.
③ 평소에 운동을 자주 하기 때문에 머리가 아픕니다.
④ 마사지를 받았는데 별로 달라진 것이 없었습니다.

※다음을 읽고 물음에 답하십시오. 각 2점

> 지난 주말에 돌아가신 부모님 집을 정리했습니다. 어릴 때 우리 형제들을 찍은 사진도 그리고 초등학교 때 가지고 놀던 장난감도 나왔습니다. 벌써 ( ㉠ ) 그것을 아직 부모님이 가지고 계실 것이라고는 꿈에도 몰랐습니다. 우리 부모님은 가끔 꺼내서 보시면서 우리 자식들 생각을 하셨을까요?

61. ( ㉠ )에 들어갈 알맞은 말을 고르십시오.

① 버린 줄 알았는데 ② 버린 줄 몰랐는데
③ 버리는 줄 아는데 ④ 버리는 줄 알았는데

62. **이 글의 내용과 같은 것을 고르십시오.**

① 부모님은 우리 형제의 사진을 안 가지고 있습니다.
② 부모님은 자식들과의 추억을 쉽게 잊지 못합니다.
③ 지난 주말에 부모님이 우리 집에 오셨습니다.
④ 부모님은 돌아가실 때까지 우리와 같이 사셨습니다.

※ **다음을 읽고 물음에 답하십시오.**

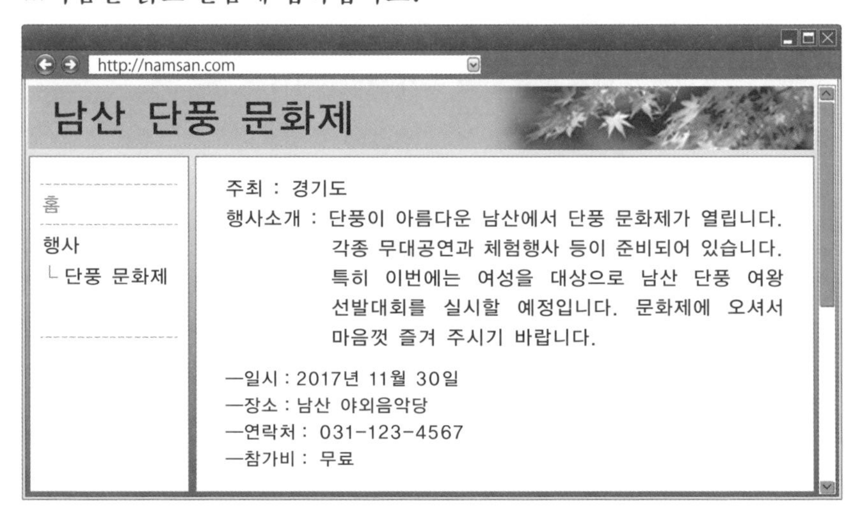


63. **왜 이 글을 썼는지 맞는 것을 고르십시오.** 2점

① 단풍 문화제 날짜를 확인하려고
② 단풍 문화제를 널리 알려 주려고
③ 단풍 문화제에 필요한 돈을 모으려고
④ 단풍 문화제를 함께 준비할 사람을 찾으려고

64. **이 글의 내용과 같은 것을 고르십시오.** 3점

① 문화제에서는 매번 단풍 여왕 선발 대회를 합니다.
② 문화제에 참가하려면 돈을 내야 합니다.
③ 문화제에 가면 공연도 즐기고 체험도 할 수 있습니다.
④ 문화제에는 여성만 참가할 수 있습니다.

※다음을 읽고 물음에 답하십시오.

> 지난주에 김치를 담갔습니다. 김치를 담그려면 준비해야 할 것이 많습니다. 배추하고 무, 파, 마늘도 사야 하고 혼자서는 다 못 하기 때문에 같이 도와줄 사람도 미리 알아보아야 합니다. 우리 집은 다행히 가까운 데 친척들이 살기 때문에 매년 김장 때가 되면 친척들이 ( ㉠ ). 이럴 때는 서로 도울 수 있는 친척이 있다는 것이 좋습니다.

65. ( ㉠ )에 들어갈 알맞은 말을 고르십시오. 2점

① 도와주러 갑니다.
② 서로 김치를 보내 줍니다.
③ 모여서 사러 갑니다.
④ 우리 집으로 도와주러 옵니다.

66. 이 글의 내용과 같은 것을 고르십시오. 3점

① 우리 집안은 무슨 일이 있으면 서로 도와줍니다.
② 이번 김장에는 친척들이 와서 도와주었습니다.
③ 김치를 담글 때는 대개 혼자서 합니다.
④ 김장은 그렇게 힘든 일이 아닙니다.

※다음을 읽고 물음에 답하십시오. 각 3점

> 우리 회사는 최근에 아주 유명해졌습니다. 방송국에서 우리 회사를 취재해서 방송에 내보냈기 때문입니다. 그렇지만 3년 전까지만 해도 우리 회사는 분위기가 너무 안 좋았습니다. 사장은 종업원을 나쁘게 이야기하고 종업원은 사장을 믿지 않았습니다. 우리 회사가 변한 것은 ( ㉠ ). 지금은 아주 인기가 있는 기업이 되었습니다.

67. ( ㉠ )에 들어갈 알맞은 말을 고르십시오.

① 텔레비전에서 우리 회사가 소개되었기 때문입니다.
② 대화를 통해 서로를 믿었기 때문입니다.
③ 방송국에서 많은 돈을 받았기 때문입니다.
④ 사장을 나쁘게 말한 종업원이 그만두었기 때문입니다.

68. 이 글의 내용과 같은 것을 고르십시오.

① 텔레비전 방송에 한 번 나가면 유명해집니다.
② 서로 생각이 달라도 대화를 나누는 게 중요합니다.
③ 우리 회사는 이전부터 아주 유명한 회사였습니다.
④ 회사가 잘 되려면 서로 좋게 이야기해야 합니다.

※다음을 읽고 물음에 답하십시오. 각 3점

> 제 고향은 서울이 아니라 시골입니다. 서울에서는 서울 사람처럼 살지만 저는 사는 사람도 얼마 없는 아주 조용한 시골에서 태어났습니다. 그런데 어릴 때부터 꼭 서울에 가서 살아야겠다는 생각을 가졌습니다. 서울에 있는 대학에 합격하여 내일이면 집을 떠나는 날 어머니는 제 방에서 ( ㉠ ) 눈물을 흘리셨습니다.

69. ( ㉠ )에 들어갈 알맞은 말을 고르십시오.

① 제 가방을 옮기시면서　② 제 돈을 잃어버렸기 때문에
③ 제 가방을 싸시면서　④ 제 가방이 너무 무거워서

70. **이 글의 내용으로 알 수 있는 것을 고르십시오.**

① 시골에서 태어난 사람은 서울에 있는 대학으로 갑니다.

② 시골에서 태어났어도 서울에 살면 서울 사람입니다.

③ 조용한 시골에서 자랐어도 서울의 대학에 갈 수 있습니다.

④ 떠나가는 아들을 보내는 어머니의 마음은 섭섭합니다.

# 第1回　I　듣기　正解及び解説

※次を聞いて《例》と同じように質問に合う答えを選んで下さい。

《例》

㉮：내일이에요?　明日ですか。
㉯：＿＿＿＿＿＿

❶ 네, 내일이에요.　はい、明日です。
② 네, 내일이 없어요.　はい、明日がありません。
③ 아니요, 내일이 있어요.　いいえ、明日があります。
④ 아니요, 내일이에요.　いいえ、明日です。

1.　4点

남자：과일을 좋아해요?　男性：果物は好きですか。
여자：＿＿＿＿＿＿　女性：＿＿＿＿＿＿

① はい、高いです。　② はい、行きません。
❸ いいえ、嫌いです。　④ いいえ、よくないです。

**解説**　「좋아해요?」という問いに肯定の返事だったら「네, 좋아해요」に、否定の返事だったら「아니요, 싫어해요」になりますので③が正解。

2.　4点

여자：김밥 먹어요?　女性：キムパプは食べますか。
남자：＿＿＿＿＿＿　男性：＿＿＿＿＿＿

① はい、好きじゃありません。　❷ はい、よく食べます。
③ いいえ、買います。　④ いいえ、飲みません。

**解説**　「먹어요?」と聞いてきているので、肯定の返事だったら「네, 먹어요」に、否定の返事だったら「아니요, 안 먹어요」になります。②が正解。

3.　3点

남자：귤 얼마예요?　男性：ミカンはいくらですか。
여자：＿＿＿＿＿＿　女性：＿＿＿＿＿＿

① 今日です。　② 今ありません。　❸ 五千ウォンです。　④ 三千名です。

**解説**　「얼마예요?」と値段を聞いているので値段のことを言っている③が正解になります。

4.　3点

여자：학교에 어떻게 가요?　女性：学校にどうやって行きますか。
남자：＿＿＿＿＿＿　男性：＿＿＿＿＿＿

① 今行きます。　② 毎日行きます。　③ 私が行きます。　❹ 地下鉄で行きます。

**解説**　「어떻게 가요?」は学校に行く手段を聞く質問ですので、地下鉄という手段を提示している④が正解になります。

※次を聞いて《例》と同じように次に続く表現を選んで下さい。

《例》

남자：맛있게 드세요.　男性：美味しくお召し上がり下さい。
여자：＿＿＿＿＿＿　女性：＿＿＿＿＿＿

❶ 잘 먹겠습니다.　いただきます。
② 아주 좋습니다.　とてもいいです。
③ 잘 모르겠습니다.　よく分かりません。
④ 반갑습니다.　(お会い出来て)嬉しいです。

5.　4点　**남자 : 그럼 안녕히 계세요.**　男性：それでは、さようなら。
**여자 :** ＿＿＿＿＿＿＿＿　女性：＿＿＿＿＿＿＿＿

① はい、失礼します。　② はい、申し訳ありません。
❸ はい、さようなら。　④ ここにいます。

**解説**　「안녕히 계세요」という言い方は、その場を去っていく人がその場に残っている人に向かって言う別れの挨拶で、「안녕히 가세요」はその場に残る人が去っていく人にかける挨拶表現なので、③が正解になります。日本語に訳したら①も言えそうな気がしますが、「안녕히 계세요」と言われたら「안녕히 가세요」で返すのが普通です。

6.　3点　**여자 : 여보세요, 이유영 씨 부탁드립니다.**
女性：もしもし、イ・ユヨンさんに代わってもらえますか。
**남자 :** ＿＿＿＿＿＿＿＿　男性：＿＿＿＿＿＿＿＿

❶ はい、私ですが。　② はい、私もです。
③ はい、すみません。　④ はい、大丈夫です。

**解説**　「여보세요」は電話の時によく使われる表現です。電話に出た人が「이유영」本人であれば「전데요」で答え、本人でなければ「잠깐만 기다리세요」と返事をするのが普通です。①が正解になります。

※ここはどこですか。《例》と同じように適当なものを選んで下さい。

《例》
㋐ : **어디가 아파요?**　どこが痛いですか。
㋑ : **머리가 아픈데요.**　頭が痛いんですけど。
① 교실　教室　② 공항　空港　③ 가게　お店　❹ 병원　病院

7.　3点　**여자 : 어디까지 가세요?**　女性：どこまで行きますか。
**남자 : 서울까지요.**　男性：ソウルまでです。

❶ バスターミナル　② タクシー　③ 電車　④ 地下鉄

**解説**　「어디까지 가세요?」という言い方はタクシーの運転手も使います。しかしタクシーは近距離が主なので乗ってきた客がソウルまで行くことはめったにありません。上記はバスターミナルの切符売り場での会話と見た方が妥当と思います。

8.　3点　**남자 : 주문 도와드리겠습니다.**　男性：ご注文を伺います。
**여자 : 커피 뜨거운 걸로 하나 주세요.**　女性：コーヒーをホットで一つ下さい。

① パン屋　❷ カフェ　③ 百貨店　④ 売店

**解説**　コーヒーを注文していますから②が正解になります。

9. 3点

여자 : 전기세를 내려고 하는데요.　女性：電気代を払いたいのですが。
남자 : 2번 창구로 가세요.　男性：２番窓口に行って下さい。

① 映画館　② 食堂　③ 美術館　❹ 銀行

**解説** 「전기세」は「電気税」のハングル読みで「電気代」のことです。韓国では銀行で払うのが一般的です。コンビニで払うことも出来ます。

10. 4点

남자 : 쓰레기 봉투 있어요?　男性：ゴミ袋、ありますか。
여자 : 몇 리터 짜리 드릴까요?　女性：何リッターのものですか。

❶ コンビニ　② 書店　③ 駅　④ バス停

**解説** ゴミ捨てには指定のゴミ袋が要ります。指定のゴミ袋はコンビニやスーパーなどで売っており、リッター単位で何種類かに分かれます。①が正解です。

※次は何についての話ですか。《例》と同じように適当なものを選んで下さい。

《例》

㉮ : 누구예요?　誰ですか。
㉯ : 이 사람은 형이고 이 사람은 동생이에요.　この人は兄でこの人は弟（妹）です。

❶ 가족　家族　② 친구　友達　③ 선생님　先生　④ 부모님　親

11. 3点

남자 : 어디에서 왔어요?　男性：どこから来ましたか。
여자 : 저는 미국이고 얘는 중국이에요.
女性：私はアメリカでこの子は中国です。

① 季節　② 職業　❸ 国　④ 場所

**解説** 国名が並んでいるので③が正解になります。

12. 3点

여자 : 주말에는 뭘 하세요?　女性：週末には何をされるのですか。
남자 : 등산을 자주 가요.　男性：山登りによく行きます。

① 住所　❷ 趣味　③ 交通　④ 年齢

**解説** 週末にやっていることを聞く質問に山登りと答えているので趣味の話になります。

13. 4点

남자 : 언제 끝날 것 같아요?　男性：いつ終わりそうですか。
여자 : 여섯 시에는 끝날 거예요.　女性：6時には終わると思います。

① 約束　❷ 時間　③ 旅行　④ 日付

**解説** 「언제」「여섯 시」という言葉があるので②の時間が正解になります。

14. 3点

여자 : 뭐 싫어하는 것 있어요?　女性：何か嫌いなものはありますか。
남자 : 저는 매운 것을 잘 못 먹어요.　男性：私は辛い物が苦手です。

① 運動　② 曜日　③ 位置　❹ 食べ物

**解説** 好き嫌いを聞く質問に「매운 것」と答えているので食べ物の話になります。

※次の対話を聞いて一致する絵を選んで下さい。各3点

15.

여자：진호 씨, 내 크리스마스 선물 샀어요?
남자：네, 샀어요. 미라 씨도 와인 사 왔어요? 그럼 들어가요.

女性：ジンホさん、私のクリスマスプレゼント買いましたか。
男性：はい、買いました。ミラさんもワイン買ってきましたか。じゃ、入りましょう。

❶

②

③

④

16.

여자：저 먼저 갈게요. 이거 드시고 일하세요.
남자：네, 고맙습니다. 거기 놓으세요. 나중에 마실게요.

女性：私は先に帰りますね。これを飲んでお仕事して下さい。
男性：はい、ありがとうございます。そこに置いて下さい。後で飲みます。

①

②

❸

④

※次の音声を聞いて《例》と同じように会話内容と一致するものを選んで下さい。各3点

《例》

남자：요즘 한국어를 공부해요?　男性：最近韓国語を勉強していますか。
여자：네. 한국 친구한테서 한국어를 배워요.
女性：はい。韓国の友達から韓国語を習っています。

① 남자는 학생입니다.　男は学生です。
② 여자는 학교에 다닙니다.　女は学校に通っています。
③ 남자는 한국어를 가르칩니다.　男は韓国語を教えています。
❹ 여자는 한국어를 공부합니다.　女は韓国語を勉強しています。

17.

남자：저는 이번 휴가 때 영화도 보고 오랜만에 잠도 푹 잤어요. 미선 씨는요?
여자：저는 외국으로 여행 갔다 왔어요.
남자：그래요? 어디로 갔다 왔어요?

男性：私は今回の休みの時に映画を観たり久しぶりにゆっくり寝たりしていました。ミソンさんはどうでしたか。
女性：私は外国に旅行に行ってきました。
男性：そうですか。どこへ行ってきたのですか。

❶ 男は久しぶりにゆっくり休めました。
② 女は映画を観ました。
③ 男は旅行に行くのが好きです。
④ 女は休みを取りませんでした。

**解説** 映画を観たのは男で休みを取って旅行に行ってきたのは女です。「잠을 푹 자다」はしっかり睡眠を取ったという意味なのでゆっくり休んだということになります。正解は①です。

18.

남자：미선 씨, 여기는 웬일이세요?
여자：남편 생일 선물을 사러 왔어요.
남자：그래요? 선물은 정하셨어요?
여자：아니요. 아직 못 정했어요.

男性：ミソンさん、ここにはどうしたのですか。
女性：主人の誕生日プレゼントを買いに来ました。
男性：そうですか。プレゼントは決まったのですか。
女性：いいえ。まだ決まっていません。

① 女は何を買うかを決めています。
② 男は女と一緒にデパートに来ています。
❸ 女は結婚しています。
④ 男はプレゼントを決めました。

**解説** 「남편」は主人、夫という意味ですからそれが分かればこの問題に答えることが出来ます。女は何を買うかをまだ決めておらず、男と女は別々に来てたまたまここで会っています。男がプレゼントを買うのかどうかはこの内容からは分かりません。

19.

남자 : 이번 주 주말에 집에서 피자 파티를 하려고 해요.
여자 : 그래요? 저도 불러 주실 거예요? 제가 아는 분도 오세요?
남자 : 아니요. 미선 씨는 잘 모르실 거예요. 그때 소개해 드릴게요.
여자 : 그럼 몇 시까지 가면 되지요? 뭐 좀 준비해 갈까요?

男性：今週の週末に家でピザパーティーをしようかなと思っているんですよ。
女性：そうですか。私も呼んで頂けるのでしょうか。私が知っている方も来るのですか。
男性：いいえ。ミソンさんは知らないと思います。その時に紹介してあげます。
女性：では何時までに行けばいいのですかね。何か持って行きましょうか。

① 男は女だけをパーティーに招待します。
② 女はパーティーに行きたくありません。
③ 男はパーティーの準備をしていません。
❹ 女は何かを持ってパーティーに行こうとしています。

**解説** 「피자 파티」には複数の人が来ます。女は自分の方からぜひパーティーに呼んでほしいと男に頼んでいます。男の家でパーティーをやるわけですから準備をしていないことにはなりません。正解は④になります。

20.

남자 : 무슨 공부를 그렇게 열심히 하세요?
여자 : 입사 시험 공부 하는 거예요. 제가 토익 점수가 별로 안 좋아서요.
남자 : 저도 그 시험 보는데, 선미 씨는 시험 날 몇 시에 갈 거예요?
여자 : 아홉 시에 갈 건데, 그럼 우리 같이 갈까요?

男性：何の勉強をそんなに夢中になってやっているのですか。
女性：入社試験の勉強をしているのです。私のTOEICの点数があまりよくないんですよ。
男性：私もその試験を受けるつもりですが、ソンミさんは試験当日何時に行くつもりですか。
女性：9時に行こうと思っていますが、じゃあ一緒に行きましょうか。

❶ 女はTOEICの成績があまりよくありません。
② 男は入社試験に関心がありません。
③ 女は試験場に一人で行きます。
④ 男は就職をする気があまりありません。

**解説** 「토익 점수가 안 좋다」と言っているので①の「성적이 좋지 않다」と似たような意味になります。①が正解です。女性は入社試験の話をしており、男性もその試験を受けるつもりだと言っているので、男性が受ける試験もTOEICではなく入社試験ということになります。

21.

여자 : (감탄하며) 와, 노래를 정말 잘하시네요.
남자 : 아니에요, 그냥 어릴 때부터 노래하는 것을 좋아해서 자주 하니까 그런 거예요.
여자 : 저도 자주 가는데 저는 노래 못해요.
남자 : 노래는 즐기려고 하는 거니까요. 내가 좋으면 되죠.

女性：(感心して) わあ、歌が本当にお上手ですね。
男性：いいえ、小さい時から歌うのが好きでよく歌っていたのでそうなっただけですよ。
女性：私もしょっちゅう行きますけど、私は歌が下手なんですよ。
男性：歌は楽しむためにするものですから。自分がよければいいんじゃないですか。

① 女は男の歌を聞いたことがありません。
❷ 男は普段からカラオケによく行きます。
③ 女は歌が上手な人が好きです。
④ 男は一人で歌うのを楽しんでいます。

**解説** 男の歌を聞いてから素晴らしいと言っているので①は不正解、歌が上手な人を女が好きなのかどうかや男が一人で歌うのが好きなのかどうかなどは上の内容からは分かりません。しかし②ははっきり分かります。②が正解になります。

※次の音声を聞いて女の人が何を考えているのかを選んで下さい。各3点

22.

여자 : 죄송해요. 제가 너무 힘들어서 늦잠을 잤어요. 기차 탈 수 있을까요?
남자 : 많이 안 늦었으니까 괜찮아요. 걱정하지 마세요.
여자 : 정말 미안해요. 이런 일이 없었는데….
남자 : 그럼 미안하시면 오늘 점심 사세요. 그럼 됐지요?

女性：すみません。私がとても疲れてつい寝坊をしました。列車に乗れますかね。
男性：そんなに遅れてないから大丈夫です。心配しないで下さい。
女性：本当に申し訳ありません。こんなことなかったのに…。
男性：じゃ、申し訳ないなら今日のお昼をご馳走して下さい。それでいいですよね。

❶ 待ち合わせの時間に遅れてしまい、男に申し訳ないと思っています。
② 疲れているのなら寝坊をすることもあります。
③ 列車に乗ろうとするなら早起きしなければなりません。
④ 待ち合わせの場所に遅れて行ったら昼ご飯をおごらなければいけません。

**解説** そんなに気にすることはないと言っているのは男なので④は不正解、列車に乗るのと早起きとは無関係なので③も不正解、②の内容は言っていませんので不正解、残りの①が正解になります。

23.

남자 : 어떤 집이 좋으세요?
여자 : 네. 방은 좀 넓었으면 좋겠고 슈퍼도 안 멀었으면 좋겠어요.
남자 : 그럼 방값이 좀 비싼데 괜찮아요?
여자 : 네. 좀 비싸도 괜찮아요. 제가 짐이 좀 많아서요.

男性：どんな家がいいですか。
女性：はい。部屋は少し広めがよくて、スーパーもあまり遠くないのがいいですね。
男性：じゃあ、家賃が少し高くなりますけど、いいですか。
女性：はい。少し高くてもいいです。結構荷物があるんですよ。

❶ 荷物があるので部屋は広い方がいいです。
② スーパーは遠くてもかまいません。
③ 部屋が広くてよくても高かったらいけません。
④ 荷物をたくさん持っていると大変です。

**解説** 部屋探しの条件として部屋が広いことと近くにスーパーがあることをあげています。その条件を満たしているのは①です。④はそう考えている可能性もなくはないですが、上の文では言っていませんので正解にはなりません。

24.

> 남자 : 손님, 뭐 찾으시는 제품이 있으십니까?
> 여자 : 네, 텔레비전을 사려고 하는데요. 혼자 쓸 거라서 그렇게 안 커도 돼요.
> 남자 : 원하시는 메이커 있으세요?
> 여자 : 아니요, 가격만 맞으면 돼요.
>
> 男性：お客様、何かお探しのものがおありですか。
> 女性：はい、テレビを買おうと思っているのですが。一人なのでそんなに大きくなくてもいいです。
> 男性：希望するメーカーはありますか。
> 女性：いいえ、値段さえ合えば結構です。

① 買おうと思っている製品があります。
② 一人暮らしなのでテレビは小さいのがいいです。
③ 値段さえ合えばテレビの大きさは関係ありません。
❹ 希望する価格で適当な大きさのテレビを買いたいです。

**解説** 女はテレビ購入の条件として、大きくなくてもいい、値段が適切であることの二つを上げています。その条件を満たしているのは④です。③も言えそうに見えますが、大きくなくていいと言っているので正解にはなりません。

※次を聞いて質問に答えて下さい。

> (♪차임벨 소리　チャイムの音)
> 남자 : 다음 정차역은 종로3가, 종로3가입니다. 지축, 오금, 대화 방면으로 가실 분은 다음 종로3가역에서 지하철 3호선으로 갈아타시고 방화, 상일동, 마천 방면으로 가실 분은 다음 종로3가역에서 지하철 5호선으로 갈아타시기 바랍니다. 내리실 문은 왼쪽입니다. 오늘도 저희 서울 메트로를 이용해 주셔서 감사합니다. 안녕히 가십시오.
>
> 男性：次の停車駅はチョンノサムガ、チョンノサムガです。チチュク、オグム、テファ方面に行かれる方は次のチョンノサムガ駅で地下鉄３号線に乗り換え、パンファ、サンイルトン、マチョン方面に行かれる方は次のチョンノサムガ駅で地下鉄５号線にお乗り換え下さい。左側の扉が開きます。今日もソウルメトロをご利用頂き誠にありがとうございます。

25. 男が何のためにこの話をしているのかを選んで下さい。3点

① 地下鉄の乗り換え方を説明しようと思って。
② お客様に目的地を案内しようと思って。
③ ソウルメトロを教えてあげようと思って。
❹ お客様に地下鉄の案内放送をしようと思って。

**解説** 地下鉄の案内放送なので④が正解になります。

26. 聞いた内容と一致しているものを選んで下さい。4点

① チョンノサムガには地下鉄を乗り換えるところがありません。
② チョンノサムガでは右側の扉から降ります。
❸ オグム方面に行くためには地下鉄３号線に乗り換えなければいけません。
④ チョンノサムガではサンイルトン方面に行くことが出来ません。

**解説** サンイルトン方面に行くことも可能なので④は不正解、チョンノサムガは三つの路線が重なるところなので①も不正解になります。左側の扉が開くので降りるのも左になります。②も不正解になります。

※次を聞いて質問に答えて下さい。

여자 : 안녕하세요? 저 학부 4학년 학생인데요.
남자 : 네, 무슨 일로 왔어요?
여자 : 취직 활동을 하려고 하는데 좀 도움을 받고 싶어서 찾아왔어요.
남자 : 뭐 특별히 원하는 게 있어요? 그리고 무슨 자격 가지고 있어요?
여자 : 네, 특별히 원하는 건 없고요. 그냥 사무직이었으면 좋겠어요.
자격은 없는데 일본어는 할 줄 알아요.
남자 : 그래요. 그러면 내가 자료를 찾아보고 나중에 연락할게요. 기다리세요.

女性：こんにちは。私、学部4年生の学生ですが。
男性：はい、どうしたのですか。
女性：就職活動をしようと思っているのですが、アドバイスがほしくて来ました。
男性：何か特に希望はありますか。それから何か資格は持っていますか。
女性：はい、特に希望はありません。ただ事務職だったらいいかなと思っています。
資格はないのですが、日本語は出来ます。
男性：そうですか。では私が資料を探してみて後で連絡しますね。待って下さい。

27. 二人は何について話しているのでしょうか。3点

① 4年生の学生の資格取得
② 資料を調べる方法
③ 学生にアドバイスをする方法
❹ 学生の就職活動

**解説** 就職活動へのアドバイスを得るためにオフィスに行っているので④が正解になります。

28. 聞いた内容と一致しているものを選んで下さい。4点

① 男は学生を助けることが出来ません。
❷ 男は資料を調べます。
③ 女は就職のお願いをしに来ました。
④ 女は自分の力で就職活動をしています。

**解説** 「자료를 찾아보고 연락」と言っているので②が正解になります。

※次を聞いて質問に答えて下さい。

남자 : 지난번에 제가 소개해 드린 친구 만나 보시고 어떠셨어요?
여자 : 그냥 식사만 하고 헤어져서 아직 잘 모르겠어요.
남자 : 그랬군요. 그 친구 정말 좋은 친구예요. 잘 만나 보세요.
여자 : 네, 정말 고맙습니다. 어떻게 할까 많이 고민했는데 좋은 분인 것 같아서 마음이 놓여요. 저도 나이가 좀 많아서 걱정은 되지만 결혼을 생각하고 만나는 거니까 좋은 만남이 됐으면 좋겠어요.
남자 : 그럼 다음에 또 만나기로 약속하신 거예요?
여자 : 네, 다음 주 주말에 가까운 곳으로 놀러 가기로 했어요.

男性：この間、私が紹介してあげた友達に会ってみていかがでしたか。
女性：食事をしてすぐ別れたので、まだよく分かりません。
男性：そうだったのですか。彼、本当にいいやつなんですよ。いい出会いになれたらいいですね。
女性：はい、本当にありがとうございます。どうしようかとだいぶ悩んだのですが、いい方みたいで安心しました。私も若くはないので気にはなりますが、結婚を考えてのことですから、いい出会いになることを期待しています。
男性：じゃあまた会うことにしたのですね。
女性：はい、来週の週末、近くに遊びに行くことにしました。

29. 女が男に会った理由を選んで下さい。3点

① いい男性に出会いたくて
② 夕食を一緒にしたくて
❸ 結婚相手を求めて
④ いい友達を紹介してもらったから

**解説** ①も、もしかしたらそうかもしれませんが、女の発言として出てくる内容ではないので正解とは言えません。「결혼」は女本人が言っていることなので③が正解になります。

30. 聞いた内容と一致しているものを選んで下さい。4点

① 女は若いので結婚のことを考えていません。
② 女は男と一緒に食事をしました。
③ 女は週末になると遊びに出かけます。
❹ 女は食事をした男とまた会います。

**解説** 女が今会話を交わしている男と食事をしたわけではないので②は不正解、毎週どこかに遊びに行っている可能性がないわけではありませんが、女の発言からそれが出てくるわけではないので③も不正解になります。

# 第1回　Ⅱ　읽기　正解及び解説

[31−33] 何について書いてありますか。《例》と同じように正しいものを選んで下さい。 各2点

《例》

ブドウを食べました。ブドウが美味しかったです。

① 勉強　❷ 果物　③ 夏　④ 誕生日

31. 明日は運動をします。週末には家にいます。

① 時間　② 仕事　③ 日付　❹ 計画

**解説** 明日や週末に何をするかを言っているので④の計画が正解になります。

32. キムパプは3千ウォンです。トッポッキは4千ウォンです。

① 服　② 味　❸ 値段　④ 道

**解説** キムパプやトッポッキの金額を言っているので③の値段が正解になります。

33. 私の妹は12歳で兄は20歳です。

① 休日　❷ 年齢　③ 名前　④ 天気

**解説** 兄弟の年齢のことを言っているので②が正解になります。

[34−39] 《例》と同じように（　　）に入るものを選んで下さい。

《例》

単語が分かりません。（　　）を引きます。

① メガネ　② スイカ　❸ 辞書　④ 財布

34. これは私の財布です。お母さん（　　）もらいました。 2点

① で　② が　❸ から　④ は

**解説** 「から」や「に」の意味を持っている助詞は③の「한테서」になります。③が正解です。

35. （　　）に行きます。汽車に乗ります。。 2点

① 家　❷ 駅　③ 空港　④ 港

**解説** 汽車に乗るために行くのは駅ですから②の「역」が正解になります。

36. 私はコーヒーが好きです。それで（　　）飲みます。 2点

❶ 毎日　② たまに　③ 最も　④ 全く

**解説** コーヒーが好きということなので頻度で言うと毎日飲むと言うのが妥当で①が正解になります。②の「가끔」は好きと言っておいてたまにしか飲まないと言っているところがおかしい使い方になり、③「제일」は比較出来る複数の飲み物があってその中で一番ということであれば使いますが、上の文のような状況では使いませんので不正解になります。

37. スーパーです。人がとても（　　　）。3点

① います　❷ 多いです　③ 簡単です　④ 長いです

**解説** スーパーに人が多い状況を言っているので②が正解になります。

38. お湯を（　　　）。お茶を飲みます。3点

① 取り出します　② 呼びます　③ 送ります　❹ 沸かします

**解説** 「お湯を沸かす」の意味を持っているのは④の「끓이다」です。

39. 家に帰ってきます。手と足を（　　　）。2点

① 洗います　② 気を付けます　❸ 洗います　④ 使います

**解説** 手や足、顔などを洗う時には「씻다」を使います。「빨다」は洗濯をする時に使う「洗う」です。正解は③になります。

※次を読んで正しくないものを選んで下さい。各3点

40.

11月

| | | |
|---|---|---|
| 21 | 日 | 教会 |
| 22 | 月 | 郵便局 |
| 23 | 火 | 学校の授業 |
| 24 | 水 | バイト |
| 25 | 木 | 学校の授業 |
| 26 | 金 | 友達と夕食の約束 |
| 27 | 土 | デートの約束 |
| 28 | 日 | |

❶ 学校の授業が1回あります。　② 水曜日にバイトをします。
③ 12月26日に友達との約束があります。　④ 週末彼女とデートをします。

**解説** 学校の授業は23日と25日、計2回入っていますので正しくないものは①になります。

41.

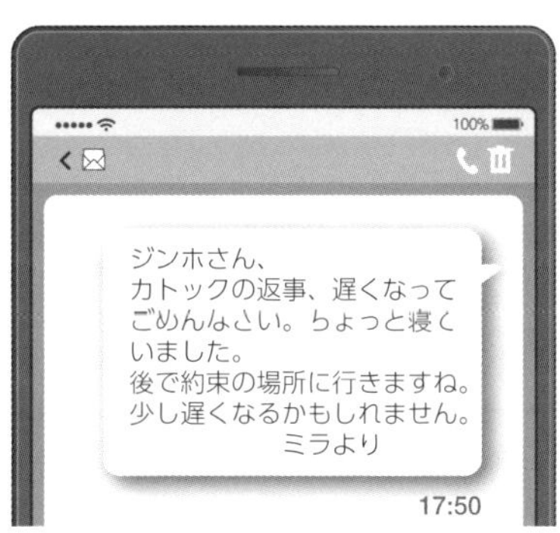


① ジンホさんは後でミラさんと会います。
② ジンホさんはカトックを送って待っていました。
③ ミラさんは寝ていたのでカトックを見るのが遅くなりました。
❹ ミラさんは約束した時間通りに行きます。

**解説** ミラさんが「조금 늦을지도 몰라요」と言っているので正しくないのは④になります。

42.

## K-pop 研究会の新入生歓迎会

私たちK-pop研究会と一緒に
楽しい時間を過ごしませんか。

* * * * * *

●**集いの場所**：学生会館205号
●**時間**：4月1日　金曜日
午後 05:00－午後07:00
●**内容**：18年度入学新入生のための歓迎会と先輩たちとの交流
●**費用**：新入生は無料
※飲料とアルコールを用意しています。

① 新入生は費用を払わなくてもいいです。
❷ 参加できるのは新入生のみです。
③ 新入生歓迎会は毎年1回あります。
④ 新入生歓迎会は2時間やります。

**解説** 問題の掲示文に先輩たちとの交流会も行うと書いてあるので新入生だけが参加できると言っている②が正しくない内容になり、正解です。18年度入学新入生のために歓迎会をやるということですから歓迎会を毎年やっていると言う③は内容的におかしくはありません。

[43−45] 次の内容と一致するものを選んで下さい。

43. 3点

**友達とチョンノで会うことにしました。今バスを待っています。N62番バスが来たら乗ります。**

① 友達がN62番バス停で待っています。
② 友達は今チョンノにいます。
③ 友達と一緒にバスに乗ることにしました。
❹ N62番バスはチョンノを通ります。

**解説** チョンノで会うことにしているので友達はバス停やチョンノにはいません。①と②は不正解です。バスを待っているのは私だけですから③も不正解です。チョンノに行くバスを待っているわけですからそのN62番バスはチョンノを通ります。④が正解になります。

44. 2点

**今日ミソンさんと卓球をしました。ミソンさんは卓球が上手です。卓球をして一緒に夕飯を食べに行きました。夕食は私が好きなスパゲッティを食べました。**

❶ 私はミソンさんと一緒に運動をしました。
② 私は夕飯を一人で食べました。
③ 私はスパゲッティがあまり好きではありません。
④ 私はミソンさんと家で食事をしました。

**解説** ミソンさんと卓球をしたということですから①が正解になります。「저녁을 먹으러 가다」という言い方は外食を意味しますので④は正しくありません。

45. 3点

**今週末にハンガン公園に出かけます。ハンガン公園に行く時にはいつもお弁当を用意して持っていきます。しかし今回は用意出来なかったので出前を頼もうと思っています。**

① 今週末には公園に出かけられません。
② 今週末も出前を頼んで食べるつもりです。
③ 今週末はお弁当を持っていくつもりです。
❹ 私は公園でお弁当を食べる時が多いです。

**解説** いつもハンガン公園に出かける時には自分が作ったお弁当を持っていく、しかし今回はそれが出来ないので出前を頼むと言っているので①は不正解、出前を頼むのは今回限りの話なので②も不正解、今週末はお弁当を用意出来なかったので③も不正解、④だけが正解となります。

[46-48] 次を読んで何が一番言いたいのかを選んで下さい。

46. 2点

**今日も遅くまで会社で仕事をしました。家に12時過ぎになって着きました。家族はみんな寝ていました。子供たちの顔が見たかったです。**

① 私は12時半まで会社にいました。
❷ 私は子供たちの顔を見られないのが残念です。
③ 私は早く仕事を終わらせたかったです。
④ 私は遅くまで仕事をするのが好きです。

**解説** 家に着いたのが12時過ぎであれば会社に12時半までいることは出来ないので①は不正解、③の早く仕事を終わらせたかったと言う話は、なるほどそうかもしれませんが、それが最も言いたい内容ではありませんので不正解、正解は②になります。

47. 3点

**私は市場で服を売っています。私は自分が作った服をたくさん売りたいです。それでお金をたくさん稼いで両親を幸せにしてあげたいです。**

① 私は服の作り方が分かりません。
② 服をたくさん売ったらたくさんお金が稼げそうです。
❸ 私は一生懸命働いて両親と幸せに暮らします。
④ 私は服を作る会社で働いています。

**解説** 自分が作った服を売っていると言っているので①は不正解になります。②はそうかもしれませんが、一番言いたい内容ではありません。④の「회사에서 일하다」は自営業には当てはまらない言い方です。③が正解になります。

48. 3点

**私はまだタバコを吸っています。タバコを吸う時には外に出て吸います。タバコのにおいのせいで女性に嫌われることもあります。しかしタバコが止められません。**

① 私はこれからタバコを吸おうと思っています。
② 私は事務室の中でタバコを吸っています。
③ 私はタバコを吸う女性が嫌です。
❹ 私はタバコを止めたいです。

**解説** タバコを吸っていると言っているので①は不正解になります。外で吸っていると言っているので②も不正解になります。タバコを吸う女が嫌いかどうかは本文からは確認出来ません。選ぶとしたら④が正解になります。

※次を読んで質問に答えて下さい。各２点

**私は友達と会ってお話しするのが好きです。一緒に食事を（㉠）遊びに行ったりするのも好きですが、何もしないでカフェで友達とあんなこんな話をするのが好きです。一日中カフェでお話をしながら過ごしたこともあります。**

49. （㉠）に入るものとして適当なものを選んで下さい。

❶ したり　② して　③ して　④ するんだけど

**解説** ③の「하고」も間違った言い方ではありませんが、文脈から最も相応しいものは①の「하거나」になります。

50. 上の文の内容と一致するものを選んで下さい。

❶ 私は友達といると時間を忘れます。
② 私はカフェに遊びに行くのが好きです。
③ 私は友達に会うと食事をしに行きます。
④ 私はカフェに行く度に友達に会います。

**解説** 友達とお話をしていて一日中カフェにいたこともあるということですから①の友達といると時間を忘れるほどだという内容が一番一致します。カフェに遊びに行くのが好きなわけではないので②は不正解、友達に会ってやることが食事だけというわけでもないので③も不正解、カフェに行って毎回友達に会っているわけではないので④も不正解になります。

※次を読んで質問に答えて下さい。

**オリーブオイルはオリーブの木の実で作ります。ココナッツオイルとともに健康によい植物性オイルとして知られています。オリーブ油は主に料理に使われます。（㉠）健康を改善するために使うこともあって乳がんや高コレステロールに効果があります。**

51. （㉠）に入る表現として適当なものを選んで下さい。２点

① それで　② それなら　❸ ところで　④ そして

**解説** 話題の転換を図る接続詞を使う場面なので③の「그런데」が正解になります。

52. 何に対しての話なのか正しいものを選んで下さい。３点

❶ オリーブ油に関するいろいろな話
② オリーブ油の原料が何かについての話
③ オリーブ油とココナッツオイルについての話
④ 健康改善のための話

**解説** ②も③も④も間違いではありません。しかし何についての話かというとオリーブ油の全般についての話になりますので、どれも部分的なことしか言っていない②③④は不正解になります。

※次を読んで質問に答えて下さい。

**韓国の人たちは風呂の入り方が日本人とは違います。日本人は毎日お湯を溜めて湯船に浸かる人が多いのですが、韓国人はシャワーのお湯でお風呂を済ませる人が多いです。しかし、もちろんお湯に体をひたす温泉好きの韓国人も（㉠）。**

53. (㉠) に入る表現として正しいものを選んで下さい。 2点

① とても似ています。　② 新たに現れます。
③ 全くいません。　❹ かなり多いです。

**解説** 最後の文に出てくる「그렇지만」は前の文の内容を否定する機能を持つ接続詞なので、その後にはシャワーで済ませるのではなくお湯に体をひたす韓国人もいるという表現が出てこなければいけません。その条件を満たしているのは④のみです。

54. 上の文の内容と一致するものを選んで下さい。 3点

① 韓国の人たちは冬にも水風呂に入ります。
② 日本人はシャワーでお風呂を済ませます。
③ 韓国の人たちは温泉が好きではありません。
❹ 韓国と日本とは好きな風呂の入り方が違います。

**解説** ①②③は本文の内容とは矛盾するので④が正解になります。

※次を読んで質問に答えて下さい。

**今晩お客さんが来るので妻と一緒にスーパーに行ってきました。何を作ってもてなそうかと妻と相談する時間が楽しかったです。家に帰って見たらタマゴが割れていました。妻は私を見て笑いました。ほら、ご覧なさい。私がそんなふうに(㉠)と言ったでしょう。**

55. (㉠) に入る表現として正しいものを選んで下さい。 2点

① 入れてもいい　② 入れなきゃだめ　❸ 入れちゃだめ　④ 入れてだめ

**解説** ご主人が買い物袋にタマゴを入れるのを見て奥さんがそんな入れ方したらだめだよと注意していたということですから③が正解になります。

56. 上の文の内容と一致するものを選んで下さい。 3点

① 私の妻がタマゴの入れ方を間違えて割れました。
② 私の妻は私と一緒にスーパーに行くのを嫌がります。
❸ 私は妻と一緒に何かをやることが楽しいです。
④ お客さんが来たら家内が全部やります。

**解説** タマゴの入れ方を間違えたのはご主人なので①は不正解、妻がご主人と一緒にスーパーに行くのを嫌がるかどうかは本文から確認が出来ないので②も不正解、買い物も一緒にしていますからすべてを任せているわけではありませんので④も不正解になります。

※次を順番通りに並べ替えたものを選んで下さい。

57. 3点

(가) 小学校に入る前から通っていました。
(나) 私は高校の時までピアノを習いました。
(다) 今も趣味でピアノを弾くのが好きです。
(라) 音楽を続けるつもりはありませんでした。

① 나-다-가-라　❷ 나-가-라-다　③ 나-라-가-다　④ 나-라-다-가

**解説** 話の流れを順当に追っていくと②の順番になると思います。

58. 2点

| |
|---|
| (가) 結局彼女と一緒に申し込むことにしました。<br>(나) 私が好きなミュージシャンなら行きたいです。<br>(다) ライブコンサートのことが詳しい友達に聞きました。<br>(라) 韓流スターのライブがあるようです。 |

① 라-가-나-다　② 라-가-다-나　③ 라-나-가-다　❹ 라-나-다-가

**解説** (나)と(다)は入れ替えても大丈夫です。「라-나-다-가」も「라-다-나-가」も成立します。ここでは④が正解となります。

※次を読んで質問に答えて下さい。

急に頭が痛くなって病院に行きました。(㉠)なぜ頭が痛いのかその理由を知るためにいろんな検査を受けました。(㉡)つい最近運動をしてからマッサージを受けに行きました。(㉢)マッサージを受けた後、本当にうそのように頭の痛いのがなくなりました。(㉣)頭が痛い理由が別のところにあるということが分かりました。

59. 次の文が入るところを選んで下さい。2点

しかし結局頭が痛い理由は知ることが出来ませんでした。

① ㄱ　❷ ㄴ　③ ㄷ　④ ㄹ

**解説** 挿入する文章は、頭が痛い理由が分からなかったという内容になっていますので、②の「ㄴ」が正解となります。「ㄱ」は病院に行って検査を受けるという話の流れの途中なので合いません。「ㄷ」は話の流れがマッサージに変わっているのにそこに割って入る形になるので不自然です。「ㄹ」も同様で正解は②になります。

60. 上の文の内容と一致するものを選んで下さい。3点

① 私は病院に行くのがとても嫌です。
❷ 私の頭が痛いのは病気のためではありませんでした。
③ 普段運動をよくするので頭が痛いです。
④ マッサージを受けたのにあまり変わりません。

**解説** 病院に行くのが嫌かどうかは上の文では確認が取れません。運動と頭痛とは無関係なので③も不正解となります。マッサージを受けた後頭痛がなくなったと言っているので④も不正解となります。

※次を読んで質問に答えて下さい。各2点

先週末亡くなった両親の家を整理しました。小さい時に私たち兄弟を撮った写真も、そして小学校の時に遊んでいたおもちゃも出てきました。もう(㉠)まだそれを両親が持っているだろうとは夢にも思いませんでした。うちの両親は時々それを取り出して私たち兄弟のことを思ったりしたのでしょうか。

61. (㉠)に入る表現として適当なものを選んで下さい。

❶ 捨てたと思っていたので　② 捨てたとは知らなかったので
③ 捨てるものと思っているのだろうけど　④ 捨てるものと思ったけど

**解説** 「～ 줄 알다/모르다」は、現在形や過去形、未来形などにくっついていろんな意味を生み出します。次をご参照下さい。正解は①となります。

온 줄 안다　来ているものと思い込んでいる（来ていない）
오는 줄 안다　来るものと思い込んでいる（来ない）
올 줄 안다　来るものと思い込んでいる（来ない）
（こちらへの）来方を分かっている
온 줄 모른다　来ていることを知らない（来ている）
오는 줄 모른다　来ることを知らない（来る）
올 줄 모른다　こちらへの来方が分からない（来ない）
온 줄 알았다　来ているものと思った（来ていない）
오는 줄 알았다　来るものと思った（来ない）
올 줄 알았다　来るものと思った（来ない）
온 줄 몰랐다　来ているとは知らなかった（来ている）
오는 줄 몰랐다　来るとは知らなかった（来る予定）
올 줄 몰랐다　まさか来るとは思わなかった（来る予定）
추운 줄 알았다　寒いと思った
추울 줄 알았다　寒いかなと思った
추운 줄 몰랐다　寒いとは知らなかった
추울 줄 몰랐다　寒いとは思わなかった

62. 上の文の内容と一致するものを選んで下さい。

① 両親は私たち兄弟の写真を持っていません。
❷ 両親は子供たちとの思い出を簡単に忘れることが出来ません。
③ 先週末両親が私たちの家に来ました。
④ 両親は亡くなるまで私たちと同居していました。

**解説**　両親の家を整理していてそこから自分たちの写真が出てきたということですから①は不正解になります。両親は亡くなっているので③も不正解になります。両親の家を整理したと書いてあるので同居したことにはなりません。④も不正解です。

※次を読んで質問に答えて下さい。

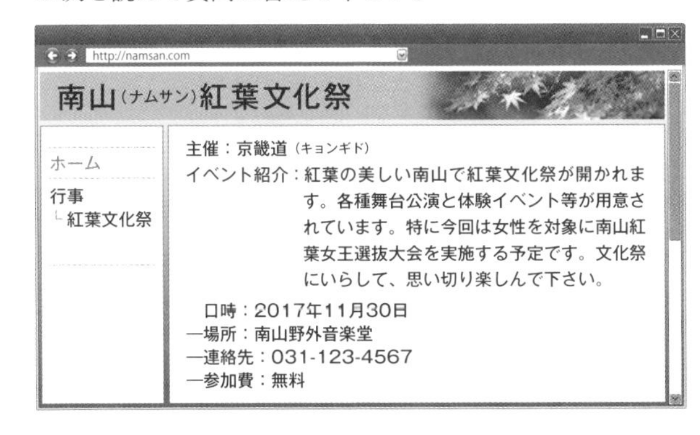


63. なぜこの文章を書いたのかその理由として正しいものを選んで下さい。 2点

① 紅葉文化祭の日付を確認しようと思って
❷ 紅葉文化祭を広く知らせようと思って
③ 紅葉文化祭に必要なお金を集めようと思って
④ 紅葉文化祭を一緒に準備する人を探そうと思って

**解説**　イベント紹介のホームページであればその内容は基本的に②のものになります。

64. 上の文の内容と一致するものを選んで下さい。3点

① 文化祭では毎回紅葉女王選抜大会を実施します。
② 文化祭に参加するためにはお金を払わなければなりません。
❸ 文化祭に行けば公演も楽しめ、体験も出来ます。
④ 文化祭には女性のみ参加できます。

**解説** 本文に「특히」と書いてあるので①の毎年女王選抜大会をやるというのは間違いです。参加費は無料となっていますから②も間違いです。文化祭に女性のみに参加が許されるという説明は何も書いてありませんので④も不正解となります。

※次を読んで質問に答えて下さい。

先週キムチを漬けました。キムチを漬けるためには準備しなければならないものがたくさんあります。白菜や大根、ネギ、にんにくなども買い付け、一人では全部出来ないので手伝ってくれる人も前もって連絡を入れなければなりません。私の家は幸いに近いところに親戚が住んでいるので毎年キムジャンの時になると親戚が(㉠)。こういう時には互いに助け合える親戚がいるということがいいです。

65. (㉠) に入る表現として正しいものを選んで下さい。2点

① 手伝いに行きます。
② 互いにキムチを送ります。
③ 集まって買いに行きます。
❹ うちに手伝いに来てくれます。

**解説** 自分の家に親戚がキムチ作りの手伝いに来てくれるということなので④が正解になります。①は親戚が自分の家ではなく他の家に手伝いに行くというニュアンスになってしまうのでここで言いたい内容とは合いません。

66. 上の文の内容と一致するものを選んで下さい。3点

❶ うちの一家は何かがあるとお互いに助け合います。
② 今回のキムジャンには親戚が来て手伝ってくれました。
③ キムチを漬ける時には大体一人でやります。
④ キムジャンはそんなに大変な仕事ではありません。

**解説** 自分の家のキムジャン（冬に備え大量のキムチを漬けること）にいつも近くの親戚がかけつけてくれるという話なので今回だけ特別に来てくれたという話になっている②は内容に合いません。③もお互いに助け合うと言っている本文の内容と合わないので不正解になります。④は実際にそのように言っている人ももしかしたらいるかもしれませんが、実際には大変な仕事です。

※次を読んで質問に答えて下さい。各3点

私の会社が最近とても有名になりました。放送局で私の会社を取材して放送に流したからです。しかしわずか3年前までうちの会社はとても雰囲気がよくありませんでした。社長は従業員を悪く言い、従業員は社長のことを信用しませんでした。うちの会社が変わったのは(㉠)。今はとても人気のある企業になりました。

67. (㉠) に入る表現として適当なものを選んで下さい。

① テレビでうちの会社が紹介されたからです。
❷ 話し合いを通してお互いを信じたからです。
③ 放送局から多くのお金をもらったからです。

④ 社長のことを悪く言った従業員が辞めたからです。

**解説** 会社の雰囲気が変わった理由として最も相応しいものは②になります。①は出来事が前後します。

68. 上の文の内容と一致するものを選んで下さい。

① テレビ放送に一回出ると有名になります。
❷ お互いに思いが違っていても対話をするのが大事です。
③ うちの会社は以前からとても有名な会社でした。
④ 会社がうまく行くためにはお互いのことをよく言わなければいけません。

**解説** 会社のメンバーどうしが腹を割って話し合いをしてから会社の雰囲気が変わったということなので②が正解になります。

※次を読んで質問に答えて下さい。各3点

**私の故郷はソウルではなく田舎です。ソウルではソウルの人みたいに過ごしていますが、私は住人もあまりいないとても静かな田舎で生まれました。しかし小さい時から絶対ソウルに行って暮らしたいと考えていました。ソウルにある大学に合格し、明日には家を出るという日、お母さんは私の部屋で(㉠)涙を流しました。**

69. (㉠) に入る表現として適当なものを選んで下さい。

① 私のカバンを運びながら
② 私のお金をなくしたので
❸ 私の荷造りをしながら
④ 私のカバンが重すぎて

**解説** お母さんが涙を流すわけですから、その理由として相応しいのは③になります。

70. 上の文の内容から分かることを選んで下さい。

① 田舎で生まれた人はソウルにある大学に行きます。
② 田舎で生まれてもソウルに住めばソウルの人です。
③ 静かな田舎で育ってもソウルの大学に行くことが出来ます。
❹ 巣立っていく息子を送り出すお母さんの気持ちは寂しいです。

**解説** ①②③はそれなりに言えるのかもしれませんが、上の文で最も言いたいことは④の内容になります。

# 第2回　I　듣기 (1번~ 30번)

track2-01

[1-4]　다음을 듣고《보기》와 같이 물음에 맞는 대답을 고르십시오.

《보기》

㉮ : 내일이에요?
㉯ : ______________

❶ 네, 내일이에요.　② 네, 내일이 없어요.
③ 아니요, 내일이 있어요.　④ 아니요, 내일이에요.

1. 4점　track2-02

① 아니요, 시간이 있어요.　② 네, 시간이에요.
③ 아니요, 시간이 없어요.　④ 네, 시간이 모자라요.

2. 4점　track2-03

① 네, 커피를 안 좋아해요.　② 네, 커피를 마셔요.
③ 아니요, 커피가 아니에요.　④ 아니요, 커피가 없어요.

3. 3점　track2-04

① 오늘 만나요.　② 선생님을 만나요.
③ 학교에서 만나요.　④ 매일 만나요.

4. 3점　track2-05

① 세 명이에요.　② 지금 아니에요.
③ 삼천 원이에요.　④ 열한 시예요.

🔊 track2-06

[5-6] **다음을 듣고《보기》와 같이 이어지는 말을 고르십시오.**

《보기》

㉮ : **맛있게 드세요.**
㉯ : ________________

❶ 잘 먹겠습니다. ② 아주 좋습니다.
③ 잘 모르겠습니다. ④ 반갑습니다.

5. 4점 🔊 track2-07

① 저는 없습니다. ② 또 오겠습니다.
③ 고맙습니다. ④ 잘 부탁합니다.

6. 3점 🔊 track2-08

① 그럼 다시 오겠습니다. ② 안녕히 가세요.
③ 실례합니다. ④ 어서 오세요.

🔊 track2-09

[7-10] **여기는 어디입니까?《보기》와 같이 알맞은 것을 고르십시오.**

《보기》

㉮ : **어디가 아파요?**
㉯ : **머리가 아픈데요.**

① 교실 ② 공항 ③ 가게 ❹ 병원

7. 3점 🔊 track2-10

① 백화점 ② 시장 ③ 우체국 ④ 버스

8. 3점 🔊 track2-11

① 꽃집 ② 신발 가게 ③ 서점 ④ 도서관

9. 3점 🔊 track2-12

① 택시 ② 지하철역 ③ 미술관 ④ 버스 정류장

10. 4점 🔊 track2-13

① 호텔 ② 교실 ③ 편의점 ④ 커피숍

[11-14] **다음은 무엇에 대해 말하고 있습니까? 《보기》와 같이 알맞은 것을 고르십시오.**

track2-14

《보기》

㉮ : **누구예요?**
㉯ : **이 사람은 형이고 이 사람은 동생이에요.**

❶ 가족 ② 친구 ③ 선생님 ④ 부모님

11. 3점 track2-15

① 직업 ② 색 ③ 사진 ④ 선물

12. 3점 track2-16

① 도시 ② 기분 ③ 과일 ④ 계절

13. 4점 track2-17

① 꿈 ② 맛 ③ 약속 ④ 식사

14. 3점 track2-18

① 휴일 ② 친구 ③ 취미 ④ 집

[15-16] **다음 대화를 듣고 알맞은 그림을 고르십시오.** 각 3점

15. track2-19

①

②

③

④

16. 🔈 track2-20

①

②

③

④

[17-21] **다음을 듣고《보기》와 같이 대화 내용과 같은 것을 고르십시오.**
각 3점

🔈 track2-21

《보기》

**남자 : 요즘 한국어를 공부해요?**
**여자 : 네. 한국 친구한테서 한국어를 배워요.**

① 남자는 학생입니다. ② 여자는 학교에 다닙니다.
③ 남자는 한국어를 가르칩니다. ❹ 여자는 한국어를 공부합니다.

17. 🔈 track2-22

① 남자는 앉은 자리에서 일어났습니다.
② 여자는 전철에서 내리지 않습니다.
③ 남자는 서 있는 것을 좋아합니다.
④ 여자는 자리에 앉지 않습니다.

18. 🔈 track2-23

① 여자는 알면서 음료수를 가지고 들어왔습니다.
② 남자는 여자의 음료수를 마셨습니다.
③ 여자는 음료수를 다 마시고 들어갔습니다.
④ 남자는 여자에게 음료수를 다 마시라고 했습니다.

19. (track2-24)

① 남자는 골프를 쳐 본 적이 없습니다.
② 여자는 골프장에 가 본 적이 있습니다.
③ 남자는 어릴 때 골프를 시작했습니다.
④ 여자는 골프를 해 보고 싶어합니다.

20. (track2-25)

① 여자는 남자와 같은 정류장에서 내립니다.
② 남자는 명동에서 친구를 만나려고 합니다.
③ 여자는 남대문시장에서 물건을 살 겁니다.
④ 남자는 다음 정류장에서 내릴 준비를 합니다.

21. (track2-26)

① 여자는 남자하고 같이 회사에 들어왔습니다.
② 남자는 여자보다 나이가 적습니다.
③ 여자는 남자가 서른 살이라는 것을 알고 있었습니다.
④ 남자는 여자를 언제 처음 봤는지 모릅니다.

[22-24] **다음을 듣고 여자의 중심 생각을 고르십시오.** 각 3점

22. (track2-27)

① 한글로만 써도 되니까 한자는 필요 없습니다.
② 한자를 읽는 방법을 공부하는 것이 좋습니다.
③ 한자는 어렵기 때문에 잘 안 씁니다.
④ 한자를 읽으려고 노력을 하고 있습니다.

23. (track2-28)

① 회의는 중요한 말만 하고 빨리 끝내는 것이 좋습니다.
② 회의에 높은 사람이 참가하는 것은 별로입니다.
③ 회의에는 할 수만 있으면 참석하고 싶지 않습니다.
④ 회의가 긴 회사는 좋아하지 않습니다.

24. (track2-29)

① 식구가 많으면 화장실 갈 때 별로 안 좋습니다.

② 할아버지 할머니와 같이 생활하는 것이 좋습니다.

③ 형제는 수가 많은 것이 좋습니다.

④ 식구가 많은 것을 행복하게 생각합니다.

[25-26] **다음을 듣고 물음에 답하십시오.** (track2-30)

25. **남자가 왜 이 이야기를 하고 있는지 고르십시오.** 4점

① 어린이가 자켓과 바지를 입는 것이 좋을 것 같아서

② 남자아이가 잘 놀 수 있도록 보호하는 게 좋을 것 같아서

③ 어린이를 잘 보호하는 것이 관리 사무소 책임이니까

④ 길을 잃어버린 어린이를 찾아 주려고

26. **들은 내용과 같은 것을 고르십시오.** 3점

① 남자아이는 세 살이 되었습니다.

② 남자아이는 신발을 신고 있지 않습니다.

③ 남자아이는 아직 집에 돌아오지 않았습니다.

④ 전화번호는 관리 사무소의 번호입니다.

[27-28] **다음을 듣고 물음에 답하십시오.** (track2-31)

27. **두 사람이 무엇에 대해 이야기를 하고 있는지 고르십시오.** 3점

① 김영진 씨가 회사에 있는지 없는지

② 액세서리를 빨리 보내야 되는 이유

③ 액세서리를 보내는 방법

④ 이메일로 한 주문의 문의

28. **들은 내용과 같은 것을 고르십시오.** 4점

① 김영진 씨는 벌써 액세서리를 보냈습니다.
② 이미라 씨는 김영진 씨한테 액세서리를 주문했습니다.
③ 남자는 김영진 씨를 잘 모릅니다.
④ 남자는 액세서리를 천천히 보낼 예정입니다.

[29-30] **다음을 듣고 물음에 답하십시오.** track2-32

29. **여자가 영화배우들이 연습을 많이 해야 한다고 생각하는 이유를 고르십시오.** 3점

① 배우는 멋있게 보여야 되니까.
② 영화는 재미있어야 하니까.
③ 잘못하면 자신이 다칠 수 있으니까.
④ 영화를 만드는 기술이 없어지니까.

30. **들은 내용과 같은 것을 고르십시오.** 4점

① 영화를 만드는 기술이 좋아져서 지금은 다치지 않습니다.
② 시간 가는 줄도 모를 정도로 재미있는 영화는 없습니다.
③ 빌려 온 디브이디는 빨리 돌려줘야 합니다.
④ 영화배우는 영화를 찍다가 다치는 경우도 있습니다.

# 第2回 Ⅱ 읽기 (31번~ 70번)

[31-33] 무엇에 대한 이야기입니까? 《보기》와 같이 알맞은 것을 고르십시오. 각 2점

《보기》

포도를 먹었습니다. 포도가 맛있었습니다.

① 공부 ❷ 과일 ③ 여름 ④ 생일

31. 가방을 삽니다. 구두도 삽니다.

① 음식 ② 직업 ③ 취미 ④ 쇼핑

32. 오늘은 비가 옵니다. 내일은 흐립니다.

① 장소 ② 가족 ③ 날씨 ④ 나라

33. 지금은 오전 열한 시입니다.

① 요일 ② 시간 ③ 나이 ④ 이름

[34-39] 《보기》와 같이 (     )에 들어갈 가장 알맞은 것을 고르십시오.

《보기》

단어를 모릅니다. (     )을 찾습니다.

① 안경 ② 수박 ❸ 사전 ④ 지갑

34. 2점

슈퍼에 갑니다. 우유(          ) 주스를 삽니다.

① 에서 ② 까지 ③ 하고 ④ 만

35. 2점

기온이 (          ). 그래서 덥습니다.

① 적습니다 ② 높습니다 ③ 짧습니다 ④ 낮습니다

36. 2점

(　　　)에 갑니다. 점심을 먹습니다.

① 식당　② 도서관　③ 영화관　④ 은행

37. 3점

전철역입니다. 사람이 (　　　) 많습니다.

① 먼저　② 아주　③ 전혀　④ 아까

38. 3점

운동을 했습니다. 배가 많이 (　　　).

① 있습니다　② 빕니다　③ 나옵니다　④ 고픕니다

39. 2점

잠을 잤습니다. 꿈을 (　　　).

① 봤습니다　② 줬습니다　③ 꿨습니다　④ 만났습니다

[40-42] 다음을 읽고 맞지 않는 것을 고르십시오. 각 3점

40.

~오늘의 메뉴~

| 메뉴 | 가격 |
|---|---|
| 비빔밥 | 4,000 |
| 불고기덮밥 | 5,000 |
| 짜장면 | 3,500 |
| 짬뽕 | 4,000 |
| 커피 | 2,500 |

※영업시간　점심 식사　11:00-15:00<br>
　　　　　　저녁 식사　17:00-19:00

① 점심 메뉴는 여러 가지가 있습니다.

② 식당에서 커피를 마실 수 있습니다.

③ 식당은 오후 세 시까지 합니다.

④ 불고기덮밥이 제일 비쌉니다.

41.

오늘도 똑같이 6시에 출근했습니다. 출근해서 마시는 커피가 맛있습니다. 일할 수 있어서 감사합니다. 오늘도 만나는 분들에게 친절하게 대하겠습니다. 파이팅!

① 만나는 분들에게 늘 친절하게 대합니다.
② 출근하면 커피를 마십니다.
③ 오늘은 여섯 시에 출근했습니다.
④ 일할 수 있는 것을 기쁘게 생각합니다.

42.

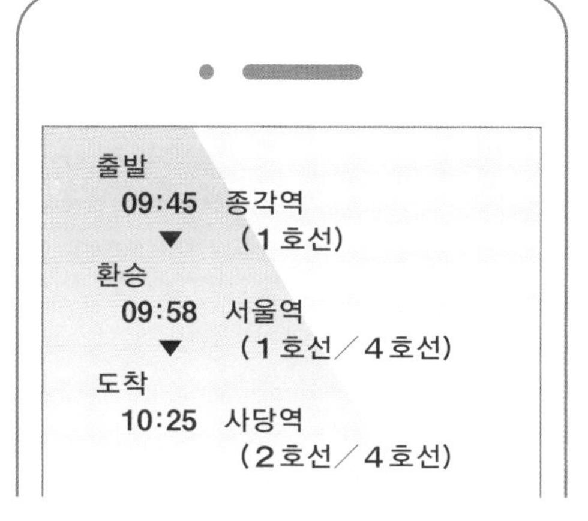


① 종각역에서 서울역까지 십삽 분 걸립니다.
② 종각역에서 사당역까지 직접 갑니다.
③ 아홉 시 오십팔 분에 서울역을 떠납니다.
④ 사당역에는 2호선도 갑니다.

[43-45] **다음의 내용과 같은 것을 고르십시오.**

43. 3점

> **지난 주말에 친구 집에 놀러 갔습니다. 그 친구하고는 초등학교 때부터 같이 컸습니다. 그 친구는 게임을 아주 잘합니다. 우리는 게임을 하고 놀았습니다.**

① 친구가 우리 집에 놀러 왔습니다.
② 친구하고는 고등학교 때 만났습니다.
③ 친구는 게임을 좋아하지 않습니다.
④ 나는 지난주 토요일에 게임을 했습니다.

44. 2점

> **나는 매주 토요일에 워킹을 합니다. 그리고 한 달에 두 번은 헬스클럽에 갑니다. 일찍 자고 일찍 일어납니다.**

① 저는 운동을 열심히 합니다.
② 저는 매주 헬스클럽에 갑니다.
③ 저는 늦게 잘 때가 많습니다.
④ 저는 주말에 조깅을 합니다.

45. 3점

> **김지호 군은 초등학교부터 학교 스포츠 클럽에서 축구를 시작했습니다. 볼을 처음 찰 때부터 패스, 드리블, 슈팅 등을 아주 잘했습니다.**

① 김지호 군은 축구를 잘 모릅니다.
② 김지호 군은 혼자 축구를 배웠습니다.
③ 김지호 군은 농구를 잘합니다.
④ 김지호 군은 볼을 잘 찹니다.

[46-48] **다음을 읽고 중심 생각을 고르십시오.**

46. 2점

**매년 3월이 되면 우리 학교에 신입생이 들어옵니다. 학교 생활은 즐거울 때만 있는 것은 아닙니다.**

① 금년에는 학생이 안 들어옵니다.
② 학교 생활은 즐겁지 않을 때도 있습니다.
③ 학교 생활은 즐거워야 합니다.
④ 학생이 학교에 들어오고 싶어합니다.

47. 3점

**오늘 길이 많이 막혔습니다. 사고가 난 것 같았습니다. 구급차가 오는 소리도 들렸습니다. 그래서 회사에 많이 늦었습니다.**

① 보통 때보다 차가 많았습니다.
② 사고가 나서 병원에 갔습니다.
③ 보통 때보다 회사에 늦게 갔습니다.
④ 회사에 일찍 도착했습니다.

48. 3점

**우리 집 근처에 새로운 아파트 단지가 생겼습니다. 갑자기 사람이 많이 늘었습니다. 근처 공원에도 얼굴을 모르는 사람이 많아졌습니다.**

① 우리 집 옆에 아파트가 생겼습니다.
② 새 아파트에는 사람이 별로 없습니다.
③ 우리 집 근처에는 공원이 없습니다.
④ 공원에 가면 아는 사람이 많았습니다.

**※다음을 읽고 물음에 답하십시오.** 각 2점

> **저는 간식하는 것을 별로 좋아하지 않습니다. 그런데 제 아내는 저하고는 반대입니다. ( ㉠ ) 우리 집 냉장고에는 아이스크림이나 케이크, 과일 등이 꼭 들어 있습니다. 슈퍼에 갈 때는 과자도 꼭 사 가지고 돌아옵니다.**

49. **( ㉠ )에 들어갈 알맞은 말을 고르십시오.**

① 그래서　② 그래도　③ 그렇지만　④ 그런데

50. **이 글의 내용과 같은 것을 고르십시오.**

① 저는 밥만 잘 먹으면 됩니다.
② 제 아내는 아이스크림을 잘 먹지 않습니다.
③ 저는 과일을 전혀 먹지 않습니다.
④ 제 아내는 과자를 좋아하지 않습니다.

**※다음을 읽고 물음에 답하십시오.**

> **카카오는 아메리카의 더운 곳에서 자라는 나무입니다. 이 카카오의 열매인 카카오 콩을 가루로 만든 것이 코코아입니다. 또 카카오 콩을 가루로 ( ㉠ ) 거기에 우유와 설탕을 섞으면 초콜릿이 됩니다. 카카오의 열매는 붉은색, 노란색, 보라색 등의 여러 가지 색을 하고 있습니다.**

51. **( ㉠ )에 들어갈 알맞은 말을 고르십시오.** 2점

① 만들고　② 만들면서　③ 만들어　④ 만들다가

52. **무엇에 대한 이야기인지 맞는 것을 고르십시오.** 3점

① 코코아와 초콜릿은 어떻게 만들어지는가
② 카카오 나무가 어디에서 자라는가
③ 카카오 콩은 어떤 색을 하고 있는가
④ 코코아와 초콜릿은 어떻게 다른가

※다음을 읽고 물음에 답하십시오.

| |
|---|
| 저는 감자튀김에 케첩을 뿌려서 먹는 것을 좋아합니다. 여러분 중에서도 아마 핫도그나 소시지에 케첩을 뿌려 먹는 분들이 ( ㉠ ). 그런데 이 케첩이 미국이나 유럽이 아니고 중국에서 처음 만들어졌다는 것을 아십니까? |

53. ( ㉠ )에 들어갈 알맞은 말을 고르십시오. 2점

① 없을 겁니다　② 적을 겁니다
③ 있는 것 같습니다　④ 계실 겁니다

54. 이 글의 내용과 같은 것을 고르십시오. 3점

① 저는 감자튀김을 그냥 먹습니다.
② 핫도그에 케첩을 뿌리면 안 됩니다.
③ 영국에서 처음 케첩을 먹기 시작했습니다.
④ 케첩은 미국이 처음이 아닙니다.

※다음을 읽고 물음에 답하십시오.

| |
|---|
| 동물을 별로 좋아하지 않는 사람이 있습니다. 그런가 하면 동물을 아주 좋아하는 사람도 있습니다. 동물을 좋아하는 사람은 왜 자신이 기르는 개나 고양이를 다른 사람이 싫어하는지를 이해 못 합니다. 그러나 자신이 개나 고양이를 좋아할 권리를 가지고 있는 것과 마찬가지로 다른 사람도 개나 고양이를 싫어할 권리가 있다는 것을 ( ㉠ ). |

55. ( ㉠ )에 들어갈 알맞은 말을 고르십시오. 2점

① 몰라도 됩니다　② 알아도 됩니다
③ 알아야 합니다　④ 몰라야 합니다

**56. 이 글의 내용과 같은 것을 고르십시오.** 3점

① 동물을 싫어하는 사람은 없습니다.
② 개나 고양이는 다 귀엽습니다.
③ 동물을 좋아하는 사람만 있는 것은 아닙니다.
④ 내 개를 싫어하는 사람은 나도 싫습니다.

**※다음을 순서대로 맞게 나열한 것을 고르십시오.**

57. 3점

| |
|---|
| (가) 이제까지 생일 선물을 사 준 적이 없습니다.<br>(나) 내일은 제 아내의 생일입니다.<br>(다) 집에 가는 길에 백화점에 갈 겁니다.<br>(라) 이번에는 꼭 선물을 하려고 합니다. |

① 나-다-가-라 ② 나-가-라-다
③ 나-라-가-다 ④ 나-라-다-가

58. 2점

| |
|---|
| (가) 결국 그림 그리는 꿈을 버리기로 했습니다.<br>(나) 그림을 배우고 싶어서 학원에 갔습니다.<br>(다) 6개월을 배웠지만 달라지는 게 없었습니다.<br>(라) 저는 그림을 잘 못 그립니다. |

① 라-가-나-다 ② 라-가-다-나
③ 라-나-가-다 ④ 라-나-다-가

※다음을 읽고 물음에 답하십시오.

내일은 금연을 시작하고 한 달이 되는 날입니다. ( ㉠ ) 처음에 금연을 시작할 때는 금방 실패할 줄 알았습니다. ( ㉡ ) 이제 한 달이 지났으니까 더 계속할 생각입니다. ( ㉢ ) 이 기회에 담배를 완전히 끊으려고 합니다. ( ㉣ )

59. 다음 문장이 들어갈 곳을 고르십시오. 2점

그런데 담배를 안 피워도 담배 생각이 안 났습니다.

① ㄱ ② ㄴ ③ ㄷ ④ ㄹ

60. 이 글의 내용과 같은 것을 고르십시오. 3점

① 금연은 한 달만 하기로 했었습니다.
② 나는 담배를 금방 다시 필 줄 알았습니다.
③ 한 달이 지났으니까 이제 담배를 피울 겁니다.
④ 나는 담배를 그만두려고 한 적이 없습니다.

※다음을 읽고 물음에 답하십시오. 각 2점

스트레스가 건강에 나쁘다는 것은 누구나 다 압니다. 그럼 스트레스가 전혀 없다면 그 사람은 정말 ( ㉠ )? 그렇지도 않습니다. 어느 정도의 스트레스는 필요합니다. 왜냐하면 인간은 스트레스를 전혀 느끼지 않으면 일을 열심히 하지 않기 때문입니다.

61. ( ㉠ )에 들어갈 알맞은 말을 고르십시오.

① 건강할까요? ② 건강하겠지요?
③ 건강할 수 있어요? ④ 건강할 거예요?

62. **이 글의 내용과 같은 것을 고르십시오.**

① 스트레스는 건강에 좋지 않습니다.
② 적당한 스트레스는 인간에게 필요합니다.
③ 인간은 스트레스가 없어야 열심히 일합니다.
④ 건강한 사람은 스트레스를 느끼지 않습니다.

**※다음을 읽고 물음에 답하십시오.**

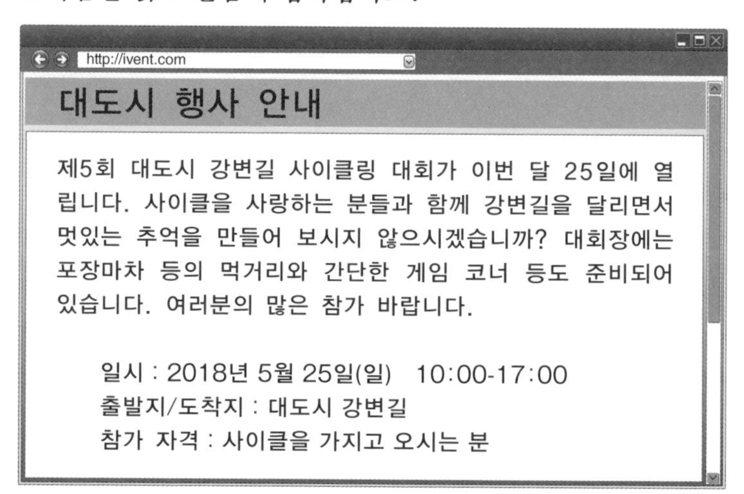
http://ivent.com

대도시 행사 안내

제5회 대도시 강변길 사이클링 대회가 이번 달 25일에 열립니다. 사이클을 사랑하는 분들과 함께 강변길을 달리면서 멋있는 추억을 만들어 보시지 않으시겠습니까? 대회장에는 포장마차 등의 먹거리와 간단한 게임 코너 등도 준비되어 있습니다. 여러분의 많은 참가 바랍니다.

일시 : 2018년 5월 25일(일) 10:00-17:00
출발지/도착지 : 대도시 강변길
참가 자격 : 사이클을 가지고 오시는 분

63. **왜 이 글을 썼는지 맞는 것을 고르십시오.** 2점

① 사이클링 대회 날짜를 알려 주려고
② 사이클링 대회의 내용을 알려 주려고
③ 사이클링 대회에 참가할 사람을 모으려고
④ 사이클링 대회에 같이 참가하려고

64. **이 글의 내용과 같은 것을 고르십시오.** 3점

① 사이클링 대회는 평일에 열립니다.
② 사이클링 대회는 오후 여섯 시에 끝납니다.
③ 사이클링 대회에는 누구나 참가할 수 있습니다.
④ 사이클링 대회장에는 먹을 것이 없습니다.

**※다음을 읽고 물음에 답하십시오.**

| **우리 아버지는 찌개를 좋아하십니다. 그래서 식사 때마다 어머니에게 반드시 찌개를 끓이게 하십니다. 그런데 어머니는 찌개를 끓이시고도 또 국도 같이 끓이십니다. 어릴 때는 그냥 ( ㉠ ) 지금 생각해 보면 어머니가 힘드셨을 것 같습니다. 저는 제 아내가 둘 중 하나만 해 줘도 만족합니다.** |
|---|

65\. **( ㉠ )에 들어갈 알맞은 말을 고르십시오.** 2점

① 먹어서　　② 먹었기 때문에
③ 먹었으니까　　④ 먹었는데

66\. **이 글의 내용과 같은 것을 고르십시오.** 3점

① 어릴 때는 식사 때 꼭 찌개와 국을 먹었습니다.
② 제 아내는 지금 한 가지만 만듭니다.
③ 지금도 밥을 먹을 때 찌개와 국이 있어야 합니다.
④ 어머니는 찌개나 국 중에 하나만 하셨습니다.

**※다음을 읽고 물음에 답하십시오.** 각 3점

> **얼마 전부터 대도시에 외국의 영화사들이 와서 영화를 찍기 시작했습니다. 대도시에는 한국의 옛 거리가 그대로 남아 있기 때문입니다. 대도시는 대도시에 오는 외국의 영화사들에게 많은 도움을 줍니다. 영화를 편하게 ( ㉠ ) 장소를 소개해 주기도 하고 대도시에서 지낼 수 있는 곳을 소개해 주기도 합니다.**

67. **( ㉠ )에 들어갈 알맞은 말을 고르십시오.**

① 찍을 수 있으면 ② 찍을 수 있게
③ 찍을 수 있어도 ④ 찍을 수 있으면서

68. **이 글의 내용과 같은 것을 고르십시오.**

① 대도시에 외국 관광객이 많이 옵니다.
② 대도시는 여러 가지 일을 합니다.
③ 대도시는 새로운 도시입니다.
④ 대도시에는 묵을 수 있는 곳이 없습니다.

**※다음을 읽고 물음에 답하십시오.** 각 3점

> **예약을 하고 예약을 한 장소에 안 나타나는 사람들이 많습니다. 또는 예약 시간이 다 돼서 취소하는 사람들도 많습니다. 예약을 받은 곳에서는 예약한 사람을 위해서 자리를 ( ㉠ ). 식당 같은 곳에서는 취소를 하면 준비한 음식을 버려야 합니다. 지키지 못하는 약속은 안 할 때가 됐습니다.**

69. **( ㉠ )에 들어갈 알맞은 말을 고르십시오.**

① 비워 둘 수 없습니다 ② 비워 두어도 됩니다
③ 비워 두어야 합니다 ④ 비워 두면 안 됩니다

70. **이 글의 내용으로 알 수 있는 것을 고르십시오.**

① 예약은 약속이 아닙니다.

② 예약이기 때문에 안 가도 됩니다.

③ 예약을 받는 식당은 준비를 안 합니다.

④ 예약을 안 지키는 사람들이 있습니다.

# 第2回　I　듣기　正解及び解説

※次を聞いて《例》と同じように質問に合う答えを選んで下さい。

《例》

㉮：내일이에요?　明日ですか。
㉯：＿＿＿＿＿＿

❶ 네, 내일이에요.　はい、明日です。
② 네, 내일이 없어요.　はい、明日がありません。
③ 아니요, 내일이 있어요.　いいえ、明日があります。
④ 아니요, 내일이에요.　いいえ、明日です。

1. 4点

남자：시간이 많아요?　男性：時間は余裕がありますか。
여자：＿＿＿＿＿＿　女性：＿＿＿＿＿＿

① いいえ、時間があります。
② はい、時間です。
❸ いいえ、時間がありません。
④ はい、時間が足りません。

**解説**「시간이 많아요?」と聞いているので「네, 시간이 많아요」か「아니요, 시간이 없어요」かのどちらかになります。③が正解です。

2. 4点

여자：커피를 마셔요?　女性：コーヒーを飲みますか。
남자：＿＿＿＿＿＿　男性：＿＿＿＿＿＿

① はい、コーヒーが好きではありません。
❷ はい、コーヒーを飲みます。
③ いいえ、コーヒーではありません。
④ いいえ、コーヒーがありません。

**解説**「커피 마셔요?」という質問ですから「네, 마셔요」か「아니요, 안 마셔요」で返事をすることになります。正解は②です。

3. 3点

남자：어디에서 친구를 만나요?　男性：どこで友達に会いますか。
여자：＿＿＿＿＿＿　女性：＿＿＿＿＿＿

① 今日会います。　② 先生に会います。　❸ 学校で会います。　④ 毎日会います。

**解説** 友達と会う場所を聞く質問なので場所で答えている③が正解になります。

4. 3点

여자：지금 몇 시에요?　女性：今何時ですか。
남자：＿＿＿＿＿＿　男性：＿＿＿＿＿＿

① 三人です。　② 今ではありません。　③ 三千ウォンです。　❹ 11時です。

**解説** 今何時なのかという質問なので④が正解になります。

※次を聞いて《例》と同じように次に続く表現を選んで下さい。

《例》

남자：맛있게 드세요.　男性：美味しくお召し上がり下さい。
여자：＿＿＿＿＿＿　女性：＿＿＿＿＿＿

❶ 잘 먹겠습니다.　いただきます。
② 아주 좋습니다.　とてもいいです。
③ 잘 모르겠습니다.　よく分かりません。
④ 반갑습니다.　(お会い出来て)嬉しいです。

5.　4点
**남자 : 여기 있습니다.**　男性 : はい、どうぞ。(お持ちしました。)
**여자 :** ____________　女性 : ____________

① 私はありません。　② また来ます。
❸ ありがとうございます。　④ よろしくお願いします。

**解説**　「여기 있습니다」は「ここにあります/います」の意味の他に、相手に言われたものを渡す時に使う表現としても使われます。それを受け取った人は礼を言うことになります。ここでは③が正解になります。

6.　3点
**여자 : 이선빈 씨 지금 없는데요.**　女性 : イ・ソンビンさん、今いませんが…。
**남자 :** ____________　男性 : ____________

❶ では、また来ます。　② さようなら。
③ 失礼します。　④ いらっしゃいませ。

**解説**　女が席にいないと言っているので、男は伝言を頼むか、そのまま帰るか、待つかの行動を取ることになります。伝言を頼む時には、例えば「그럼 말씀 좀 전해 주시겠어요?(じゃあ、お伝え頂けますか)」のような表現を使いますが、TOPIK Ⅰのレベルではありません。そのまま帰る時の表現としては「다음에/다시 또 오겠습니다」が一番無難です。「실례합니다」は室内に入る時に使うことが多く、退室する時には「그럼 먼저 실례하겠습니다(じゃ、お先に失礼します)」で言うのが普通です。正解は①です。

※ここはどこですか。《例》と同じように適当なものを選んで下さい。

《例》
**㉮ : 어디가 아파요?**　どこが痛いですか。
**㉯ : 머리가 아픈데요.**　頭が痛いんですけど。
① 교실　教室　② 공항　空港　③ 가게　お店　❹ 병원　病院

7.　3点
**여자 : 여자 화장실이 몇 층에 있어요?**　女性 : 女子トイレは何階にありますか。
**남자 : 삼층하고 오층에 있습니다.**　男性 : 3階と5階にあります。

❶ デパート　② 市場　③ 郵便局　④ バス

**解説**　女子トイレがあるのは何階かという質問に対して複数階あると答えています。女子トイレを複数階設置しているのは上の4つで言えば①のデパートになります。

8.　3点
**남자 : 구두 발에 잘 맞으세요?**　男性 : 靴は足によく合いますか。
**여자 : 조금 큰 것 같은데요.**　女性 : ちょっと大きいみたいです。

① 花屋　❷ 靴屋　③ 本屋　④ 図書館

**解説**　足に靴が合うかという話をしているので靴屋と考えるのが妥当です。②が正解になります。

9. 3点

여자 : 여기 십이 번 버스 와요?　女性：ここに12番バスは来ますか。
남자 : 네, 와요. 여기에서 기다리세요.
男性：はい、来ます。ここで待って下さい。

①タクシー　②地下鉄の駅　③美術館　❹バス停

**解説** ここにバスが来るのかという質問は普通バス停でしかしないでしょうから④が正解になります。

10. 4点

남자 : 어서 오십시오. 예약하셨습니까?
男性：いらっしゃいませ。ご予約はされましたか。
여자 : 네, 김민선입니다.　女性：はい、キム・ミンソンです。

❶ホテル　②教室　③コンビニ　④コーヒーショップ

**解説** 「예약(予約)」という言葉が分かるかがポイントです。予約という言葉が使える状況は決まっているからです。ここでは①のホテルが正解になります。

※次は何についての話ですか。《例》と同じように適当なものを選んで下さい。

《例》

㉮ : 누구예요?　誰ですか。
㉯ : 이 사람은 형이고 이 사람은 동생이에요.　この人は兄でこの人は弟(妹)です。

❶가족　家族　②친구　友達　③선생님　先生　④부모님　親

11. 3点

남자 : 이거 어디에서 찍었어요?　男性：これはどこで撮ったのですか。
여자 : 공원에서 찍었어요.　女性：公園で撮りました。

①職業　②色　❸写真　④プレゼント

**解説** 「찍다」はほとんど写真や映画などを撮るという意味で使われる言葉なので③が正解になります。

12. 3点

여자 : 좀 어떠세요?　女性：調子はどうですか。
남자 : 아직 안 좋아요. 좀 쉴게요.　男性：まだよくありません。少し休みますね。

①都市　❷気分　③果物　④季節

**解説** 「어떠세요?」という質問に対して「아직 안 좋아요」と返答をするとほとんど体調に関する会話になります。体調と関連する言葉は②の「기분」になるので②が正解です。

13. 4点

남자 : 이거 소금을 좀 넣는 게 좋겠어요.
男性：これ、塩を少し入れた方がよさそうです。
여자 : 그래요? 싱거워요?　女性：そうですか。薄いですか。

①夢　❷味　③約束　④食事

**解説** 塩を入れるとか薄いとかの言葉が出てくるのでこれは味に関する会話になります。②が正解です。

14. 3点

여자 : 좀 좁지 않아요?　女性：少し狭くないですか。
남자 : 그래요? 여기보다 넓은 게 좋아요?
男性：そうですか。ここより広いのがいいですか。

① 休日　　② 友達　　③ 趣味　　❹ 家

**解説** 狭いとかここより広いのがいいとかの会話が出てくるとしたら上の4つの中では家になります。④が正解です。

※次の対話を聞いて一致する絵を選んで下さい。各3点

15.

여자 : 생일 축하해요. 이 케이크 받으세요.
남자 : 고마워요.

女性：誕生日おめでとうございます。このケーキを受取って下さい。
男性：ありがとうございます。

①

②

❸

④

16.

여자 : 진호 씨, 힘들어요. 천천히 가요.
남자 : 오랜만에 뛰니까 잘 못 뛰겠어요?

女性：ジンホさん、きついです。ゆっくり行きましょう。
男性：久しぶりに走るとあまり走れないですか。

①

❷

③

④

※次の音声を聞いて《例》と同じように会話内容と一致するものを選んで下さい。各3点

《例》

남자 : 요즘 한국어를 공부해요? 　男性：最近韓国語を勉強していますか。
여자 : 네. 한국 친구한테서 한국어를 배워요.
女性：はい。韓国の友達から韓国語を習っています。

① 남자는 학생입니다. 　男は学生です。
② 여자는 학교에 다닙니다. 　女は学校に通っています。
③ 남자는 한국어를 가르칩니다. 　男は韓国語を教えています。
❹ 여자는 한국어를 공부합니다. 　女は韓国語を勉強しています。

17.

남자 : 할머니, 이쪽으로 앉으세요.
여자 : 난 금방 내리는데 미안해서 어떻게 하지요?
남자 : 아니에요.

男性：おばあちゃん、こちらに座って下さい。
女性：私はすぐ降りるのに申し訳なくてどうしましょう。
男性：いいえ。

❶ 男は座っていた席から立ち上がりました。
② 女は電車を降りません。
③ 男は立っているのが好きです。
④ 女は席に座りません。

**解説** 女はすぐ降りると言っているので②は間違いです。男は席を譲るために座っていた席を立ちましたから③も間違った言い方になります。女が申し訳ないと言っているのは席に座ったからです。④も上の会話の状況と合いません。正解は①です。

18.

남자 : 여기에 음료수 가지고 들어오시면 안 됩니다.
여자 : 그래요? 몰랐어요. 죄송합니다. 그럼 이거 어떻게 해요?
남자 : 다 드시고 들어가시든지 여기 놓고 들어가세요.
여자 : 그럼 마시고 들어갈게요.

男性：ここに飲み物を持ち込んだらだめですよ。
女性：そうですか。知りませんでした。申し訳ありません。じゃあこれはどうすればいいんですか。
男性：飲み干してから入るかここに置いて入って下さい。
女性：じゃ、飲んでから入ります。

① 女は知っていながら飲み物を持ち込みました。
② 男は女の飲み物を飲みました。
❸ 女は飲み物を飲み干してから入りました。
④ 男は女に飲み物を全部飲むように言いました。

**解説** 女が知っていながら飲み物を持ち込んだわけではないので①は間違いです。飲み物を飲んだのは女なので②も間違いです。男が女に言ったのは飲み干すか置いて入るかの2つの選択肢ですから④も間違いです。正解は③になります。

19.

남자 : 민정 씨 골프 칠 줄 아세요? 저는 작년에 시작했는데 아주 재미있어요.
여자 : 아니요, 한 번도 쳐 본 적이 없어요.
남자 : 그러세요? 그럼 같이 안 해 보실래요?
여자 : 좋아요. 그럼 다음 주부터 시작할까요?

男性：ミンジョンさん、ゴルフをやったことありますか。私は昨年始めたのですが、とても面白いですよ。
女性：いいえ、一度もやったことがありません。
男性：そうですか。じゃ、一緒にやってみませんか。
女性：いいですよ。では、来週から始めましょうか。

① 男はゴルフをやったことがありません。
② 女はゴルフ場に行ったことがあります。
③ 男は小さい時にゴルフを始めました。
❹ 女はゴルフをやりたがっています。

**解説** 「ゴルフをする」は「골프를 치다」と言います。男はゴルフをやり始めたばかりであまりの楽しさにゴルフをやったことのないミンジョンさんを誘っています。その誘いにミンジョンさんも答え、来週から始めようと言う話になっていますので①も②も間違いです。男がゴルフを始めたのは去年のことです。③も間違っています。正解は④になります。

20.

남자 : 남대문시장 가려면 어디에서 내려야 되지요?
여자 : 남대문시장요? 아직 멀었어요. 내리실 때 되면 가르쳐 드릴게요.
남자 : 감사합니다. 실례지만 남대문시장까지 가십니까?
여자 : 아니요, 저는 명동 가는데 내리는 데가 같아요.

男性：南大門市場に行くにはどこで降りればいいのですか。
女性：南大門市場ですか。まだだいぶ先です。降りる時になったら教えてあげますね。
男性：ありがとうございます。失礼ですが、南大門市場まで行かれるのですか。
女性：いいえ、私は明洞に行きますが、降りるところが一緒なのですよ。

❶ 女は男と同じバス停で降ります。
② 男は明洞で友達に会おうとしています。
③ 女は南大門市場で買い物をする予定です。
④ 男は次のバス停で降りる準備をしています。

**解説** 男の目的地である南大門市場まではまだ距離があります。一方女の目的地は明洞ですが、降りるバス停は一緒という内容の会話になっています。従って②③④は内容とは合いません。①が正解です。

21.

여자 : 진수 씨, 생일 축하드려요. 몇 살 된 거예요?
남자 : 감사합니다. 이제 서른 살 됐어요.
여자 : 벌써 그렇게 됐어요? 우리 처음 본 게 언제지요?
남자 : 제가 회사 들어왔을 때니까 칠 년 됐습니다.

女性：ジンスさん、誕生日おめでとうございます。いくつになったのですか。
男性：ありがとうございます。もう30歳になりました。
女性：もうそんなになったのですか。私たちが初めて会ったのはいつでしたっけ。
男性：私がうちの会社に入った時ですから7年になりますね。

① 女は男と一緒に会社に入ってきました。
❷ 男は女より年が若いです。
③ 女は男が30歳だということを知っていました。
④ 男は女にいつ初めて会ったか覚えていません。

**解説** 女は男の歳の話を聞いて「벌써」という表現を使います。そこには男のことをもっと若いと思っていたという気持ちが隠されています。と同時に30歳に対して「벌써」という表現を使う裏には、自分はそれをとっくに超えている気持ちが隠されています。その話の後、男の入社時の話が出てくるので、女は男より会社の先輩ということになります。それを踏まえると①や③は会話の内容と合っていません。男はいつ女に初めて会ったのかを正確に覚えているので④も正解にはなりません。②が正解です。

※次の音声を聞いて女の人が何を考えているのかを項目から選んで下さい。各3点

22.

**여자 : 성민 씨, 이 한자 어떻게 읽는지 아세요?**
**남자 : 무슨 자인지 보여 주세요. (조금 있다가) 저도 모르겠네요.**
**여자 : 한자는 너무 어려운 것 같아요. 한글만 있어도 되는데 왜 한자를 읽을 수 있어야 되는 거지요?**
**남자 : 한글로 써 있지만 한자어이니까요.**

女性：ソンミンさん、この漢字はどう読むのか分かりますか。
男性：どんな字なのか見せて下さい。（ちょっと後で）私も分かりません。
女性：漢字は難しすぎます。ハングルだけでいいと思うのですが、なぜ漢字を読めるようにならなければいけないのですかね。
男性：ハングルで書いてありますけど、漢字語ですからね。

❶ ハングルだけで書いてもいいので漢字は必要ありません。
② 漢字を読む方法を勉強した方がいいです。
③ 漢字は難しいのであまり使いません。
④ 漢字を読もうと努力をしています。

**解説** 女は会話の中で何のために難しい漢字を読む力をつけなければならないのかや、ハングルで書くだけで問題はないのではないかなどを言っています。従って①が正解になります。②は女がそのように思っている可能性がないので間違いです。漢字を使っている可能性も低いので③も不正解です。漢字を読むための努力をしているわけではありませんので④も不正解になります。

23.

**남자 : 내일 회의가 있는 것 알고 있지요? 꼭 참석해야 합니다.**
**여자 : 또 회의예요? 내일 회의는 몇 시간 걸리나요? 우리 회사는 회의가 너무 긴 것 같아요.**
**남자 : 저도 빨리 끝내고 싶은데 회의에 높은 사람이 오면 길어지게 돼요.**
**여자 : 그럼 미리 참석하시는 높은 분한테 말씀드려요.**

男性：明日会議があることは知っていますよね。出席しないとだめですよ。
女性：また会議ですか。明日の会議は何時間かかりますか。うちの会社は会議があまりにも長いですよ。
男性：私も早く終わらせたいのですが、会議に上の方が来たら長くなるのですよ。
女性：じゃ、前もって出席される上の方に言えばいいじゃないですか。

❶ 会議は重要なことだけを言って早く終わらせた方がいいです。
② 会議に上の方が出席するのはあまりよくないです。
③ 会議には出来るものなら出席したくありません。
④ 会議の長い会社はあまり好きではありません。

**解説** ②③④すべてあり得る話です。会議に重役が出席するのも嫌ですし、出来るものなら出席したくありません。また長い会議をする会社もあまり好きではありません。しかしここで女が一番言いたいのは長い会議が問題だと言うことです。ですからそれに最も近い①が正解になります。

24.

**남자 : 민선 씨, 민선 씨는 형제가 몇 명이에요?**
**여자 : 오빠, 언니, 그리고 남동생이 있어요. 그리고 우리 집에는 할아버지 할머니도 계셔서 식구가 많아요.**
**남자 : 식구가 많으면 안 불편하세요? 아침에 화장실 갈 때 복잡할 것 같아요.**
**여자 : 복잡하지요. 그런데 좋은 점이 더 많아요.**

男性 : ミンソンさん、ミンソンさんは兄弟が何人ですか。
女性 : 兄、姉、それから弟がいます。そしてうちにはおじいちゃん、おばあちゃんもいて家族が多いんですよ。
男性 : 家族が多いと不便ではないですか。朝トイレに行く時、混んで大変そうです。
女性 : 大変ですよ。しかしいいところの方がもっと多いです。

① 家族が多いとトイレに行く時にあまりよくありません。
② おじいちゃんおばあちゃんと一緒に生活するのがいいです。
③ 兄弟は数が多い方がいいです。
❹ 家族が多いことを幸せに思います。

**解説** ①②③すべて女が考えていそうな内容です。しかし上の会話で女が最も言いたがっているのは④です。

※次を聞いて質問に答えて下さい。

(♪차임벨 소리　チャイムの音)
**남자 : 관리 사무소에서 안내 말씀 드립니다. 위는 파란색 재킷, 아래는 하얀색 바지를 입고 있고 파란색 운동화를 신은 3살 남자아이를 찾고 있습니다. 이 어린이를 보호하고 계시거나 보신 분은 관리 사무소 또는 전화번호 공일공에 일이삼사에 오륙칠팔로 연락하여 주시면 감사하겠습니다.**
男性 : 管理事務所からご案内致します。上は青のジャケット、下は白のズボンを履いて、青の運動靴を履いた三歳の男の子を探しています。この男の子を保護しているか見た方は管理事務所または電話番号010-1234-5678にご連絡頂きますようお願い致します。

25. 男が何のためにこの話をしているのか選んで下さい。 4点

① 子供がジャケットとパンツを着るのがよさそうなので
② 男の子が安全に遊べるように守ってあげた方がいいので
③ 子供のことをきちんと守るのが管理事務所の責任だから
❹ 迷子になった子供を探してあげようと思って

**解説** 三歳の男の子を探しているとか子供を保護しているとかというような内容の話は迷子の話にしかなりません。答えは④です。「길을 잃어버리다」は「迷子になる」という意味です。

26. 聞いた内容と一致しているものを選んで下さい。3点

① 男の子は三歳になりました。
② 男の子は靴を履いていません。
❸ 男の子はまだ家に帰ってきていません。
④ 電場番号は管理事務所の番号です。

**解説** 三歳の男の子と言っているので、なったばかりなのかどうかは分かりません。①は×です。青色の靴を履いていると言っているので②も×です。「管理事務所または電話番号」という言い方をしているので管理事務所とは別の番号ということになるので④も×です。正解は③になります。

※次を聞いて質問に答えて下さい。

여자 : **안녕하세요? 저는 이미라라고 하는데요. 김영진 씨 부탁드립니다.**
남자 : **지금 자리에 없습니다. 무슨 일이시지요?**
여자 : **지난번에 김영진 씨한테 액세서리를 보내 달라고 이메일을 보냈는데 아직 안 와서요.**
남자 : **그러세요? 정말 죄송합니다. 확인해 보고 아직 안 보냈으면 바로 보내 드리도록 하겠습니다.**
여자 : **부탁드립니다. 이번 주에 필요하니까 꼭 보내 주셔야 돼요.**
남자 : **네, 알겠습니다. 죄송합니다.**

女性：こんにちは。私はイ・ミラと申しますが、キム・ヨンジンさんお願いします。
男性：今、席を外していますが。どういうご用件でしょうか。
女性：この前、キム・ヨンジンさんにアクセサリーを送ってほしいとEメールを送ったのですが、まだ来ないんですよ。
男性：そうですか。本当に申し訳ございません。確認してまだ送っていないようであればすぐにお送り致します。
女性：お願いします。今週必要なので必ず送ってくれないと困ります。
男性：はい、かしこまりました。申し訳ありません。

27. 二人は何について話しているのでしょうか。3点

① キム・ヨンジンさんが会社にいるのかいないのか
② アクセサリーを早く送らなければならない理由
③ アクセサリーを送る方法
❹ Eメールで行った注文の問い合わせ

**解説** 会話は、キム・ヨンジンという人にEメールで注文した女が注文したものが届かないので、キム・ヨンジンさんの会社に問い合わせをするような内容になっています。④が最も相応しい正解になります。

28. 聞いた内容と一致しているものを選んで下さい。4点

① キム・ヨンジンさんはすでにアクセサリーを送っています。
❷ イ・ミラさんはキム・ヨンジンさんにアクセサリーを注文しました。
③ 男はキム・ヨンジンさんのことをよく知りません。
④ 男はアクセサリーをゆっくり送るつもりです。

**解説** 届いているならキム・ヨンジンさんの会社に問い合わせたりしませんから①は×です。同じ会社の人で今席を外していると答えているので知らないと言うのはおかしいので、③は×です。確認をし、すぐ発送をすると言っているので④の内容も会話とは合いません。②が正解です。

※次を聞いて質問に答えて下さい。

남자 : 지난번에 내가 빌려준 디브이디 봤어요? 어땠어요?
여자 : 네, 봤어요. 정말 재미있었어요. 시간 가는 줄 모르고 봤어요.
남자 : 나도 그 영화 봤을 때 그렇게 느꼈어요. 영화를 만드는 기술이 좋은 것 같아요.
여자 : 영화를 만드는 기술도 그렇지만 영화배우들이 열심히 하고 또 잘하는 것 같아요.
남자 : 그런 연기를 하려면 연습을 정말 많이 해야겠어요.
여자 : 맞아요. 잘못하다가 다칠 수도 있고요.

男性：この間、私が貸してあげたDVD見ましたか。どうでしたか。
女性：はい、見ました。とても面白かったです。時間が過ぎるのを忘れて見ていました。
男性：私もその映画を見た時にそう感じました。映画を作る技術がいいと思います。
女性：映画を作る技術もそうですが、映画俳優たちが一生懸命やっていて、また上手いのだと思います。
男性：そんな演技をするためには練習をたくさんしないとだめなんでしょうね。
女性：そうです。下手をすると怪我をすることもあるでしょうし。

29. 女が映画俳優は練習をたくさんしないとだめだと思う理由を選んで下さい。3点

① 俳優はかっこうよく見せないといけないから
② 映画は面白くないといけないから
❸ 下手をすると自分が怪我をすることもあるから
④ 映画を作る技術がなくなるから

**解説** 映画を撮影するのにたくさんの練習が必要だろうと女が言っているのは最後に書いてあるように、ちょっと間違えると怪我をするかもしれないと考えるからでした。答えは③です。

30. 聞いた内容と一致しているものを選んで下さい。4点

① 映画を作る技術がよくなって今は怪我をすることはありません。
② 時間が経つのを忘れるくらい面白い映画はありません。
③ 借りてきたDVDは早く返さないといけません。
❹ 映画俳優は映画を撮っていて怪我をすることもあります。

**解説** ①の今は怪我をしないという話は上の会話では言っていません。時間が経つのも忘れるほど面白かったと言っているので②も不正解です。③も上の会話では触れられていません。答えは④です。

# 第2回　Ⅱ　읽기　正解及び解説

[31−33] 何について書いてありますか。《例》と同じように正しいものを選んで下さい。 各2点

《例》

ブドウを食べました。ブドウが美味しかったです。

① 勉強　❷ 果物　③ 夏　④ 誕生日

31. カバンを買います。靴も買います。

① 食べ物　② 職業　③ 趣味　❹ ショッピング

解説 カバンや靴を買うと書いてあるので④のショッピングが正解になります。

32. 今日は雨が降ります。明日は曇りです。

① 場所　② 家族　❸ 天気　④ 国

解説 雨と曇りという単語が出てくるので③の天気が正解です。

33. 今は午前11時です。

① 曜日　❷ 時間　③ 歳　④ 名前

解説 今の時間を言っている文なので②が正解になります。

[34−39] 《例》と同じように（　　）に入るものを選んで下さい。

《例》

単語が分かりません。（　　）を引きます。

① メガネ　② スイカ　❸ 辞書　④ 財布

34. スーパーに行きます。牛乳（　　）ジュースを買います。 2点

① で　② まで　❸ と　④ だけ

解説 「と」の意味を持っている助詞は③です。

35. 気温が（　　）。それで暑いです。 2点

① 少ないです　❷ 高いです　③ 短いです　④ 低いです

解説 暑いのは気温が高いからなので②が正解になります。

36. （　　）に行きます。お昼を食べます。 2点

❶ 食堂　② 図書館　③ 映画館　④ 銀行

解説 お昼が食べられる場所は上の４つの中では①の食堂になります。

37. 電車の駅です。人が（　　）多いです。 3点

① 先に　❷ とても　③ 全く　④ さっき

**解説** 電車の駅に人が多い状況を表現している文なので②の「とても」が合います。

38. 運動をしました。お腹がだいぶ（　　　）。3点

① あります　② 空きます　③ 出ます　❹ 空きました

**解説** 運動をしてお腹が空いてくるという内容の文なので④の「고프다」が正解です。

39. 寝ました。夢を（　　　）。2点

① 見ました　② あげました　❸ 見ました　④ 会いました

**解説** 「夢を見る」の「見る」は「꾸다」になります。正解は③です。

※次を読んで正しくないものを選んで下さい。各3点

40.

～今日のメニュー～

| | |
|---|---|
| ビビンパ | 4,000 |
| プルコギ丼 | 5,000 |
| じゃじゃ麺 | 3,500 |
| ちゃんぽん | 4,000 |
| コーヒー | 2,500 |

※営業時間　昼　11:00−15:00
　　　　　　夜　17:00−19:00

① お昼のメニューにはいろんなものがあります。
② 食堂でコーヒーが飲めます。
❸ 食堂は午後3時までやっています。
④ プルコギ丼が一番高いです。

**解説** 夜も営業していますので③は間違いです。

41.

@hangullove
한글사랑

今日もいつもと変わらず、6時に出勤しました。出勤して飲むコーヒーは美味しいです。働くことが出来て感謝です。今日も会う方たちに親切に接します。ファイト！

① 会う方たちにいつも親切に接します。
② 出勤したらコーヒーを飲みます。
❸ 今日は6時に出勤しました。
④ 働くことが出来ることを嬉しく思います。

**解説** 「오늘은」と「오늘도」は違います。③が正解です。

42.

出発
09:45　チョンガク駅
▼　(1号線)
乗換
09:58　ソウル駅
▼　(1号線／4号線)
到着
10:25　サダン駅
(2号線／4号線)

① チョンガク駅からソウル駅まで13分かかります。
❷ チョンガク駅からサダン駅まで直接行きます。
③ 9時58分にソウル駅を発ちます。
④ サダン駅には2号線も走っています。

**解説** サダン駅には2号線と4号線が通っていますが、チョンガク駅には1号線しか走っていませんので、直接行くことは出来ません。②が間違った内容です。

[43−45] 次の内容と一致するものを選んで下さい。

43. 3点

先週末、友達の家に遊びに行きました。その友達とは小学校の時から一緒でした。その友達はゲームがとても上手です。私たちはゲームをやって遊びました。

① 友達が私の家に遊びに来ました。
② 友達とは高校の時に出会いました。
③ 友達はゲームが好きじゃありません。
❹ 私は先週の土曜日にゲームをしました。

**解説** 友達が私の家に来たわけではないので①は間違いです。小学校の時からの友達だと書いてあるので②も間違いです。好きじゃなかったら上手くはなりませんから③も間違いです。「토요일」は「주말」です。④が正解です。

44. 2点

私は毎週土曜日にウォーキングをします。そして1か月に2回はジムに行きます。早く寝て早く起きます。

❶ 私は運動を一生懸命やっています。
② 私は毎週ジムに行きます。
③ 私は遅く寝る時が多いです。
④ 私は週末ジョギングをします。

**解説** ジムには月に2回なので②は間違いです。早寝早起きをしているので③も間違いです。週末やっているのはウォーキングです。①が正解になります。

45. 3点

**キム・ジホ君は小学校から学校のスポーツクラブでサッカーを始めました。ボールを初めて蹴る時からパス、ドリブル、シューティングなどがとても上手でした。**

① キム・ジホ君はサッカーのことを知りません。
② キム・ジホ君は一人でサッカーを学びました。
③ キム・ジホ君はバスケットボールが上手です。
❹ キム・ジホ君はボールを上手に蹴れます。

**解説** 小学校からサッカーをやり始めて最初からその素質を満開させたと言う話ですから、①②③は間違いです。④が正解になります。

[46−48] 次を読んで何が一番言いたいのかを選んで下さい。

46. 2点

**毎年3月になると学校に新入生が入ってきます。学校生活は楽しい時ばかりではありません。**

① 今年は学生が入ってきません。
❷ 学校生活は楽しくない時もあります。
③ 学校生活は楽しくなければいけません。
④ 学生が学校に入りたがっています。

**解説** 「매년」は「毎年」という意味なので①は間違いです。③はそうかもしれませんが、上の文で言いたい内容とは違います。「만」は「ばかり、だけ」の意味ですから「즐거울 때만+否定」は「楽しい時ばかりではない」という意味になります。②が正解になります。

47. 3点

**今日道がかなり混んでいました。事故が起きたようでした。救急車が来る音も聞こえました。それで会社にだいぶ遅れました。**

① 普段より車が多かったです。
② 事故が起きて病院に行きました。
❸ 普段より会社に遅れて行きました。
④ 会社に早く着きました。

**解説** 「길이 많이 막히다」は「かなり渋滞している」という意味です。その原因は「사고」で話し手はそのために「회사에 늦었습니다」と言っています。ですから①②④はその内容とは合いません。③が正解になります。

48. 3点

**うちの家の近所に新しいマンション団地が出来ました。急に人がだいぶ増えました。近くの公園にも顔を知らない人が多くなりました。**

① うちの家の隣にマンションが出来ました。
② 新しいマンションには人があまりいません。
③ うちの家の近くには公園がありません。
❹ 公園に行くと顔なじみの人が多かったです。

**解説** 「우리 집 근처」は「うちの近所」という意味で「우리 집 옆」は「うちの隣」という意味です。ですから①は本文の内容とは合っていません。急に人が増えた原因は近所に出来たマンション団地にあります。②も不正解です。③の「근처 공원」は「近くの公園」という意味なのでこれも間違いです。④の「아는 사람이 많았다」という表現は公園に行けば「顔なじみの人が多かった」という意味です。以前はそうだったという意味ですから正解になります。

※次を読んで質問に答えて下さい。各２点

私は間食するのがあまり好きではありません。しかし私の家内は私とは反対です。(㉠) うちの冷蔵庫にはアイスクリームやケーキ、果物が必ず入っています。スーパーに行く時はお菓子も必ず買って帰ってきます。

49. ㉠に入るものとして適当なものを選んで下さい。

❶ それで　② でも　③ しかし　④ ところで

**解説** 文脈から最も相応しいものは①の「그래서」になります。

50. 上の文の内容と一致するものを選んで下さい。

❶ 私はご飯さえしっかり食べていれば大丈夫です。
② 私の家内はアイスクリームをあまり食べません。
③ 私は果物を全く食べません。
④ 私の家内はお菓子が好きじゃありません。

**解説** 「밥만 잘 먹으면」は「ご飯さえしっかり食べていれば」という意味です。ですから本文の内容には一番合っています。私の家内は間食が大好きなので②④両方とも本文の話とは合っていません。③の「과일을 전혀 먹지 않는다」はそうなのかどうかは本文からは確認が出来ませんので正解とは言えません。①が正解です。

※次を読んで質問に答えて下さい。

カカオはアメリカの暑いところで育つ木です。このカカオの実であるカカオ豆を粉にしたものがココアです。またカカオ豆を粉に (㉠) そこに牛乳と砂糖を入れて混ぜるとチョコレートになります。カカオの実は赤、黄色、紫などのいろんな色をしています。

51. ㉠に入る表現として適当なものを選んで下さい。２点

① 作って　② 作りながら　❸ 作って　④ 作っていて

**解説** 「가루로 만들다」は「粉にする」の意味です。「가루로 만들고」の「고」は、粉にしたら一旦そこで終わるという意味合いを持たせるものなので、「만들고」は後ろに続くチョコレート作りの工程に何の影響もしないことになります。ですから①の「만들고」はここでは正解にはなりません。「가루로 만들어」の「어」は、粉にしたものを以って後ろの「우유와 설탕을 섞어서 만들다」につながるという意味合いを持たせるものなので、ここでは③が正解ということになります。

52. 何に対しての話なのか正しいものを選んで下さい。３点

❶ ココアとチョコレートはどのように作られるのか
② カカオの木はどこで育つのか
③ カカオの豆はどんな色をしているのか
④ ココアとチョコレートはどう違うのか

**解説** ②も③も④も間違いではありません。しかし何についての話かというと、同じカカオの木からココアとチョコレートがどのように作られているのかが話のポイントとなると思うので①が正解です。

※次を読んで質問に答えて下さい。

**私はポテトフライにケチャップをつけて食べるのが好きです。皆さんの中にも恐らくホットドッグやソーセージにケチャップをつけて食べられる方が(㉠)。ところで、このケチャップがアメリカやヨーロッパではなく中国で初めて作られたということをご存知ですか。**

53. ㉠に入る表現として正しいものを選んで下さい。2点

① いないと思います　② 少ないと思います
③ いるようです　❹ おられると思います

**解説** 「여러분 중에서도」と言っているので、ホットドッグやソーセージにケチャップをつけて食べる人がいるでしょうという文が続くのが順当です。その条件を満たしているのは③と④です。しかし③の「있는 것 같습니다」は、現在のことを言う時に使う表現なので、本文のようにそういう人もいるのではというような推量表現にはなりません。そういう時には「있을 것 같습니다」と言います。現在形の「는」と「ㄹ/을」の使い方の違いです。答えは④の「계실 겁니다」になります。

54. 上の文の内容と一致するものを選んで下さい。3点

① 私はポテトフライをそのまま食べます。
② ホットドッグにケチャップをつけてはいけません。
③ イギリスで初めてケチャップを食べ始めました。
❹ ケチャップはアメリカが初めてではありません。

**解説** ①は本文の内容に合いません。②はそんなことは言っていません。③もそんなことは言っていません。本文ではケチャップの発祥の地が中国だと言っています。ですから④が正解になります。

※次を読んで質問に答えて下さい。

**動物のことがあまり好きじゃない人がいます。かと思えば動物のことがとても好きな人もいます。動物好きの人はなぜ自分の犬や猫を他人が嫌うのかが理解できません。しかし自分に犬や猫を好きになる権利があるように、他の人にも犬や猫を嫌がる権利があるということを(㉠)。**

55. ㉠に入る表現として正しいものを選んで下さい。2点

① 知らなくてもいいです　② 知ってもいいです
❸ 知らなければいけません　④ 知らないでいるべきです

**解説** 文脈の流れから最も相応しいものは③になります。

56. 上の文の内容と一致するものを選んで下さい。3点

① 動物が嫌いな人はいません。
② 犬や猫はみんな可愛いです。
❸ 動物のことが好きな人ばかりがいるわけではありません。
④ 自分の犬が嫌いな人は私も嫌いです。

**解説** 動物は好きな人もそうじゃない人もいると言っているので①は間違いです。②の「개나 고양이는 다 귀엽다」はそう思わない人もいるというのが本文の言いたいことなのでこれも間違いです。④はおかしな表現です。③の「~만 있는 것은 아니다」は「~ばかりがいるわけではない」という意味です。これが正解です。

※次を順番通りに並べ替えたものを選んで下さい。

57. 3点

(가) 今まで誕生日のプレゼントを買ってあげたことがありません。
(나) 明日は私の家内の誕生日です。
(다) 家に帰る途中デパートに行くつもりです。
(라) 今回はぜひプレゼントをしようと思っています。

① 나-다-가-라　❷ 나-가-라-다　③ 나-라-가-다　④ 나-라-다-가

**解説** 話の流れを順当に追っていくと②の順番になると思います。

58. 2点

(가) 結局絵を描く夢を捨てることにしました。
(나) 絵を習いたくてスクールに行きました。
(다) 6か月を習ったのですが、何も変わりません。
(라) 私は絵があまり描けません。

① 라-가-나-다　② 라-가-다-나　③ 라-나-가-다　❹ 라-나-다-가

**解説** 話の流れを順当に追っていくと④の順番になると思います。

※次を読んで質問に答えて下さい。

明日は禁煙を初めて1か月になる日です。(㉠)最初禁煙を始めた時にはすぐに失敗すると思っていました。(㉡)もう1か月が経ったからもっと続けるつもりです。(㉢)この際にタバコを完全に止めようと思っています。(㉣)

59. 次の文が入るところを選んで下さい。2点

しかしタバコを吸わなくてもタバコのことを考えなくなりました。

① ㄱ　❷ ㄴ　③ ㄷ　④ ㄹ

**解説** 正解は②の「ㄴ」です。挿入する文が「담배 생각이 안 납니다」と現在形だったら「ㄱ」も正解になります。明日がタバコを止めて1か月になる日で、しかしタバコを特に吸いたいと思わないでいる自分に驚くような流れになるからです。しかし本文には「담배 생각이 안 났습니다」と過去形になっています。そうなると「失敗すると思った」の後に「特にタバコを吸いたいと思わなくなった」と同じ過去形で続くのが自然な話の流れです。「ㄷ」や「ㄹ」はそこに入ると話が不自然な流れになるので不正解です。

60. 上の文の内容と一致するものを選んで下さい。3点

① 禁煙は1か月だけすることにしていました。
❷ 私はまたすぐにタバコを吸うのだろうと思っていました。
③ 1か月が経ったからもうタバコを吸います。
④ 私はタバコを止めようと思ったことがありません。

**解説** 禁煙を1か月の予定で始めたかどうかは本文では触れられていません。①は正解にはなりません。1か月が経っても禁煙を続けると言っているので③も正解ではありません。「담배를 끊다」と「담배를 그만두다」はほぼ同じ言い方なので④も正解ではありません。どうせ自分は禁煙に失敗するだろうと思っていたということですから②が正解となります。

※次を読んで質問に答えて下さい。各2点

**ストレスが健康に悪いということは誰もが知っています。ではストレスが全くないとすればその人は本当に(㉠健康なのでしょうか)。そうでもありません。ある程度のストレスは必要なのです。というのは人間はストレスを全く感じないと一生懸命仕事をしないからです。**

61. ㉠に入る表現として適当なものを選んで下さい。

❶ 健康でしょうか　② 健康でしょうね？
③ 健康でいられますか　④ 健康に過ごしますか

**解説** ①の「3人称＋ㄹ/으까요?」は推量疑問の意味なので、これが正解です。③の「건강할 수 있어요?」は健康な状態でいられますかという意味なので、読者一般に投げかける質問表現としては相応しくありません。④の「건강할 거예요?」は、あなたは健康でいると約束してくれますかと言っているような意味なので、これも本文のカッコに入る表現としては相応しくありません。

62. 上の文の内容と一致するものを選んで下さい。

① ストレスは健康によくありません。
❷ 適度のストレスは人間に必要です。
③ 人間はストレスがない時に一生懸命に働きます。
④ 健康な人はストレスを感じません。

**解説** ①はそうかもしれませんが、一番言いたいことではありません。③は本文の内容とは一致しません。④もそうかもしれませんが、本文では確認できません。本文で確認できる②が正解になります。

※次を読んで質問に答えて下さい。

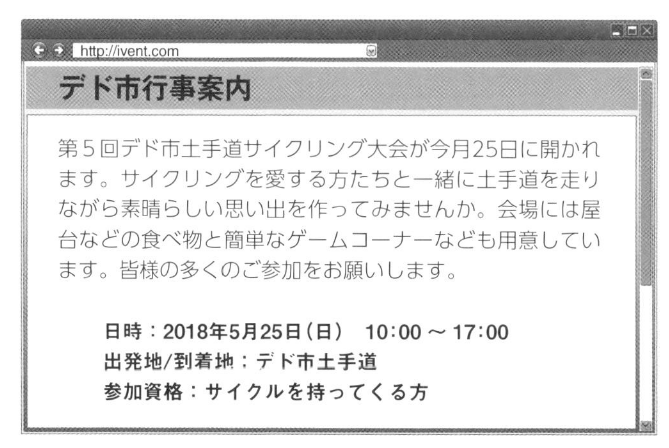
http://ivent.com

デド市行事案内

第5回デド市土手道サイクリング大会が今月25日に開かれます。サイクリングを愛する方たちと一緒に土手道を走りながら素晴らしい思い出を作ってみませんか。会場には屋台などの食べ物と簡単なゲームコーナーなども用意しています。皆様の多くのご参加をお願いします。

日時：2018年5月25日（日）　10:00 ～ 17:00
出発地/到着地：デド市土手道
参加資格：サイクルを持ってくる方

63. なぜこの文章を書いたのかその理由として正しいものを選んで下さい。2点

① サイクリング大会の日付を知らせてあげようと思って
❷ サイクリング大会の内容を知らせてあげようと思って
③ サイクリング大会に参加する人を集めようと思って
④ サイクリング大会に一緒に参加しようと思って

**解説** イベント紹介のホームページであればそれを載せる理由は②と考えるのが妥当です。①や③も間違いではありませんが、部分的な情報に過ぎません。

64. 上の文の内容と一致するものを選んで下さい。3点

① サイクリング大会は平日開かれます。
② サイクリング大会は午後六時に終わります。
❸ サイクリング大会には誰でも参加可能です。
④ サイクリング大会場には食べ物がありません。

**解説** 開催日が日曜日なので①は間違いです。大会の終わりは午後5時なので②も間違いです。屋台を出すと言っているので④も間違いです。正解は③です。

※次を読んで質問に答えて下さい。

私の父はチゲが好きです。それで食事の時には必ず母にチゲを作らせていました。しかし母はチゲを作ってまたスープも一緒に作ります。小さい時にはそのまま(㉠)、今思い返してみると母が大変だっただろうなと思います。私は家内が二つのうち一つやってくれるだけで満足です。

65. ㉠に入る表現として正しいものを選んで下さい。2点

① 食べて　② 食べたせいで　③ 食べたから　❹ 食べましたが

**解説** 文脈の流れで考えると「けど」の意味を持つものを入れるのが最も自然で、それには「먹었지만」「먹었는데」の2つの言い方が可能です。ここでは④が正解になります。

66. 上の文の内容と一致するものを選んで下さい。3点

❶ 小さい時には食事の時必ずチゲとスープを食べていました。
② 私の家内は今一つだけ作ります。
③ 今もご飯を食べる時にチゲとスープがないとだめです。
④ 母はチゲかスープのうち一つだけを作っていました。

**解説** 家内に二つのうち一つを作ってもらえるだけで満足と言っているので、②の一つしか作らないのは間違いです。一つあればいいと言っているので③も間違いです。④は本文の内容と合いません。①が正解になります。

※次を読んで質問に答えて下さい。各3点

ちょっと前からデド市に外国の映画社が来て映画を撮るようになりました。デド市には韓国の昔の街がそのまま残っているからです。デド市はデド市に来る外国の映画社に便宜を図ります。映画が気持ちよく(㉠)場所を紹介してあげたり、デド市で過ごせるところを紹介してあげたりしています。

67. (㉠)に入る表現として適当なものを選んで下さい。

① 撮ることが出来たら　❷ 撮れるように
③ 撮ることが出来ても　④ 撮ることが出来る一方

**解説** 「영화를 편하게」というのは「映画の仕事がより楽にできるように」という意味なので、②が正解になります。

68. 上の文の内容と一致するものを選んで下さい。

① デド市に外国の観光客がたくさん来ます。
❷ デド市はいろんなことをやっています。
③ デド市は新しい都市です。
④ デド市には泊まれるところがありません。

**解説** 「외국의 영화사」は観光客ではありませんので①は正解にはなりません。「옛 거리가 남아 있다」と言っているので③は間違いです。市が泊まれるところを紹介すると言っているので④も間違いです。デド市を訪れる外国の映画社の面倒を見る仕事もやっているので②が正解になります。

※次を読んで質問に答えて下さい。各3点

予約をして予約をした場所に現れない人が多いです。また予約時間が迫ってきた時に取り消しをする人も多いです。予約を受けたところは予約した人のために席を(㉠)。食堂のようなところでは取り消しをすると準備した食べ物を捨てなければなりません。守れない約束はしないという時代になりました。

69. ㉠に入る表現として適当なものを選んで下さい。

① 空けておけません
② 空けておいてもいいです
❸ 空けておかなければなりません
④ 空けておくとだめです

**解説** 文脈の流れから最も相応しいものは③になります。

70. 上の文の内容から分かることを選んで下さい。

① 予約は約束ではありません。
② 予約なので行かなくてもいいです。
③ 予約を取る食堂は準備をしません。
❹ 予約を守らない人たちがいます。

**解説** 本文では予約も約束と言っているので①は間違いです。②は予約をしておいて守らないのが問題と言っている本文の内容と合いません。③も急な取り消しがあると用意しておいた食べ物を捨てなければならない食堂があると言っているので正解にはなりません。④が正解です。

# 第3回　I　듣기(1번~ 30번)

track3-01

[1-4]　다음을 듣고《보기》와 같이 물음에 맞는 대답을 고르십시오.

《보기》

㉮ : 내일이에요?
㉯ : ______________

❶ 네, 내일이에요.　② 네, 내일이 없어요.
③ 아니요, 내일이 있어요.　④ 아니요, 내일이에요.

1. 4점　track3-02

① 네, 싸요.　② 네, 안 싸요.
③ 아니요, 안 비싸요.　④ 아니요, 많아요.

2. 4점　track3-03

① 네, 안 고파요.　② 네, 고파요.
③ 아니요, 고파요.　④ 아니요, 맛있어요.

3. 3점　track3-04

① 한 시에 가요.　② 금요일에 가요.
③ 학교에 가요.　④ 친구하고 가요.

4. 3점　track3-05

① 자주 만나요.　② 어제 만나요.
③ 내가 만나요.　④ 다음 주에 만나요.

track3-06

[5-6] **다음을 듣고 《보기》와 같이 이어지는 말을 고르십시오.**

《보기》

㉮ : **맛있게 드세요.**
㉯ : ________________

❶ 잘 먹겠습니다. ② 아주 좋습니다.
③ 잘 모르겠습니다. ④ 반갑습니다.

5. 4점 track3-07
① 네, 반갑습니다. ② 네, 잘 다녀오세요.
③ 네, 잘 지내셨어요? ④ 네, 아니에요.

6. 3점 track3-08
① 네, 잠깐만 기다리세요. ② 네, 바꿔 주세요.
③ 괜찮습니다. ④ 오랜만이에요.

track3-09

[7-10] **여기는 어디입니까? 《보기》와 같이 알맞은 것을 고르십시오.**

《보기》

㉮ : **어디가 아파요?**
㉯ : **머리가 아픈데요.**

① 교실 ② 공항 ③ 가게 ❹ 병원

7. 3점 track3-10
① 극장 ② 편의점 ③ 쇼핑몰 ④ 시장

8. 3점 track3-11
① 세탁소 ② 미용실 ③ 우체국 ④ 호텔

9. 3점 track3-12
① 양말 가게 ② 옷 가게 ③ 안경점 ④ 신발 가게

10. 4점 track3-13
① 기차역 ② 지하철역 ③ 택시 타는 곳 ④ 버스 정류장

[11-14] **다음은 무엇에 대해 말하고 있습니까? 《보기》와 같이 알맞은 것을 고르십시오.**

track3-14

《보기》

㉮ : **누구예요?**
㉯ : **이 사람은 형이고 이 사람은 동생이에요.**

❶ 가족 ② 친구 ③ 선생님 ④ 부모님

11. 3점 track3-15

① 주소 ② 생일 ③ 직업 ④ 이름

12. 3점 track3-16

① 고기 ② 과일 ③ 채소 ④ 과자

13. 3점 track3-17

① 날짜 ② 요일 ③ 시간 ④ 나이

14. 4점 track3-18

① 휴일 ② 나라 ③ 위치 ④ 고향

[15-16] **다음 대화를 듣고 알맞은 그림을 고르십시오.** 각 4점

15. track3-19

①

②

③

④

16. (track3-20)

①

②

③

④

[17-21] **다음을 듣고《보기》와 같이 대화 내용과 같은 것을 고르십시오.** 각 3점

(track3-21)

《보기》

**남자 : 요즘 한국어를 공부해요?**
**여자 : 네. 한국 친구한테서 한국어를 배워요.**

① 남자는 학생입니다. ② 여자는 학교에 다닙니다.
③ 남자는 한국어를 가르칩니다. ❹ 여자는 한국어를 공부합니다.

17. (track3-22)

① 남자는 기차 여행을 하고 있습니다.
② 남자는 다음에도 혼자 여행을 갑니다.
③ 여자는 멋있는 남자와 같이 있습니다.
④ 여자는 경치가 마음에 들지 않습니다.

18. (track3-23)

① 여자는 세일에 혼자 갈 수 있습니다.
② 남자는 토요일에 점심을 먹으러 갑니다.
③ 여자는 세일에 가고 싶었습니다.
④ 남자는 먼저 세일 장소에 갑니다.

19. (track3-24)

① 남자는 화장실에 갔다 오려고 합니다.
② 여자는 커피를 마시고 싶어합니다.
③ 남자는 비행기 시간을 알고 있습니다.
④ 여자는 일찍 도착할 줄 몰랐습니다.

20. (track3-25)

① 여자는 남은 음식을 포장해서 가지고 간 적이 있습니다.
② 남자는 고기를 포장하려고 했습니다.
③ 여자는 고기가 상하는 것이 걱정입니다.
④ 남자는 나중에 남은 고기를 먹으려고 했습니다.

21. (track3-26)

① 여자는 한 시간 쯤 걸어야 됩니다.
② 남자는 쇼핑몰이 어디에 있는지 압니다.
③ 여자는 쇼핑몰에 가고 싶었습니다.
④ 남자는 안경점을 찾고 있습니다.

[22-24] **다음을 듣고 여자의 중심 생각을 고르십시오.** 각 3점

22. (track3-27)

① 불법 주차만 문제가 되는 것은 아닙니다.
② 차를 세우면 안 되는 곳에 세워서는 안 됩니다.
③ 갑자기 차가 많아진 것이 문제입니다.
④ 주차장이 없으니까 차를 줄여야 합니다.

23. (track3-28)

① 사람을 늘리지 않으면 더 힘들어집니다.
② 해야 할 일이 많아서 좋습니다.
③ 늦은 시간까지 일을 하려면 먹어야 합니다.
④ 저녁은 샌드위치를 먹는 것이 좋습니다.

24. (track3-29)

① 안 쉬고 계속 걸으려고 합니다.
② 오랜만에 걸으니까 피곤합니다.
③ 한 시간을 걸었으니까 돌아가도 됩니다.
④ 깨끗한 공기를 마시면서 걷고 싶습니다.

[25-26] **다음을 듣고 물음에 답하십시오.** (track3-30)

25. **여자가 왜 이 이야기를 하고 있는지 고르십시오.** 3점

① 건강한 얼굴로 다시 만나려고
② 오늘부터 일주일간의 여름휴가에 들어간다고
③ 물놀이에 갈 때는 조심하라는 말을 하려고
④ 여름휴가 때의 주의 사항 등을 전달하려고

26. **들은 내용과 같은 것을 고르십시오.** 4점

① 사원은 물놀이를 해서는 안 됩니다.
② 물에서 나오면 운동을 해야 합니다.
③ 여름휴가로 칠 일간 쉴 수 있습니다.
④ 여름휴가에 아이들을 데리고 갈 수 없습니다.

[27-28] **다음을 듣고 물음에 답하십시오.** (track3-31)

27. **두 사람이 무엇에 대해 이야기를 하고 있는지 고르십시오.** 3점

① 사이즈가 안 맞는 반지
② 반지를 끼는 방법
③ 반지를 바꾸는 방법
④ 미선 씨에게 줄 반지

**28. 들은 내용과 같은 것을 고르십시오.** 4점

① 남자는 반지의 사이즈를 바꿨습니다.
② 여자는 미선 씨와 아는 사이입니다.
③ 남자는 여자의 도움을 받고 싶지 않습니다.
④ 여자는 반지를 받고 좋아합니다.

[29-30] **다음을 듣고 물음에 답하십시오.** track3-32

**29. 남자가 여자를 만난 이유를 고르십시오.** 3점

① 진희를 희진이하고 놀게 하려고
② 희진이한테 문제가 있어서
③ 아이 문제로 상담을 하려고
④ 진희가 희진이하고 싸우기 때문에

**30. 들은 내용과 같은 것을 고르십시오.** 4점

① 여자는 아이들 문제를 잘 모릅니다.
② 여자는 남자와 같이 행동합니다.
③ 여자는 진희 아버지와 만난 적이 없습니다.
④ 여자는 특별히 걱정을 하지 않습니다.

# 第3回 Ⅱ 읽기 (31번~ 70번)

[31-33] 무엇에 대한 이야기입니까? 《보기》와 같이 알맞은 것을 고르십시오. 각 2점

《보기》

포도를 먹었습니다. 포도가 맛있었습니다.

① 공부 ❷ 과일 ③ 여름 ④ 생일

31. 저는 입이 작습니다. 눈은 큽니다.

① 생일 ② 친구 ③ 약속 ④ 얼굴

32. 토요일에 영화를 봅니다. 그리고 식사를 합니다.

① 메일 ② 기분 ③ 주말 ④ 구경

33. 다음 달에는 수업이 없습니다. 학교에 안 갑니다.

① 나라 ② 방학 ③ 취미 ④ 가족

[34-39] 《보기》와 같이 ( )에 들어갈 가장 알맞은 것을 고르십시오.

《보기》

단어를 모릅니다. ( )을 찾습니다.

① 안경 ② 수박 ❸ 사전 ④ 지갑

34. 2점

오늘은 제 생일( ) 아닙니다. 제 생일은 내일입니다.

① 가 ② 하고 ③ 이 ④ 는

35. 2점

우체국에 갑니다. ( )를 부칩니다.

① 책 ② 택배 ③ 지갑 ④ 우산

36. 2점

**안경이 없습니다. 그래서 안 (　　　).**

① 보입니다　② 잡니다　③ 일어납니다　④ 만납니다

37. 3점

**어제 친구를 못 만났습니다. 오늘 (　　　) 만날 겁니다.**

① 제일　② 다시　③ 자주　④ 가끔

38. 3점

**짐이 너무 많습니다. 그래서 힘이 (　　　).**

① 없습니다　② 남습니다　③ 셉니다　④ 듭니다

39. 2점

**노래를 불렀습니다. 춤도 (　　　).**

① 했습니다　② 꾸었습니다　③ 추었습니다　④ 보았습니다

[40-42] **다음을 읽고 맞지 않는 것을 고르십시오.** 각 3점

40.

| | |
|---|---|
| 09:00 | 집 안 청소 |
| 10:00 | 아이들과 공부 |
| 12:00 | 아이들 점심 식사 |
| 13:00 | 아이들 낮잠 시간 |
| 15:00 | 공원 |
| 17:00 | 집으로 돌아와서 저녁 준비 |

① 집 안 청소를 제일 먼저 합니다.
② 점심 식사는 밖에서 합니다.
③ 아이들과는 두 시간 정도 공부합니다.
④ 공원에는 낮잠을 자고 나서 갑니다.

41.

## 사무직원을 모집합니다.

★**성별** : 여자
★**나이** : 만 30세까지
★**응모 기간** : 7월 1일부터 7월 20일(금)까지
★**응모 방법** : 이력서 지참, 당사 사무실로 직접 제출

① 나이가 많아도 응모할 수 있습니다.
② 응모 기간은 이십 일간입니다.
③ 이력서를 가지고 가서 직접 접수해야 합니다.
④ 사무직원을 뽑고 있습니다.

42.

**5F** 식당가
**4F** 남성 패션 / 아웃도어
**3F** 여성 패션 / 구두
**2F** 영캐주얼
**1F** 해외 명품 / 잡화
**B1F** 유니클로 / 지하철역 입구
**B2F** 식품

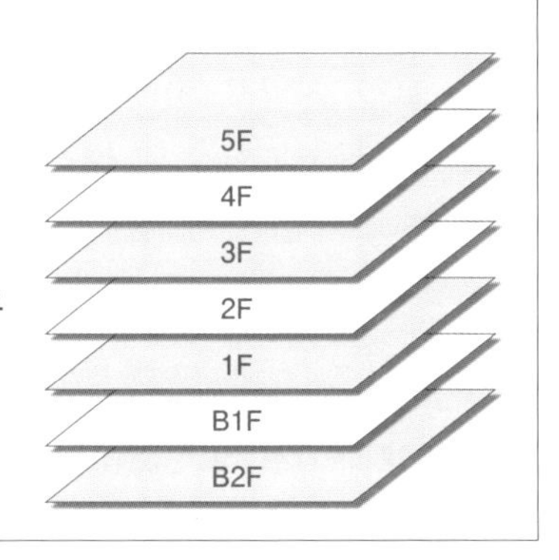


① 이 백화점에서는 식사를 할 수도 있습니다.
② 여성 구두를 사려면 삼 층에 가야 합니다.
③ 일 층에서 명품 백을 살 수 있습니다.
④ 남성 패션은 여성 패션 한 층 아래에 있습니다.

[43-45] **다음의 내용과 같은 것을 고르십시오.**

43. 3점

> **저는 회사에 다니지만 대학원에도 다니고 있습니다. 회사가 끝나면 일주일에 두 번 학교에 갑니다. 그래서 아주 바쁩니다.**

① 저는 회사 일 때문에 바쁩니다.
② 저는 매일 학교에 갑니다.
③ 저는 회사가 끝나면 집에 갑니다.
④ 저는 일도 하고 공부도 합니다.

44. 2점

> **고향에서 친구가 놀러 왔습니다. 오랜만에 고향 이야기를 하며 즐거운 시간을 보냈습니다. 고향에 가고 싶어졌습니다.**

① 나는 친구와 즐거운 시간을 보냈습니다.
② 나는 고향을 별로 좋아하지 않습니다.
③ 친구와 같이 고향으로 놀러 갔습니다.
④ 친구는 가까운 곳에 삽니다.

45. 3점

> **지난 주말에 혼자서 영화를 보러 갔습니다. 그 영화가 재미있어서 동생한테 표를 사 줬습니다. 동생은 이번 토요일에 친구하고 같이 보러 갈 겁니다.**

① 나는 친구하고 영화를 보았습니다.
② 나는 이번 주말에 동생을 만납니다.
③ 동생은 영화를 재미있게 보았습니다.
④ 나는 영화를 동생이 봤으면 좋겠습니다.

[46-48] **다음을 읽고 중심 생각을 고르십시오.**

46. 2점

**우리 오빠는 일본에 유학을 가 있습니다. 이번 주말에 오빠가 집에 돌아옵니다. 빨리 오빠를 봤으면 좋겠습니다.**

① 저는 일본에 유학을 가고 싶습니다.
② 저는 오빠를 빨리 만나고 싶습니다.
③ 저는 주말이 오는 것이 좋습니다.
④ 저는 오빠하고 같이 공부하고 싶습니다.

47. 3점

**회사 일은 재미있을 때가 별로 없습니다. 그런데 하는 일이 재미없으면 회사에 가는 게 싫어집니다. 그래서 일은 재미있게 해야 합니다.**

① 저는 일을 많이 하려고 합니다.
② 저는 재미있는 일을 찾고 있습니다.
③ 저는 일을 즐겁게 하려고 합니다.
④ 저는 회사 일이 재미있습니다.

48. 3점

**저는 아침에 일어나면 텔레비전을 켜고 뉴스를 봅니다. 뉴스를 보면서 밥도 먹습니다. 그런데 제 아내는 제가 텔레비전을 보는 것을 좋아하지 않습니다.**

① 저는 뉴스를 잘 안 봅니다.
② 저는 뉴스를 보려고 일어납니다.
③ 저는 뉴스를 보면서 밥을 먹고 싶습니다.
④ 저는 뉴스를 보고 싶습니다.

**※다음을 읽고 물음에 답하십시오.** 각 2점

> **우리 학교는 동아리 활동을 하는 학생들이 아주 많습니다. 동아리에는 같은 (　㉠　) 학생들이 모입니다. 축구 동아리도 있고 배드민턴 동아리도 있습니다. 일주일에 한 번 모여서 같이 즐깁니다.**

49. **(　㉠　)에 들어갈 알맞은 말을 고르십시오.**

① 취미를 가진　　② 얼굴을 한
③ 학교에 다니는　　④ 곳에 사는

50. **이 글의 내용과 같은 것을 고르십시오.**

① 동아리는 종류가 많습니다.
② 동아리 활동은 매일 합니다.
③ 동아리는 모여서 공부하는 곳입니다.
④ 운동은 동아리에서 합니다.

**※다음을 읽고 물음에 답하십시오.**

> **사이언스 잡지에 거리를 돌아다니는 표범의 사진이 실렸습니다. 있을 수 없는 이야기 같지만 지구 온난화가 계속되면 있을 수 없는 일도 아닙니다. 이 문제를 가볍게 생각하는 정치가들이 있습니다. 그러나 환경 문제는 (　㉠　) 정치 문제가 아닙니다.**

51. **(　㉠　)에 들어갈 알맞은 말을 고르십시오.** 3점

① 그만　　② 또　　③ 이제　　④ 아직

52. **무엇에 대한 이야기인지 맞는 것을 고르십시오.** 2점

① 환경 문제는 모두에게 중요합니다
② 동물 보호에 더 힘을 써야 합니다
③ 정치가들은 환경 문제를 중요하게 봅니다
④ 지구 온난화는 있을 수 없습니다

※다음을 읽고 물음에 답하십시오.

국제선 비행기를 타면 대개 식사가 나옵니다. 그런데 요즘 항공사 기내식 메뉴에 변화가 생겼습니다. 일반적인 기내식이 아니고 컵라면이나 떡볶이, 케이크 등을 제공하는 항공사들이 생겨나기 시작한 것입니다. 항공사들은 그것을 원하는 고객들이 ( ㉠ )이라고 말합니다.

53. ( ㉠ )에 들어갈 알맞은 말을 고르십시오. 2점

① 사기 때문　　② 가지고 오기 때문
③ 먹기 때문　　④ 많기 때문

54. 이 글의 내용과 같은 것을 고르십시오. 3점

① 항공기 안에서는 컵라면을 못 먹습니다.
② 기내식을 안 먹는 사람이 많습니다.
③ 국제선 항공기는 식사가 나오지 않습니다.
④ 하늘에서도 컵라면을 먹으려는 사람들이 있습니다.

※다음을 읽고 물음에 답하십시오.

제 친구 중에 아주 잘 웃기는 친구가 있습니다. 저는 힘들 때마다 그 친구를 만나러 갑니다. 그 친구를 만나면 기분이 좋아지기 때문입니다. 그런데 이 친구는 같이 식사를 할 때 자기가 돈을 냅니다. ( ㉠ ) 저는 밥도 얻어 먹고 기분 전환도 하는 것입니다. 친구는 자기 이야기를 들어 주는 것이 좋기 때문에 그렇게 한다고 합니다.

55. ( ㉠ )에 들어갈 알맞은 말을 고르십시오. 2점

① 그렇기 때문에　　② 그래서
③ 그러니까　　④ 그리고

56. **이 글의 내용과 같은 것을 고르십시오.** 3점

① 저는 제 친구를 잘 웃깁니다.
② 저는 친구에게 밥을 잘 삽니다.
③ 저는 친구를 만나 기분 전환을 합니다.
④ 저는 제 친구의 이야기를 잘 들어 줍니다.

**※다음을 순서대로 맞게 나열한 것을 고르십시오.**

57. 3점

| (가) 집에 가져와서 조립을 했습니다.<br>(나) 집에 놓으려고 어제 테이블을 샀습니다.<br>(다) 그래서 다시 가구 가게에 가야 했습니다.<br>(라) 그런데 나사가 하나 없었습니다. |
|---|

① 나-다-가-라
② 나-가-라-다
③ 나-라-가-다
④ 나-라-다-가

58. 2점

| (가) 결국 저는 동전 지갑을 쓰기로 했습니다.<br>(나) 그래서 주머니에서 동전 소리가 잘 납니다.<br>(다) 제 아내는 동전 소리가 나는 것을 싫어합니다.<br>(라) 저는 동전 지갑을 잘 안 씁니다. |
|---|

① 라-가-나-다
② 라-가-다-나
③ 라-나-가-다
④ 라-나-다-가

※다음을 읽고 물음에 답하십시오.

요즘 마라톤을 하는 사람이 늘었습니다. 그 이유는 건강에 대한 관심이 높아졌기 때문입니다. ( ㉠ ) 집 근처에 있는 공원이나 한강 고수부지 등에 가면 달리는 사람들이 많이 있습니다. ( ㉡ ) 어떤 마라톤 클럽은 회원 수가 갑자기 늘어나 고민을 하는 경우도 있습니다. ( ㉢ ) 한 번 달리기 시작하면 마라톤의 매력에 빠지는 것 같습니다. ( ㉣ )

59. 다음 문장이 들어갈 곳을 고르십시오. 2점

이 사람들 중에는 마라톤 대회에 나가는 사람도 있습니다.

① ㄱ　② ㄴ　③ ㄷ　④ ㄹ

60. 이 글의 내용과 같은 것을 고르십시오. 3점

① 공원에서는 마라톤을 할 수 없습니다.
② 한 번 경험해 보면 달리기의 매력을 압니다.
③ 마라톤 대회에 나가려고 한강에 갑니다.
④ 달리기와 건강과는 관련이 없습니다.

※다음을 읽고 물음에 답하십시오. 각 2점

저희 할아버지는 90세에 돌아가셨습니다. 할아버지께서는 살아 계실 때에 저한테 늘 따뜻하게 대해 주셨습니다. 제가 결혼할 때도 아이가 태어났을 때도 누구보다도 더 기뻐해 주셨습니다. 할아버지는 돌아가실 때까지 병원에 가시거나 몸이 불편하시거나 하는 데가 ( ㉠ ) 건강하셨습니다.

61. ( ㉠ )에 들어갈 알맞은 말을 고르십시오.

① 없을 정도로　② 없는 정도로
③ 없어서　④ 없을 쯤으로

62. **이 글의 내용과 같은 것을 고르십시오.**

① 할아버지는 병원에 가는 것을 싫어하셨습니다.
② 할아버지는 저를 굉장히 귀여워해 주셨습니다.
③ 할아버지는 제가 결혼한 것을 모르셨습니다.
④ 할아버지는 일찍 돌아가셨습니다.

**※다음을 읽고 물음에 답하십시오.**

신입생 오리엔테이션

신입생 여러분에게 알립니다.
3월 1일(화)부터 1박 2일의 일정으로
신입생 오리엔테이션을 개최합니다.
학과별로 실시할 예정이오니 신입생 여러분은
꼭 참석해 주시기 바랍니다.

- ●**집합 장소** : 학교 주차장
- ●**연락처** : 010-1234-5678
- ●**준비물** : 세면도구, 필기구
- ●**참가비** : 무료

63. **왜 이 글을 썼는지 맞는 것을 고르십시오.** 2점

① 학과별 신입생을 확인하려고
② 신입생에게 오리엔테이션을 알려 주려고
③ 신입생 오리엔테이션에 참석할 사람을 모집하려고
④ 신입생 오리엔테이션을 개최하려고

64. **이 글의 내용과 같은 것을 고르십시오.** 3점

① 오리엔테이션 장소에서 세면도구를 줍니다.
② 오리엔테이션은 전체가 같이 합니다.
③ 신입생은 오리엔테이션에 무료로 참가합니다.
④ 오리엔테이션에는 참석 안 해도 됩니다.

**※다음을 읽고 물음에 답하십시오.**

| **우리 회사는 무슨 일을 빨리 결정을 할 때가 별로 없습니다. 결정을 하려고 회의를 합니다만 서로 ( ㉠ ) 결국 아무것도 못 정하고 끝나는 경우가 많습니다. 얼마 전에 어떤 분이 우리 회사를 도와주러 오셨습니다. 그 분은 우리가 회의하는 것을 보고 새로운 제안을 했습니다.** |
|---|

65. **( ㉠ )에 들어갈 알맞은 말을 고르십시오.** 2점

① 하고 싶은 말을 하고　　② 생각이 다르면
③ 싫어하기 때문에　　④ 의견이 달라서

66. **이 글의 내용과 같은 것을 고르십시오.** 3점

① 우리 회사는 해야 할 때 결정을 못 합니다.
② 결정을 빨리 하는 것이 좋은 것은 아닙니다.
③ 회의를 통해 결정하는 방식이 좋습니다.
④ 새로운 사람이 오면 결정을 할 수 있습니다.

**※다음을 읽고 물음에 답하십시오.** 각 3점

> **여러분은 어떤 결혼식을 원하십니까? 사람도 많이 오고 음식도 많이 나오는 성대한 결혼식을 좋아하십니까, 아니면 가족과 친척, 그리고 가까운 친구들만 참석하는 작은 결혼식을 좋아하십니까? 어느 쪽이 옳고 어느 쪽이 나쁘다는 이야기는 틀린 것 같습니다. 왜냐하면 양쪽 다 ( ㉠ ). 물론 지나치게 호화스러운 결혼식은 안 되겠지만요.**

67. **( ㉠ )에 들어갈 알맞은 말을 고르십시오.**

① 돈이 많이 들기 때문입니다.
② 자신의 입장이 있기 때문입니다.
③ 부모가 해 주기 때문입니다.
④ 사람이 많이 오기 때문입니다.

68. **이 글의 내용과 같은 것을 고르십시오.**

① 결혼식은 성대하게 하는 것이 맞습니다.
② 어떤 결혼식이 맞는 것인지 정할 수 없습니다.
③ 결혼식에는 사람이 많이 와야 합니다.
④ 가까운 친구들도 결혼식에 가는 게 좋습니다.

**※다음을 읽고 물음에 답하십시오.** 각 3점

> **저는 요리하는 것을 싫어하지는 않습니다. 때때로 맛있는 것을 직접 만들어서 먹고 싶다는 생각을 할 때가 있습니다. 그런데 실제로는 거의 요리를 못 합니다. 요리를 할 수 있는 시간이 없다는 것이 정확한 표현일 것 같습니다. 오늘도 요리를 ( ㉠ ) 컵라면을 먹었습니다. 다음에는 꼭 요리를 만들어서 먹어야겠습니다.**

69. **( ㉠ )에 들어갈 알맞은 말을 고르십시오.**

① 할 마음이 없으니까
② 할 마음이 없기 때문에
③ 할 시간이 없어서
④ 할 시간이 없으니까

70. **이 글의 내용으로 알 수 있는 것을 고르십시오.**

① 맛있는 것을 먹으려면 시간을 내야 합니다.

② 컵라면은 바쁜 사람들이 먹는 음식입니다.

③ 자신의 건강을 위해서 직접 요리하는 것이 좋습니다.

④ 생활에 쫓겨서 하고 싶은 것을 못 할 때가 있습니다.

# 第3回　I　듣기　正解及び解説

※次を聞いて《例》と同じように質問に合う答えを選んで下さい。

《例》

㉮：내일이에요?　明日ですか。
㉯：＿＿＿＿＿＿

❶ 네, 내일이에요.　はい、明日です。
② 네, 내일이 없어요.　はい、明日がありません。
③ 아니요, 내일이 있어요.　いいえ、明日があります。
④ 아니요, 내일이에요.　いいえ、明日です。

1.　4点

남자：값이 비싸요?　男性：値段が高いですか。
여자：＿＿＿＿＿＿　女性：＿＿＿＿＿＿

① はい、安いです。　② はい、安くありません。
❸ いいえ、高くありません。　④ いいえ、多いです。

**解説**　「비싸요?」という質問なので、肯定の返事だったら「네, 비싸요」に、否定の返事だったら「아니요, 안 비싸요/싸요」になります。③が正解です。

2.　4点

여자：배가 고파요?　女性：お腹が空きましたか。
남자：＿＿＿＿＿＿　男性：＿＿＿＿＿＿

① はい、空いていません。　❷ はい、空きました。
③ いいえ、空いています。　④ いいえ、美味しいです。

**解説**　「배가 고파요?」という質問なので、肯定の返事をする場合には「네, 고파요」で返事をし、否定の返事をする場合には「아니요, 안 고파요」で返事をします。②が正解になります。

3.　3点

남자：오늘 어디에 가요?　男性：今日はどこに行きますか。
여자：＿＿＿＿＿＿　女性：＿＿＿＿＿＿

① 一時に行きます。　② 金曜日に行きます。　❸ 学校に行きます。　④ 友達と行きます。

**解説**　「어디에 가요?」という質問なので行く場所を言わなければなりません。その条件を満たしているのは③です。

4.　3点

여자：친구 언제 만나요?　女性：友達にいつ会いますか。
남자：＿＿＿＿＿＿　男性：＿＿＿＿＿＿

① よく会います。　② 昨日会います。　③ 私が会います。　❹ 来週会います。

**解説**　「언제 만나요?」という質問なので、時間で答える必要があります。それを満たしているのは④です。②は「어제 만났어요」なら正解となります。

※次を聞いて《例》と同じように次に続く表現を選んで下さい。

《例》

남자：맛있게 드세요.　男性：美味しくお召し上がり下さい。
여자：＿＿＿＿＿＿　女性：＿＿＿＿＿＿

❶ 잘 먹겠습니다.　　いただきます。
② 아주 좋습니다.　　とてもいいです。
③ 잘 모르겠습니다.　　よく分かりません。
④ 반갑습니다.　　(お会い出来て)嬉しいです。

5. 4点 **남자 : 선미 씨, 오랜만이에요.**　　男性：ソンミさん、久しぶりですね。
**여자 :** ______________　　女性：______________

① はい、(お会い出来て)嬉しいです。　② はい、気をつけて行ってらっしゃい。
❸ はい、お元気でしたか。　④ はい、違います。

**解説** 「오랜만이에요」は久しぶりという意味です。男性は「선미 씨」と下の名前で声をかけてきていますが、これは男性が年上の立場にいることを意味します。そうなるとそれに対する返事として相応しいものは③しかありません。①の「반갑습니다」は初めて会った人とのあいさつなのでここでは使えません。②は相手を見送る時のあいさつ表現ですから、これもここでは相応しくありません。正解は③です。

6. 3点 **여자 : 김 교수님 계십니까?**　　女性：キム先生、いらっしゃいますか。
**남자 :** ______________　　男性：______________

❶ はい、ちょっと待って下さい。　② はい、変わって下さい。
③ 大丈夫です。　④ 久しぶりです。

**解説** 「김 교수님」は大学の先生を指す言い方で「キム先生」の意味です。「계십니까?」は「いらっしゃいますか」ですから、その声掛けの返事の仕方としては、キム先生が部屋にいる場合には「네, 들어오세요(どうぞ入って下さい)」、電話の場合には「네, 잠깐만 기다리세요(ちょっとお待ち下さい)/누구시라고 전해 드릴까요?(どちらさまだとお伝えしましょうか)」、学科の事務室とかを訪ねた場合には「네, 잠깐만 기다리세요(はい、ちょっと待って下さい)」などがあり得ます。ここでは①が正解になります。

※ここはどこですか。《例》と同じように適当なものを選んで下さい。

《例》
㉮ : **어디가 아파요?**　　どこが痛いですか。
㉯ : **머리가 아픈데요.**　　頭が痛いんですけど。
① 교실　教室　② 공항　空港　③ 가게　お店　❹ 병원　病院

7. 3点 **여자 : 팝콘 먹고 싶어요.**　　女性：ポップコーンが食べたいです。
**남자 : 빨리 오세요. 영화 시작해요.**　　男性：早く来て下さい。映画が始まりますよ。

❶ 映画館　② コンビニ　③ ショッピングモール　④ 市場

**解説** 「팝콘」と「영화」という言葉が出てきたらほぼ間違いなくそこは「극장/영화관(劇場/映画館)」になります。答えは①です。

8. 3点 **남자 : 어떻게 해 드릴까요?**　　男性：どのように致しましょうか。
**여자 : 짧게 잘라 주세요.**　　女性：短く切って下さい。

① クリーニング屋　❷ 美容室　③ 郵便局　④ ホテル

**解説** 「어떻게 해 드릴까요?」という言葉が出てくるところは、「이발소(散髪屋)」か「미용실/미장원(美容室)」しかありません。答えは②です。

9. 3点

여자 : 구두 신어 봐도 되나요?　女性：靴、履いてみてもいいですか。
남자 : 네, 이쪽으로 오세요.　男性：はい、こちらにどうぞ。

① 靴下屋　② 洋服屋　③ メガネ屋　❹ 靴屋

**解説** 「구두 신어 보다（靴を履いてみる）」という言い方をする場所は靴屋しかありません。④が正解です。

10. 4点

남자 : 부산 가는 거 몇 번 홈이지요?　男性：釜山行きは何番ホームですか。
여자 : 10번 홈으로 가세요.　女性：10番乗り場です。

❶ 列車の駅　② 地下鉄の駅　③ タクシー乗り場　④ バス停

**解説** 「부산 가는 거」と言っているので長距離列車のこととなり、②の地下鉄の駅にはなりません。「～번 홈」というのは「～番乗り場」の意味です。この「～번 홈」という言い方が出来るのは列車の駅の他に高速バスのターミナルがあります。④の「버스 정류장」は普通のバス停を指しますのでここでは①が正解になります。＊地下鉄や通勤列車以外の長距離列車、在来線列車のことを一般的に기차や열차と呼びます。

※次は何についての話ですか。《例》と同じように適当なものを選んで下さい。

《例》

㉮ : 누구예요?　誰ですか。
㉯ : 이 사람은 형이고 이 사람은 동생이에요.　この人は兄でこの人は弟（妹）です。

❶ 가족　家族　② 친구　友達　③ 선생님　先生　④ 부모님　親

11. 3点

남자 : 무슨 일 하세요?　男性：どんなお仕事をされていますか。
여자 : 그냥 회사원이에요.　女性：普通の会社員です。

① 住所　② 誕生日　❸ 職業　④ 名前

**解説** 「무슨 일 하세요?」は職業を聞く時に使う質問です。「그냥 회사원」というのはごく平凡な会社員だという意味です。③が正解です。

12. 3点

여자 : 사과 좋아하세요?　女性：リンゴは好きですか。
남자 : 사과도 좋아하지만 딸기를 더 잘 먹어요.
男性：リンゴも好きですが、イチゴをもっとよく食べます。

① 肉　❷ 果物　③ 野菜　④ お菓子

**解説** リンゴやイチゴの話が出てくるので②の果物の話になります。

13. 3点

남자 : 여기에는 언제 오세요?　男性：いつ来ていますか。
여자 : 매주 목요일에 와요.　女性：毎週木曜日に来ます。

① 日付　❷ 曜日　③ 時間　④ 年齢

**解説** 「언제」は日付にも時間にも使いますが、毎週木曜日と言っているので②の曜日が正解になります。

14. 4点

여자 : 서울에서 태어나셨어요?　女性：ソウルで生まれたのですか。
남자 : 아니요, 인천에서요.　男性：いいえ、仁川です。

① 休日　　② 国　　③ 位置　　❹ 故郷

**解説** 「태어나다」は生まれるという意味です。「나라」は「国」のことです。正解は④です。

※次の対話を聞いて一致する絵を選んで下さい。各4点

15.

**여자 : 이 약은 하루에 세 번 식사 때마다 한 알씩 드시면 됩니다.**
**남자 : 네, 고맙습니다.**

女性：この薬は一日に3回食事の時に１錠ずつお飲み下さい。
男性：はい、ありがとうございます。

❶

②

③

④

16.

**여자 : 이거 8시 5분 차 맞습니까?**
**남자 : 네, 맞습니다. 8호차는 이쪽으로 타시면 됩니다.**

女性：これ、８時５分の列車で間違いないですか。
男性：はい、そうです。８号車はこちらになります。

①

②

❸

④

※次の音声を聞いて《例》と同じように会話内容と一致するものを選んで下さい。各3点

《例》

남자 : 요즘 한국어를 공부해요?　男性：最近韓国語を勉強していますか。
여자 : 네. 한국 친구한테서 한국어를 배워요.
女性：はい。韓国の友達から韓国語を習っています。

① 남자는 학생입니다.　男は学生です。
② 여자는 학교에 다닙니다.　女は学校に通っています。
③ 남자는 한국어를 가르칩니다.　男は韓国語を教えています。
❹ 여자는 한국어를 공부합니다.　女は韓国語を勉強しています。

17.

남자 : 저기 보세요. 경치가 아주 멋있어요.
여자 : 그러네요. 정말 멋있어요. 이런 게 여행을 하는 맛 같아요.
남자 : 그렇게 좋아요? 그럼 다음에 또 오지요.

男性：あそこを見て下さい。景色がとても素晴らしいですよ。
女性：そうですね。本当に素晴らしいですね。こういうのが旅行の醍醐味ですね。
男性：そんなに楽しいですか。じゃあ今度また来ましょう。

❶ 男は汽車旅行をしています。
② 男は次回も一人で旅行に行きます。
③ 女はかっこういい男と一緒にいます。
④ 女は景色が気に入りません。

**解説** 正解は①です。男は女と一緒に旅行中なので②は間違っています。素晴らしいのは景色であって男ではありません。まだ一緒にいる男がかっこういいかどうかは上の会話からは確認できません。③は正解にはなりません。女は景色が素晴らしいと言っているので④も間違いです。

18.

남자 : 이번 주 토요일까지 세일하는데 같이 갈래요?
여자 : 세일요? 나도 가고 싶었는데 갈게요.
남자 : 그럼 토요일 점심 때가 어때요? 제 티켓으로 같이 가야 돼서요.
여자 : 그래요? 그럼 열 시 쯤 만날까요?

男性：今週の土曜日までにセールをやっているんだけど、一緒に行きますか。
女性：セールですか。私も行きたかったので、行きます。
男性：じゃあ、土曜日のお昼頃はどうですか。私のチケットで一緒に行かないといけなくて。
女性：そうですか。じゃ、10時くらいに会いましょうか。

① 女はセール会場に一人で行けます。
② 男は土曜日にお昼を食べに行きます。
❸ 女はセールに行きたいと思っていました。
④ 男は先にセールの場所に向かいます。

**解説** 男が持っているチケットがなければセール会場に入れないということなので①は間違いです。土曜日にはセールに行く予定を二人で立てているので②も間違いになります。一緒に行く約束をしていますから④も会話内容と合っていません。③が正解です。

19.

남자 : 우리 비행기 시간이 몇 시였지요? 안 늦겠어요?
여자 : 오후 세 시니까 괜찮아요. 생각보다 일찍 왔어요.
남자 : 그래요? 그럼 커피숍에서 커피 한잔할 시간 있어요?
여자 : 네, 충분해요. 잠깐만요. 저 화장실 갔다 올게요.

男性：飛行機の時間が何時でしたっけ？ 遅れませんかね。
女性：午後3時ですから大丈夫です。思ったより早く着きました。
男性：そうですか。じゃ、コーヒーショップでコーヒーを一杯飲む時間はありますか。
女性：はい、十分です。ちょっと待って下さい。私、トイレに行ってきます。

① 男はトイレに行ってこようとしています。
② 女はコーヒーを飲みたがっています。
③ 男は飛行機の時間を知っていました。
❹ 女は早く着くとは思いませんでした。

**解説** トイレに行きたいと言っているのは女の方です。①は間違いです。コーヒーを飲みたがっているのは男なので②も間違いです。男はフライト時間を女に確かめているので③は事実と合いません。「일찍 도착할 줄 몰랐다」は「早く着くとは思わなかった」という意味です。④が正解になります。

20.

남자：고기가 많이 남았는데 어떻게 하지요?
여자：괜찮아요. 포장해 가서 나중에 먹으면 돼요.
남자：이거 몇 시간 동안 포장해 두어도 괜찮아요?
여자：괜찮아요. 지금은 여름이 아니니까 안 상해요.

男性：肉がたくさん残ったんだけどどうしましょうかね。
女性：大丈夫です。持ち帰って後で食べればいいんですよ。
男性：これ、何時間も包装したままで大丈夫ですか。
女性：大丈夫です。今は夏じゃないから腐りません。

❶ 女は食べ残りを持ち帰ったことがあります。
② 男は肉を持ち帰りにしようと思っていました。
③ 女は肉が傷むのが心配です。
④ 男は残った肉を後で食べようと思っていました。

**解説** 「포장하다」は本来郵便局などで包装をするという意味で使われていた言葉ですが、食べ物関係で「포장해 주세요」と言うとテイクアウトやお持ち帰りを意味します。「포장해 주세요」や「포장해 가다」は食べ残しをパック詰めしてもらう時によく使う表現です。食べていた肉が余った時にパック詰めにして持ち帰ればいいと言ったのは女の方です。ですから②は事実と合っていません。パック詰めの状態で放っておいてもいいのかと心配したのは男の方ですから③も間違いです。余った肉を後で食べてもいいと言ったのは女の方ですから④も事実と合っていません。①が正解です。

21.

여자：실례합니다. 혹시 이 근처에 안경점 어디 있는지 아세요?
남자：잘 모르겠는데요. 쇼핑몰은 저쪽에 한 군데 있어요. 거기에 아마 있을 거예요.
여자：아, 네. 감사합니다. 어느 쪽으로 가야 되나요?
남자：이쪽으로 쭉 가세요. 한 십 분 쯤 걸으시면 될 거예요.

女性：すみません。もしかしてこの辺にメガネ店がどこにあるかご存知ですか。
男性：よく分かりませんが。ショッピングモールはあちらの方に一カ所あります。そこに多分あると思います。
女性：あ、はい。ありがとうございます。どちらの方に行けばいいのでしょうか。
男性：こちらの方にまっすぐ行って下さい。凡そ10分くらい歩いたらあると思います。

① 女は1時間くらい歩かなければなりません。
❷ 男はショッピングモールがどこにあるか知っています。
③ 女はショッピングモールに行きたかったです。
④ 男はメガネ店を探しています。

**解説** ショッピングモールを教えてくれた男は10分くらい歩けばいいと言っているので、①は間違いの情報です。数字や数量の前につく「한」は、その数字や数量がぴったりではなく「凡そ、大体その辺」であることを意味します。女はショッピングモールに行きたかったわけではありません。③も間違いです。メガネ店を探しているのは女ですから④も偽情報です。

※次の音声を聞いて女の人が何を考えているのかを項目から選んで下さい。各3点

22.

여자 : 저기 좀 보세요. 저기에도 차를 주차시켜 놓았어요.
남자 : 그렇네요. 요새 불법 주차 때문에 시끄러운데 저런 데에 차를 세우네요.
여자 : 그렇지만 차를 세울 수 있는 주차장이 없는 것도 문제예요.
남자 : 맞아요. 갑자기 차가 많아져서 그렇지요.

女性：あそこを見て下さい。あそこにも車を駐車しておきましたよ。
男性：そうですね。最近不法駐車のことでうるさいのに、あんなところに車を止めるのですね。
女性：しかし車を止められる駐車場がないのも問題です。
男性：その通りです。急に車が増えたからそうなのでしょうね。

❶ 不法駐車だけが問題になるわけではありません。
② 車を止めてはいけないところに止めてはだめです。
③ 急に車が増えたことが問題です。
④ 駐車場がないから車を減らすべきです。

**解説** 女は「그렇지만」と言いながら駐車場不足問題を切り出しているので①が正解になります。②も③も④ももしかしたらそのように考えているかもしれませんが、会話内容からは分かりませんので、正解にはなりません。

23.

남자 : 이렇게 늦은 시간까지 아직 회사에 있었어요?
여자 : 네, 아직 해야 할 일이 많이 남아서요.
일은 많은데 사람은 없으니까 점점 퇴근 시간이 늦어지게 되네요.
남자 : 저녁은 드셨어요? 제가 샌드위치 사다 드릴까요?
여자 : 고맙습니다. 아까 나가서 먹고 왔어요.

男性：こんなに遅い時間までまだ会社にいたのですか。
女性：はい、まだやらなければいけない仕事がたくさん残っているんですよ。
仕事は多いのに人はいないから、だんだん帰りの時間が遅くなりますね。
男性：夕飯は食べられましたか。私がサンドイッチを買ってきてあげましょうか。
女性：ありがとうございます。さっき出て食べてきました。

❶ 人を増やさないともっときつくなります。
② やらなければいけない仕事が多くていいです。
③ 遅い時間まで仕事をするためには食べなければいけません。
④ 夕飯はサンドイッチを食べた方がいいです。

**解説** 人が一向に増えないので仕事がきつくなっていることと人を増やしてほしいということが女の言いたい内容です。それに合致するのは①になります。②も③ももしかしたらそのように考えている

かもしれませんが、会話内容からは分かりませんので、正解にはなりません。

24.

남자：오랜만에 밖에 나오니까 좋네요. 안 피곤해요?
여자：네, 전혀 안 힘들어요. 한 시간 정도는 더 걸어도 될 것 같아요.
남자：그래요? 난 이 정도도 좋은데요. 여기서 잠깐 쉴까요?
여자：네, 그래요. 잠깐 쉬고 조금 더 걸어요. 공기가 깨끗해서 기분이 좋아요.

男性：久しぶりに外に出るといいですね。疲れませんか。
女性：はい、全く疲れていません。一時間くらいはもっと歩いてもよさそうです。
男性：そうですか。私はこのくらいでもいいんですけど。ここで少し休みましょうか。
女性：はい、そうしましょう。ちょっと休んでもう少し歩きましょう。空気がきれいなので気持ちがいいですね。

① 休まずに歩こうと思っています。
② 久しぶりに歩いたから疲れました。
③ 一時間歩いたから帰ってもいいです。
❹ きれいな空気を吸いながら歩きたいです。

**解説** 「잠깐 쉬고 조금 더 걸어요」と言っているので①は間違いです。大丈夫かという男の質問に「전혀 안 힘들어요」と答えているので②も間違いです。「한 시간 정도는 더 걸어도 된다」と言っているので③も会話内容と合っていません。④が正解です。

※次を聞いて質問に答えて下さい。

여자：사원 여러분 오늘도 수고 많이 하셨습니다. 내일부터 일주일간의 여름휴가에 들어갑니다. 여름휴가 기간 동안에 건강 조심하시고 특히 물놀이 가시는 분들께서는 사고에 주의하여 주시기를 부탁드립니다. 물에 들어가실 때는 미리 준비운동을 잘 하시고 아이들을 데리고 가시는 분들은 특별히 안전에 조심하시기 바랍니다. 건강한 얼굴로 다시 뵙겠습니다.

女性：社員の皆様、今日も大変お疲れ様でした。明日から一週間の夏休みに入ります。夏休み期間中には健康に注意し、特に水遊びに行かれる方々は事故に注意して頂きますよう宜しくお願い致します。水に入られる際は前もって準備運動などをし、お子さん連れの方々は、特に安全にご注意されるよう宜しくお願い申し上げます。元気な顔でまたお会いしましょう。

25. 女が何のためにこの話をしているのかを選んで下さい。3点

① 元気な顔でまた会おうと思って
② 今日から一週間の夏休みに入るということを伝えようと思って
③ 水遊びに行く時には注意するようにと伝えようと思って
❹ 夏休みの時の注意事項などを伝達しようと思って

**解説** ①②③はすべて確かにそうかもしれませんが、しかしそのどれも夏の休暇を過ごす時の部分的なことになります。総合的には④が正解になります。

26. 聞いた内容と一致しているものを選んで下さい。4点

① 社員は水遊びをしてはいけません。
② 水から上がったら運動をしなければなりません。
❸ 夏の休暇で七日間休めます。
④ 夏休みには子供たちを連れて行くことができません。

**解説** 水遊びを禁止しているわけではないので①は間違いです。運動は水に入る前にしようと言っているので②も間違いです。「일주일」は一週間ですので七日間になります。③が正解です。④は会話からは分かりません。

※次を聞いて質問に答えて下さい。

여자 : 그거 뭐예요? 반지네요.
남자 : 네, 미선 씨 주려고 준비했어요. 그런데 사이즈가 안 맞으면 어떻게 하지요?
여자 : 어디 줘 보세요. 제가 한번 껴 볼게요. 저한테 맞으면 미선 씨한테도 맞을 거예요.
남자 : 그래요? 그럼 한번 껴 보세요. 여기 있어요.
여자 : (조금 있다가) 잘 안 맞네요.
(조금 있다가) 일단 미선 씨한테 줘 보세요. 사이즈는 바꿀 수 있어요.
남자 : 그래요? 바꿀 수 있는 거예요?

女性 : それは何ですか。指輪ですね。
男性 : はい、ミソンさんにあげようと思って用意しました。しかしサイズが合わなかったらどうしましょう。
女性 : 出してみて下さい。私がはめてみます。私に合えばミソンちゃんにも合うはずです。
男性 : そうですか。じゃあ、1回はめてみて下さい。はい、どうぞ。
女性 : (ちょっと間があって) 上手く合いませんね。
(ちょっと間があって) 取り敢えずミソンちゃんに渡してみて下さい。サイズは変えられますから。
男性 : そうですか。変えられるんですか。

27. 二人は何について話しているのでしょうか。3点

① サイズの合わない指輪
② 指輪のはめ方
③ 指輪を交換する方法
❹ ミソンさんにあげる指輪

**解説** ①は部分的な話に過ぎません。②は会話の内容とは直接関係ありません。③も部分的な話になります。上の4つで選ぶとしたら④が正解になります。

28. 聞いた内容と一致しているものを選んで下さい。4点

① 男は指輪のサイズを変更しました。
❷ 女はミソンさんと知り合いです。
③ 男は女の助けを借りたくありません。
④ 女は指輪をもらって喜んでいます。

**解説** 指輪のサイズ変更の件はまだです。①は事実と合っていません。ミソンさんにあげようと思って買った指輪を女にはめさせてみるくらいですから、女とミソンさんは知り合いです。②が正解になります。指輪のことでいろいろ相談をしているので③は間違いです。④は内容と合っていません。

※次を聞いて質問に答えて下さい。

남자 : 희진이 어머니, 안녕하셨어요?
요즘 우리 진희가 희진이하고 잘 안 노는데 무슨 일이 있었어요?
여자 : 네, 진희 아빠, 안녕하세요? 그래요? 그런 일이 있었어요? 그런 줄 몰랐어요.
남자 : 특별히 무슨 문제가 없으면 괜찮은데 좀 걱정이 돼서요.
여자 : 걱정은요. 괜찮을 거예요. 아이들은 잘 놀다가 싸우기도 하고 그러다가 다시 놀기도 하고 그러잖아요.
남자 : 그건 그렇지요. 희진이 아빠는 잘 계시지요?
여자 : 네, 별일 없어요. 진희 엄마도 잘 지내지요?

男性：ヒジンちゃんのお母さん、こんにちは。
最近うちのジンヒがヒジンちゃんと遊ばないようですが、何かあったんですかね。
女性：はい、ジンヒちゃんのお父さん、こんにちは。そうですか。そういうことがあったんですね。知りませんでした。
男性：特に問題がなければいいんですけど、ちょっと気になってですね。
女性：心配ですか。大丈夫だと思いますよ。子供って、一緒に遊んでいてけんかしたりまた遊んだりするじゃないですか。
男性：それはそうですね。ヒジンちゃんのお父さんはお元気ですか。
女性：はい、変わりないです。ジンヒちゃんのお母さんもお元気ですよね。

29. 男が女に会った理由を選んで下さい。 3点

① ジンヒをヒジンちゃんと遊ばせるために
② ヒジンちゃんに問題があるので
❸ 子供のことで相談をしようと思って
④ ジンヒがヒジンちゃんとけんかをするので

**解説** 二人の子供を遊ばせるという話は出ていないので①は事実と合っていません。②はもしかしたら男が考えている可能性がありますが、会話からは出てきていませんのでこれも正解にはなりません。④ももしかしたらそういうことが起きているのかもしれませんが、会話内容からは出てきていませんので、正解にはなりません。総合的に③が正解です。

30. 聞いた内容と一致しているものを選んで下さい。 4点

① 女は子供たちのことが分かりません。
② 女は男と一緒に行動します。
③ 女はジンヒのお父さんと会ったことがありません。
❹ 女は特に心配をしていません。

**解説** 二人が自分たちの子供のことで話し合いをしているので子供たちのことが分からないとは言えません。①は事実ではありません。二人は夫婦ではないので一緒に行動をすることはありません。②も会話内容と合っていません。二人は実際会って話し合いをしているので③も事実に合いません。④が正解です。

# 第3回　Ⅱ　읽기　正解及び解説

[31−33] 何について書いてありますか。例と同じように正しいものを選んで下さい。 各2点

《例》

ブドウを食べました。ブドウが美味しかったです。

① 勉強　❷ 果物　③ 夏　④ 誕生日

31. 私は口が小さいです。目は大きいです。

① 誕生日　② 友達　③ 約束　❹ 顔

**解説** 口や目のことを言っているので④の顔が正解になります。

32. 土曜日に映画を観ます。それから食事をします。

① メール　② 気分　❸ 週末　④ 見物

**解説** 土曜日に映画を見たり食事をしたりすると言っているので③の週末が正解になります。

33. 来月には授業がありません。学校に行きません。

① 国　❷ (学校の) 休み　③ 趣味　④ 家族

**解説** 「수업 (授業)」や「학교 (学校)」など、学生と関連のある単語が出てくるので②の「방학 (学校の休み)」が正解になります。

[34−39] 例のように (　　) に入るものを選んで下さい。

《例》

単語が分かりません。(　　) を引きます。

① メガネ　② スイカ　❸ 辞書　④ 財布

34. 今日は私の誕生日 (　　) ありません。私の誕生日は明日です。 2点

① では　② と　❸ では　④ では

**解説** 「생일」を否定する言い方は「생일이 아니다」なので③が正解になります。①や④も日本語訳では「〜では」になり得ますが、①④はパッチム無名詞の後につけて使われるものなので正解ではありません。

35. 郵便局に行きます。(　　) を送ります。 2点

① 本　❷ 宅配　③ 財布　④ 傘

**解説** 「책」「지갑」「우산」すべて郵便局から送れるものです。しかしいずれもパッチム有の名詞なので「를」をつけることは出来ません。②の宅配ですが、韓国ではコンビニではなく郵便局が宅配を扱っています。

36. メガネがありません。それで (　　) せん。 2点

❶ 見えま　② 寝ま　③ 起きま　④ 会いま

**解説** メガネがないという話の後の言葉として最も自然なのは「안 보입니다」です。メガネがないから「①寝ない/③起きない/④会わない」というのは変な話になります。

37. 昨日友達に会えませんでした。今日（　　　）会うつもりです。3点

① 一番　❷ もう一度　③ よく　④ 時々

**解説** 友達に会うことをもう1回トライするという話なので②の「다시」が正解になります。「다시」は、辞書に「また、さらに、再び」と載っているので、日本語訳に直すと「昨日友達に会えませんでした。今日また会うつもりです」という変な文になります。「다시」は前の動きをもう1回繰り返す意味であって否定表現までを繰り返す意味にはならないことに注意して下さい。

38. 荷物が多すぎます。それで力が（　　　）。3点

① ありません　② 余ります　③ 強いです　❹ 要ります

**解説** 「힘이 들다」で「きつい、厳しい、大変だ」という意味なので、④が正解です。「들다」は「ㅂ니다/습니다」が後ろに来ると「ㄹ」が落ちて「듭니다」になります。

39. 歌を歌いました。踊りも（　　　）。2点

① やりました　② 見ました　❸ 踊りました　④ 見ました

**解説** 「춤을 추다」は「踊る」という意味で、②の「(꿈을) 꾸다」は「(夢を) 見る」という意味です。答えは③です。

※次を読んで正しくないものを選んで下さい。各3点

40.

| | |
|---|---|
| 09:00 | 家の掃除 |
| 10:00 | 子供たちと勉強 |
| 12:00 | 子供たち、お昼 |
| 13:00 | 子供たち、昼寝の時間 |
| 15:00 | 公園 |
| 17:00 | 家に帰ってきて夕飯の支度 |

① 家の掃除を一番先にやります。
❷ お昼は外で食べます。
③ 子供達とは2時間ほど勉強します。
④ 公園には昼寝をしてから行きます。

**解説** 掃除を始めるのが一番早いので①は内容と合っています。10時から12時まで勉強ということになっているので③も内容と一致します。昼寝の後公園に行く計画になっているから④も内容と一致します。お昼を外で食べるのか家で食べるのかに対しては明記されていません。しかし勉強の後にお昼、それから昼寝というスケジュールを考えると外での食事は難しいと思うのが普通だと思います。正解は②になります。

41.

## 事務職員を募集します

★**性別**：女子

★**年齢**：満30歳まで

★**応募期間**：7月1日～7月20日（金）まで

★**応募方法**：履歴書持参、当社事務室に直接提出

❶ 年齢が多くても応募できます。
② 応募期間は20日間です。
③ 履歴書を持っていって直接受付をしなければいけません。
④ 事務職員を募集しています。

**解説** 応募できる年齢を30歳までにしているので①は内容と合いません。①が正解になります。②③④はすべて問題文の内容と一致しています。

42.

**5F** 食堂街
**4F** 男性ファッション / アウトドア
**3F** 女性ファッション / 靴
**2F** ヤングカジュアル
**1F** 海外ブランド品 / 雑貨
**B1F** ユニクロ / 地下鉄駅入口
**B2F** 食品

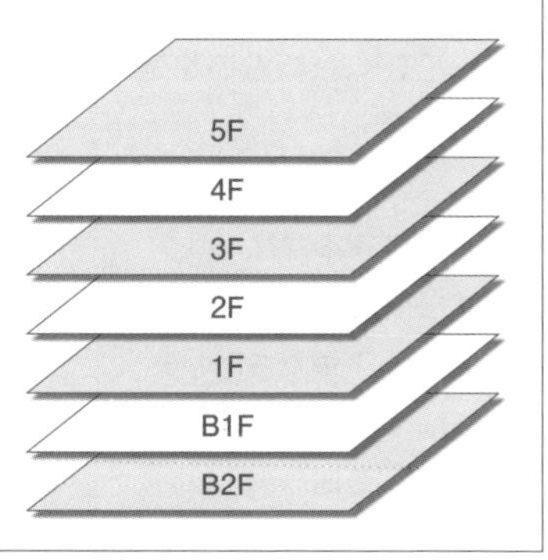


① このデパートでは食事をすることもできます。
② 女性用の靴を買うためには3階に行かなければいけません。
③ 1階でブランド物のバッグを買うことができます。
❹ 男性ファッションは女性ファッションの1階下にあります。

**解説** 食堂街がありますから①はそのとおりです。3階に女性ファッションと靴と書いてあるので②も内容と一致します。③もその通りです。男性ファッションは4階、女性ファッションは3階なので④の話とは逆になります。④が正解になります。

[43−45] 次の内容と一致するものを選んで下さい。

43. 3点

**私は会社に勤めていますが、大学院にも通っています。会社が終わると1週間に2回学校に行きます。それでとても忙しいです。**

① 私は会社の仕事で忙しいです。 ② 私は毎日学校に行きます。
③ 私は会社が終わったら家に帰ります。 ❹ 私は仕事もし、勉強もしています。

**解説** 忙しいのは会社の仕事と学業を並行しているからです。①は間違いです。会社が終わって学校に行くのは週2回なので②も③も間違いです。正解は④になります。

44. 2点

**故郷から友達が遊びに来ました。久しぶりに故郷の話をしながら楽しい時間を過ごしました。故郷に帰りたくなりました。**

❶ 私は友達と楽しい時間を過ごしました。 ② 私は故郷があまり好きではありません。
③ 友達と一緒に故郷に遊びに行きました。 ④ 友達は近いところに住んでいます。

**解説** 故郷が好きでもないのに行きたくなったりはしないでしょうから②は間違いです。故郷から遊びに来たのは友達なので③も間違いです。故郷から遊びに来るわけですから、近いところに住んでいるとは言えません。正解は①になります。

45. 3点

**先週末に一人で映画を観に行きました。その映画が面白くて弟（妹）にチケットを買ってあげました。弟（妹）は今度の土曜日に友達と一緒に観に行く予定です。**

① 私は友達と映画を観ました。 ② 私は今週末に弟（妹）と会います。
③ 弟（妹）は映画を楽しく観ました。 ❹ 私は弟（妹）に映画を観てほしいです。

**解説** 一人で映画を観に行ったと書いてあるので①は不正解、週末に会うのは弟（妹）と彼の友達なので②も不正解、弟はまだ映画を観ていないので③も不正解、④だけが正解となります。チケットを買ってあげたのだから観てほしい気持ちがあると言えます。

[46−48] 次を読んで何が一番言いたいのかを選んで下さい。

46. 2点

**うちの兄は日本に留学に行っています。今週末に兄が家に帰ってきます。早く兄に会いたいです。**

① 私は日本に留学に行きたいです。 ❷ 私は兄に早く会いたいです。
③ 私は週末が来るのが楽しみです。 ④ 私は兄と一緒に勉強したいです。

**解説** ①も③も④ももしかしたらそうかもしれません。しかし問題文にそのような情報は書いてありません。話し手がこの文を書いたのは一刻も早く兄に会いたかったからです。答えは②になります。

47. 3点

**会社の仕事は楽しい時があまりありません。しかし、やっている仕事が楽しくなかったら会社に行くのが嫌になります。ですから仕事は楽しくしなければなりません。**

① 私は仕事をたくさんしようと思っています。 ② 私は楽しい仕事を探しています。
❸ 私は仕事を楽しくしようと思っています。 ④ 私は会社の仕事が楽しいです。

**解説** 仕事をたくさんしたいとは言っていないので①は不正解になります。②はそうかもしれませんが、一番言いたい内容ではありません。④もそのようには言っていません。③の「일을 즐겁게 하려고 한다」が「일은 재미있게 해야 한다」に近いので正解になります。

48. 3点

**私は朝起きたらテレビをつけてニュースを見ます。ニュースを見ながらご飯も食べます。しかし私の妻は私がテレビを見るのが好きではありません。**

① 私はニュースはあまり見ません。
② 私はニュースを見るために起きます。
③ 私はニュースを見ながらご飯を食べたいです。
❹ 私はニュースが見たいです。

**解説** ニュースを見ないというのは本文の話と合わないので①は不正解になります。ニュースを見るために起きるわけではないので②も不正解です。ニュースを見ながらご飯を食べたいわけでもないので③も不正解になります。話し手は単純にニュースが気になるだけなので④が正解になります。

※次を読んで質問に答えて下さい。各2点

**うちの学校にはトンアリ(サークル)活動をする学生が非常に多いです。トンアリには同じ(㉠)学生たちが集まります。サッカートンアリもあればバドミントントンアリもあります。1週間に1回集まって一緒に楽しみます。**

49. (㉠)に入るものとして適当なものを選んで下さい。

❶ 趣味を持つ　② 顔をした　③ 学校に通う　④ ところに住む

**解説** ③も間違いと言えませんが、トンアリが何をするところなのかを考えると①が適切な正解になります。

50. 上の文の内容と一致するものを選んで下さい。

❶ トンアリは種類が多いです。
② トンアリ活動は毎日やります。
③ トンアリは集まって勉強をするところです。
④ 運動はトンアリでします。

**解説** トンアリ活動をする学生が非常に多いということなので①が正解になります。毎日やっているわけではないので②は不正解になります。勉強をするトンアリもありますが、それは趣味の一環です。スポーツをするトンアリもありますが、アニメのトンアリもあるなど、多様です。③も④も正解にはなりません。

※次を読んで質問に答えて下さい。

**雑誌「サイエンス」に街をさ迷う豹の写真が載りました。あり得ない話のようですが、地球温暖化が進めばあり得ないことでもありません。この問題を軽く考える政治家たちがいます。しかし環境問題は(㉠)政治問題ではありません。**

51. (㉠)に入る適切なものを選んで下さい。3点

① もう　② また　❸ 今や　④ まだ

**解説** 環境問題は「もう、もはや、今や」政治問題ではないと言いたいところなので③の「이제」が正解になります。「그만」はそれまで続いていた動きや状態がストップするという意味を表す言葉で、「또」はそれまで続いていた動きを繰り返すという意味を表す言葉です。「아직」は期待をしていた動きや状態がその期待値に達していないことを表す言葉です。

52. 何に対しての話なのか正しいものを選んで下さい。2点

❶ 環境問題はみんなにとって重要です。
② 動物保護にもっと力を入れなければなりません。
③ 政治家たちは環境問題を重要視します。
④ 地球温暖化はあり得ません。

**解説** ②も③も④もあり得る話です。しかし何についての話かというと環境問題が無視できないものであることをアピールする話ですから、①が正解になります。

※次を読んで質問に答えて下さい。

**国際線の飛行機に乗ると大体食事が出ます。ところで最近航空会社の機内食メニューに変化が起きました。一般的な機内食ではなくカップラーメンやトッポッキ、ケーキなどを提供する航空会社が現れ始めたのです。航空会社は、それを望むお客様が(㉠)だと言います。**

53. (㉠)に入る表現として正しいものを選んで下さい。2点

① 買うから　② 持ってくるから　③ 食べるから　❹ 多いから

**解説** 航空会社は、メニューに変化を加えたのはカップラーメンやトッポッキ、ケーキなどを出してほしいと願う客が増えたからだと言っています。④が正解になります。

54. 上の文の内容と一致するものを選んで下さい。3点

① 航空機の中ではカップラーメンを食べられません。
② 機内食を食べない人が多いです。
③ 国際線の航空機では食事が出ません。
❹ 空でもカップラーメンを食べようとする人たちがいます。

**解説** ①③は本文の内容とは矛盾するので不正解です。②はもしかしたらそうかもしれませんが、本文が言いたい内容ではありません。④が正解になります。

※次を読んで質問に答えて下さい。

**私の友達の中によく笑わせてくれる友達がいます。私は疲れた時にいつもその友達に会いに行きます。その友達に会うと気持ちがよくなるからです。ところが、この友達は一緒に食事をする時に自分がおごります。(㉠)私はご飯もおごってもらって気分転換もするのです。友達は自分の話を聞いてもらえるのが嬉しくてそうするのだと言います。**

55. (㉠)に入る適切なものを選んで下さい。2点

① だから　② それで　❸ だから　④ それから

**解説** 文脈の流れから③が正解になります。日本語の訳では①の「그렇기 때문에」も言えそうに見えますが、「기 때문에」は論理的な因果関係を表す表現なので、この文とは合いません。論理的なつながりではないからです。

56. 上の文の内容と一致するものを選んで下さい。3点

① 私は私の友達をよく笑わせてあげます。
② 私は友達によくご飯をご馳走します。
❸ 私は友達に会って気分転換をします。
④ 私は私の友達の話をよく聞いてあげます。

**解説** ①②④は、もしかしたらそうかもしれませんが、少なくとも本文の内容とは合っていません。本文の中でそれをやっているのはすべて友達です。私は友達に会ってよく気分転換をしているので③が正解になります。

※次を順番通りに並べ替えたものを選んで下さい。

57. 3点

(가) 家に運んできて組み立てました。
(나) 家に置こうと思って昨日テーブルを買いました。
(다) それでまた家具屋に行かなければなりませんでした。
(라) ところでネジが1本ありませんでした。

① 나-다-가-라　❷ 나-가-라-다　③ 나-라-가-다　④ 나-라-다-가

**解説** 話の流れを順当に追っていくと②の順番になると思います。

58. 2点

(가) 結局私は小銭入れを使うことにしました。
(나) それでポケットからよく小銭の音がします。
(다) 私の妻は小銭の音がするのを嫌います。
(라) 私は小銭入れをあまり使いません。

① 라-가-나-다　② 라-가-다-나　③ 라-나-가-다　❹ 라-나-다-가

**解説** 「결국 結局」や「그래서 それで」は、前の内容を受ける機能を持つ言葉です。従ってどちらかは最後の文に現れることになります。話し手は(라)で小銭入れをあまり使わないと言っています。もしその次に(가)の結局小銭入れを使わないことになったという話をするとしたらそれはおかしい流れになります。2文だけで結論になってしまうからです。それを踏まえると「결국」は最後の文に現れることになります。正解は④です。

※次を読んで質問に答えて下さい。

最近マラソンをする人が増えました。その理由は健康への関心が高まったからです。(㉠)家の近所にある公園やハンガン河川敷などに行くと走っている人がたくさんいます。(㉡)あるマラソンクラブは会員数が急に増えて悩むこともあります。(㉢)一度走り始めるとマラソンの魅力にはまるようです。(㉣)

59. 次の文が入るところを選んで下さい。2点

この人たちの中にはマラソン大会に出る人もいます。

① ㄱ　❷ ㄴ　③ ㄷ　④ ㄹ

**解説** 入れる文の冒頭に「이 사람들 중에는」という表現があるので、その前の部分で「이 사람들」についての説明がなされていることになります。その可能性があるのは(ㄱ)と(ㄴ)の二つですが、色んな説明の最後にそれをまとめて「이 사람들」という言い方をしなければいけないので、②の「ㄴ」に入るのが最も自然です。

60. 上の文の内容と一致するものを選んで下さい。[3点]

① 公園ではマラソンが出来ません。
❷ 一度経験してみれば走ることの魅力が分かります。
③ マラソン大会に出ようとハンガンに行きます。
④ 走ることと健康とは関連がありません。

**解説** 公園でマラソンをするわけではないので①は不正解です。ハンガンに行って走るのは自分の健康のためなので③も不正解です。走ることと健康とは無関係ではありません。④も不正解です。

※次を読んで質問に答えて下さい。[各2点]

**うちの祖父は90歳で亡くなりました。祖父は生きている時に私にいつも温かく接してくれました。私が結婚する時も子供が生まれた時も誰よりも喜んでくれました。祖父は亡くなるまで病院に行ったり体が不自由になったりすることが(㉠)健康でした。**

61. (㉠) に入る表現として適当なものを選んで下さい。

❶ ないくらい　② ×　③ なくて　④ ×

**解説** ②や④は存在しない言い方です。「～するくらい」の意味を持つ「～ㄹ/을 정도로」の「정도로」という言葉は未来形を要求します。その理由ですが、「程度・くらい」の意味を持つ言葉なので、想定している程度にこれから近づいていくイメージを持っていることがその原因なのだろうと思います。

62. 上の文の内容と一致するものを選んで下さい。

① 祖父は病院に行くのを嫌っていました。
❷ 祖父は私をとても可愛がってくれました。
③ 祖父は私が結婚していることを知りませんでした。
④ 祖父は早く亡くなりました。

**解説** 病院に行かなかったのは元気だったからなので①は本文の内容と合っていません。結婚を祝ってくれたので③も間違いです。90歳で亡くなったとすれば長寿です。④は正解にはなりません。

※次を読んで質問に答えて下さい。

**新入生オリエンテーション**

新入生の皆様にお知らせします。
3月1日(火)より1泊2日の日程で
新入生オリエンテーションを開催します。
学科別に実施する予定ですので、新入生の皆様は
必ず参加して下さい。

- - - - - - - - - - - - - -

●**集合場所**：学校の駐車場
●**連絡先**：010-1234-5678
●**準備物**：洗面道具、筆記用具
●**参加費**：無料

63. なぜこの文を書いたのか正しいものを選んで下さい。2点

① 学科別の新入生を確認しようと思って
❷ 新入生にオリエンテーションを知らせようと思って
③ 新入生オリエンテーションに参加する人を募集しようと思って
④ 新入生オリエンテーションを開催しようと思って

**解説** 新入生オリエンテーションを案内するメールですから、その内容は基本的に②のものになります。

64. 上の文の内容と一致するものを選んで下さい。3点

① オリエンテーションの場所で洗面道具をもらえます。
② オリエンテーションはみんなで一緒にやります。
❸ 新入生はオリエンテーションに無料で参加します。
④ オリエンテーションには参加しなくてもいいです。

**解説** 準備物に洗面道具が含まれているから①は間違いです。学科別に実施すると言っているので②も不正解です。必ず出席するようにと言っているので④も不正解です。新入生は無料で参加できるので③が正解になります。

※次を読んで質問に答えて下さい。

**うちの会社は何かを速く決定する時があまりありません。決定しようと会議をするのですが、お互いに(㉠)結局何も決められず、終わってしまうことが多いです。少し前にある方がうちの会社を手伝いに来てくれました。その方は私たちの会議する様子を見て新しい提案をしました。**

65. (㉠)に入る表現として正しいものを選んで下さい。2点

① 言いたいことを言って
② 考えが違えば
③ 嫌がるので
❹ 意見が違うので

**解説** なぜ何も決められずに会議が終わってしまうかですが、4つの選択肢の中で最も適切なものは④になります。①も言えそうに見えますが、「하고 싶은 말을 하고 결국 아무 것도 못 정하고」という文の流れは自然ではありません。②の「생각이 다르면」は、条件や仮定の意味になるのでこれも適切な文の流れではありません。③はもしかしたらそうかもしれませんが、これも適切ではありません。

66. 上の文の内容と一致するものを選んで下さい。3点

❶ うちの会社はしなければならない時に決定が出来ません。
② 決定を速くするのがいいことではありません。
③ 会議を通して決定する方式がいいです。
④ 新しい人が来たら決定することが出来ます。

**解説** ②も③も④ももしかしたらそうかもしれませんが、本文の内容とは一致しません。①が正解です。

※次を読んで質問に答えて下さい。各3点

皆さんはどんな結婚式を希望しますか。人もたくさん来て料理もたくさん出る盛大な結婚式がいいですか、それとも家族や親せき、それから近い友達だけが出席する小さい結婚式がいいですか。どちらが正しくどちらが悪いという話ではないと思います。なぜならば両方とも(㉠)。もちろん豪華すぎる結婚式はだめだと思いますが。

67. (㉠)に入る適切な表現を選んで下さい。

① お金がたくさんかかるからです。
❷ 自分の立場があるからです。
③ 親がやってくれるからです。
④ 人がたくさん来るからです。

**解説** 人をたくさん招待する結婚式と質素な結婚式、どちらが正しいのか正解はないといいその理由を述べる文になっているので、②が最も適切な表現となります。①は間違いです。お金があまりかからない結婚式があるからです。③の親の話は出てきません。④も小さい結婚式の場合、人があまり来ないので正解として相応しくありません。

68. 上の文の内容と一致するものを選んで下さい。

① 結婚式は盛大にやるのが正しいです。
❷ どんな結婚式が正しいのか決めることは出来ません。
③ 結婚式には人がたくさん来なければなりません。
④ 近い友達も結婚式に行った方がいいです。

**解説** 人をたくさん招待する結婚式と質素な結婚式、どちらが正しいのかこれに正解はないと言いたい文なので、①は間違いです。③も間違いです。正解は②です。

※次を読んで質問に答えて下さい。各3点

私は料理をするのが嫌いではありません。時々美味しいものを直接作って食べたいと思う時があります。しかし実際にはほとんど料理が出来ません。料理をする時間がないというのが正確な表現になりそうです。今日も料理を(㉠)カップラーメンを食べました。次は必ず料理を作って食べます。

69. (㉠)に入る表現として適当なものを選んで下さい。

① する気がないから
② する気がないので
❸ する時間がないので
④ する時間がないから

**解説** 料理はしたいのだけれども時間がなかなか取れないと言っているので①と②は正解ではありません。日本語訳を見ると③も④も成立しそうですが、④の「할 시간이 없으니까」とは言いません。主観的な理由になるからです。「할 시간이 없으니까」が使われるのは後ろに命令、推量、強い意志などの表現が続く時です。「먹었습니다」は事実を述べる文なので「할 시간이 없으니까」とは合いません。

70. 上の文の内容から分かることを選んで下さい。

① 美味しいものを食べるためには時間を作らなければなりません。
② カップラーメンは忙しい人たちが食べる物です。
③ 自分の健康のために直接料理して食べた方がいいです。
❹ 生活に追われ、したいことも出来ない時があります。

**解説** ①②③はそれなりに言えるのかもしれませんが、上の文で最も言いたいことは④の内容になります。

模擬試験第４回では、本番の試験さながらの紙面を再現しました。
また、듣기では、案内の音声やインターバルの秒数まで、忠実に再現しています。
何度も繰り返し練習して、試験の形式に慣れてください。

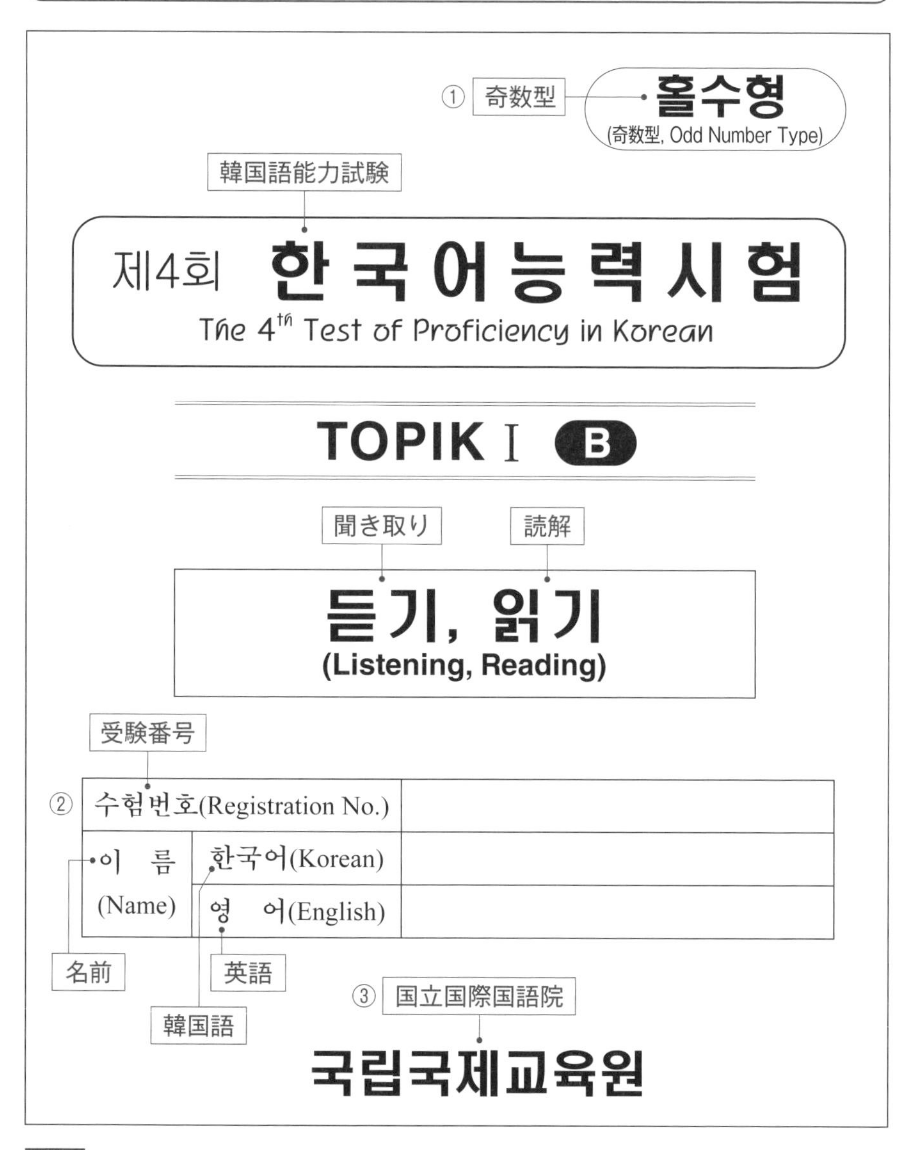


**解説**

①右上に、홀수형（奇数型）あるいは짝수형（偶数型）と表記されています。ご自分の受験番号の末尾と合っているかどうかを確認して下さい。合っていない場合は、手を上げて、監督官に知らせて下さい。試験場では、このことをアナウンスしない場合もあります。

②表紙は、韓国語と英語の併記となっています。

③韓国語能力試験 TOPIK を主管する、韓国の機関の名前です。

表紙を開くと、「留意事項」というページが現れます。試験前にひととおり目をとおしておきましょう。「留意事項」は、表紙と同様、韓国語と英語の併記になっています。

# 유 의 사 항
## Information

1. 시험 시작 지시가 있을 때까지 문제를 풀지 마십시오.
   Do not open the booklet until you are allowed to start.

2. 수험번호와 이름을 정확하게 적어 주십시오.
   Write your name and registration number on the answer sheet.

3. 답안지를 구기거나 훼손하지 마십시오.
   Do not fold the answer sheet; keep it clean.

4. 답안지의 이름, 수험번호 및 정답의 기입은 배부된 펜을 사용하여 주십시오.
   Use the given pen only.

5. 정답은 답안지에 정확하게 표시하여 주십시오.
   Mark your answer accurately and clearly on the answer sheet.

   marking example ① ● ③ ④

6. 문제를 읽을 때에는 소리가 나지 않도록 하십시오.
   Keep quiet while answering the questions.

7. 질문이 있을 때에는 손을 들고 감독관이 올 때까지 기다려 주십시오.
   When you have any questions, please raise your hand.

〔和訳〕 留意事項

1. 試験開始の指示があるまで問題を解かないで下さい。
2. 受験番号と名前を正確に記入して下さい。
3. 答案用紙を曲げたり汚さないで下さい。
4. 答案用紙の名前、受験番号及び解答の記入は、配布したペンを使用して下さい。
5. 正解は、答案用紙に正確に表示して下さい。
6. 問題を読む時には、声を出さないで下さい。
7. 質問がある時には、手を上げ、監督官が来るまで待って下さい。

# 第4回　I　듣기 (1번~ 30번)

track4-01

[1-4] 다음을 듣고《보기》와 같이 물음에 맞는 대답을 고르십시오.

《보기》

가 : 공책이 있어요?
나 : ____________

❶ 네, 공책이 있어요.　② 네, 공책이 작아요.
③ 아니요, 공책이 커요.　④ 아니요, 공책이 싸요.

1. 4점　track4-02

① 네, 사람이 많아요.　② 네, 사람이 아니에요.
③ 아니요, 사람이에요.　④ 아니요, 사람이 있어요.

2. 4점　track4-03

① 네, 영화를 좋아해요.　② 네, 영화가 없어요.
③ 아니요, 영화를 봐요.　④ 아니요, 영화가 좋아요.

3. 3점　track4-04

① 자주 읽어요.　② 밤에 읽어요.
③ 요리책을 읽어요.　④ 집에서 읽어요.

4. 3점　track4-05

① 제가 가요.　② 지금 가요.
③ 집에 가요.　④ 전철로 가요.

track4-06

[5-6] **다음을 듣고《보기》와 같이 이어지는 말을 고르십시오.**

《보기》

**가 : 늦어서 미안해요.**
**나 : ____________**

❶ 아니에요. ② 죄송해요.
③ 환영해요. ④ 부탁해요.

5. 4점 track4-07
① 여기 있어요. ② 어서 오세요.
③ 안녕히 가세요. ④ 만나서 반가워요.

6. 3점 track4-08
① 네, 좋겠어요. ② 네, 축하해요.
③ 네, 아니에요. ④ 네, 알겠어요.

track4-09

[7-10] **여기는 어디입니까?《보기》와 같이 알맞은 것을 고르십시오.**

《보기》

**가 : 어떻게 오셨어요?**
**나 : 이거 한국 돈으로 바꿔 주세요.**

① 가게 ❷ 은행 ③ 운동장 ④ 지하철

7. 3점 track4-10
① 교실 ② 식당 ③ 병원 ④ 회사

8. 3점 track4-11
① 빵집 ② 약국 ③ 도서관 ④ 백화점

9. 3점 track4-12
① 호텔 ② 버스 터미널 ③ 역 ④ 미용실

10. 4점 track4-13
① 박물관 ② 정류장 ③ 우체국 ④ 미술관

[11-14] **다음은 무엇에 대해 말하고 있습니까? 《보기》와 같이 알맞은 것을 고르십시오.**

track4-14

《보기》

**가 : 누구예요?**
**나 : 이 사람은 형이고, 이 사람은 동생이에요.**

① 선생님 ② 친구 ❸ 가족 ④ 부모님

11. 3점 track4-15

① 음식 ② 나라 ③ 날짜 ④ 시간

12. 3점 track4-16

① 값 ② 맛 ③ 시간 ④ 나이

13. 4점 track4-17

① 고향 ② 날씨 ③ 여행 ④ 계획

14. 3점 track4-18

① 선물 ② 색깔 ③ 장소 ④ 지갑

[15-16] **다음 대화를 듣고 알맞은 그림을 고르십시오.** 각 4점

15. track4-19

①

②

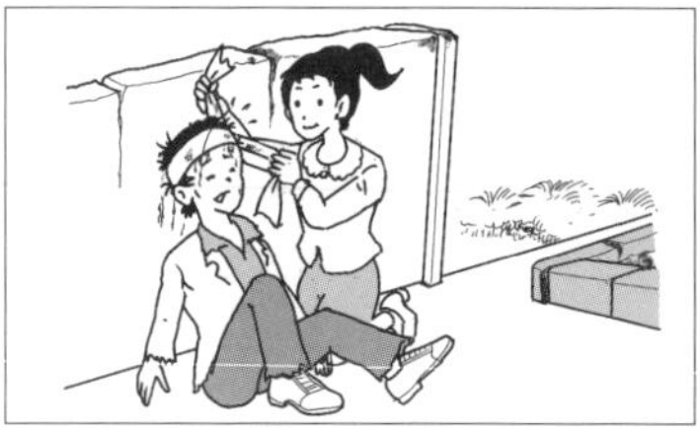

③

④

16. (track4-20)

① 

② 

③ 

④ 

[17-21] **다음을 듣고《보기》와 같이 대화 내용과 같은 것을 고르십시오.** 각 3점

(track4-21)

《보기》

**남자 : 요즘 한국어를 공부해요?**
**여자 : 네. 한국 친구한테서 한국어를 배워요.**

① 남자는 학생입니다. ② 여자는 학교에 다닙니다.
③ 남자는 한국어를 가르칩니다. ❹ 여자는 한국어를 공부합니다.

17. (track4-22)

① 남자는 여자의 집에 갈 겁니다.
② 여자는 혼자 살고 있습니다.
③ 남자는 주말에 아르바이트가 없습니다.
④ 여자는 남자에게 초대를 받았습니다.

18. (track4-23)

① 남자는 휴가 때 푹 쉬었습니다.
② 여자는 휴가 때 남자를 만났습니다.
③ 여자는 휴가 배 여행을 가지 못했습니다.
④ 남자는 휴가 때 부모님을 만났습니다.

19. (track4-24)

① 여자는 오늘 수업이 있습니다.
② 여자는 그림 그리는 것을 배웁니다.
③ 남자는 여자와 같이 수업을 듣습니다.
④ 남자는 그림 그리는 수업을 신청했습니다.

20. (track4-25)

① 여자는 시험을 보지 않습니다.
② 여자는 공부할 것이 별로 없습니다.
③ 여자는 시간이 필요합니다.
④ 여자는 혼자 시험 준비를 합니다.

21. (track4-26)

① 남자는 구두를 주문했습니다.
② 여자는 구두를 사고 있습니다.
③ 여자는 검은색 구두를 줬습니다.
④ 남자는 구두를 가지고 갈 겁니다.

[22-24] **다음을 듣고 여자의 중심 생각을 고르십시오.** 각 3점

22. (track4-27)

① 여행 갈 곳을 찾기가 힘듭니다.
② 지금 예약한 곳이 마음에 듭니다.
③ 여행은 다른 곳으로 가려고 합니다.
④ 인터넷으로 찾으면 여행 가기가 편합니다.

23. (track4-28)

① 전기밥솥을 고치고 싶습니다.
② 전기밥솥을 새로 사려고 합니다.
③ 전기밥솥을 싸게 사면 좋겠습니다.
④ 전기밥솥을 조심해서 사용할 겁니다.

24. (track4-29)

① 빨리 졸업을 해야 합니다.

② 패션 공부를 하려고 합니다.

③ 패션 회사는 취직하기 쉽습니다.

④ 디자인 회사에서 일하면 좋겠습니다.

[25-26] **다음을 듣고 물음에 답하십시오.** (track4-30)

25. **여자가 왜 이 이야기를 하고 있는지 고르십시오.** 3점

① 등산 모임 신청을 받으려고

② 등산 모임 장소를 바꾸려고

③ 등산 모임 시작을 안내하려고

④ 등산 모임 준비물을 설명하려고

26. **들은 내용과 같은 것을 고르십시오.** 4점

① 지금 남산 정상으로 가야 합니다.

② 이 모임은 이번에 처음 열립니다.

③ 준비 운동은 각자 알아서 합니다.

④ 출발 장소와 모이는 장소가 같습니다.

[27-28] **다음을 듣고 물음에 답하십시오.** (track4-31)

27. **두 사람이 무엇에 대해 이야기를 하고 있는지 고르십시오.** 3점

① 농촌 봉사활동에서 하는 일

② 관심이 있는 봉사활동

③ 요즘 인기 있는 봉사활동

④ 봉사활동을 하는 시기

28. **들은 내용과 같은 것을 고르십시오.** 4점

① 남자는 봉사활동을 할 예정입니다.
② 여자는 농촌에는 관심이 없습니다.
③ 남자는 봉사활동에 가입할 겁니다.
④ 여자는 남자와 함께 농촌에 갈 겁니다.

[29-30] **다음을 듣고 물음에 답하십시오.** track4-32

29. **남자가 이 일을 시작하게 된 이유를 고르십시오.** 3점

① 중학교 교사가 되려고
② 의사를 소개하고 싶어서
③ 어려운 아이들을 도우려고
④ 병원에 도움이 되고 싶어서

30. **들은 내용과 같은 것을 고르십시오.** 4점

① 남자는 아이들을 가르친 적이 없습니다.
② 남자는 아이들이 있어서 병원을 그만둡니다.
③ 남자는 다른 사람들과 같이 이 일을 합니다.
④ 남자는 처음부터 이 일이 힘들지 않았습니다.

# 第4回 Ⅱ 읽기 (31번~ 70번)



[31-33] 무엇에 대한 이야기입니까?《보기》와 같이 알맞은 것을 고르십시오. 각 2점

《보기》

오늘은 월요일입니다. 내일은 화요일입니다.

① 친구　❷ 요일　③ 얼굴　④ 편지

31. 남자가 있습니다. 여자는 없습니다.

① 시간　② 나라　③ 날짜　④ 사람

32. 저는 축구를 합니다. 형은 야구를 합니다.

① 운동　② 쇼핑　③ 나이　④ 계절

33. 저는 아파트에 삽니다. 방이 네 개입니다.

① 꽃　② 취미　③ 가족　④ 집

[34-39] 《보기》와 같이 (　　)에 들어갈 말로 가장 알맞은 것을 고르십시오.

《보기》

단어를 모릅니다. (　　)을 찾습니다.

① 안경　② 수박　❸ 사전　④ 지갑

34. 2점

시간이 없습니다. 그래서 택시를 (　　).

① 탑니다　② 있습니다　③ 잡니다　④ 마십니다

35. 2점

| 그것은 종이(　　　) 아닙니다. 비닐입니다. |
|---|

① 에서　② 와　③ 가　④ 에

36. 2점

| 비가 옵니다. (　　　)을 씁니다. |
|---|

① 우산　② 의자　③ 모자　④ 시계

37. 3점

| 겨울입니다. 밖이 (　　　) 춥습니다. |
|---|

① 아주　② 별로　③ 처음　④ 가끔

38. 3점

| 한국어 공부가 (　　　). 매일 합니다. |
|---|

① 조용합니다　② 재미있습니다
③ 작습니다　④ 많습니다

39. 2점

| 편지가 (　　　). 편지를 읽습니다. |
|---|

① 왔습니다　② 봤습니다　③ 썼습니다　④ 씻었습니다

[40-42] **다음을 읽고 맞지 않는 것을 고르십시오.** 각 3점

40.

## 도자기 공예 체험

온 가족이 함께 예쁜 컵을 만들어요.

★**일시** : 매주 토요일 오후 2시
★**장소** : 이천 도자기 카페
★**참가비** : 아이 5,000원
어른 10,000원

커피와 주스를 드립니다.

① 아빠는 만 원을 냅니다.
② 도자기 체험 교실은 토요일마다 있습니다.
③ 부모하고 아이가 컵을 만듭니다.
④ 커피는 돈을 내고 마십니다.

41.

**중고 노트북을 사실 분**

6개월 사용한 노트북을 팝니다.
필요하신 분 연락 주십시오.

**연락처** : 010-1234-5678
**이메일** : kjfi5642@saram.co.kr

① 이 노트북은 육 개월 동안 썼습니다.
② 노트북 주인은 돈이 필요합니다.
③ 연락은 전화로 해야 합니다.
④ 이메일로 연락을 해도 괜찮습니다.

42.

| 열차 승차권 | | |
|---|---|---|
| 승차 일자 2018년 1월 31일(수) | | |
| 서울 | ▶ | 부산 |
| 15:00 | | 17:38 |
| 158열차 부산행 영수액 ₩64,000 | | |
| 타는 곳과 열차를 확인한 후 승차하시기 바랍니다 | | |

① 이 열차는 부산행 열차입니다.
② 서울에서 부산까지 두 시간 사십 분 정도 걸립니다.
③ 이 열차는 오후 다섯 시에 떠납니다.
④ 금액은 육만 사천 원입니다.

[43-45] **다음을 읽고 내용이 같은 것을 고르십시오.**

43. 3점

> **고등학교 친구가 내일 여기로 옵니다. 저는 일이 끝나고 역으로 갈 겁니다. 그리고 친구와 같이 저녁 식사를 할 겁니다.**

① 저는 내일 일이 있습니다.
② 친구는 오늘 여기에 왔습니다.
③ 저는 친구와 같이 역으로 갈 겁니다.
④ 친구는 저녁을 먹었습니다.

44. 2점

| 저는 어제 한국 드라마를 봤습니다. 드라마를 본 후에 언니와 같이 라면과 떡볶이를 먹었습니다. 그리고 K-POP을 들었습니다. |
|---|

① 저는 언니와 라면을 먹었습니다.
② 저는 언니 노래를 들었습니다.
③ 저는 오늘 한국 드라마를 봅니다.
④ 저는 드라마를 보면서 떡볶이를 먹었습니다.

45. 3점

| 이번 주말에 누나와 같이 동네 공원에 갈 겁니다. 거기에서 누나하고 테니스를 칠 겁니다. 저는 이제 테니스를 잘 칠 수 있습니다. |
|---|

① 이번 주말에 공원에 갈 겁니다.
② 동네에 공원이 없습니다.
③ 저는 누나에게 테니스를 배울 겁니다.
④ 누나는 테니스를 못 칩니다.

[46-48] **다음을 읽고 중심 내용을 고르십시오.**

46. 3점

| 이번 주부터 휴가입니다. 여행도 가고 맛있는 것도 많이 먹을 겁니다. 다음 주가 안 왔으면 좋겠습니다. |
|---|

① 저는 여행 가는 것을 좋아합니다.
② 저는 휴가를 기다렸습니다.
③ 저는 맛있는 것을 많이 먹습니다.
④ 저는 다음 주가 싫습니다.

47. 2점

> **저는 어제 치마를 하나 샀습니다. 이 치마는 편하고 예쁩니다. 그래서 자주 입을 겁니다.**

① 저는 예쁜 치마가 좋습니다.
② 저는 새 치마가 마음에 듭니다.
③ 저는 옷 사는 것을 좋아합니다.
④ 저는 치마를 사고 싶습니다.

48. 3점

> **저는 한강 공원에 자주 갑니다. 한강 공원에 가면 좋은 공기도 마실 수 있고 운동도 할 수 있습니다. 저는 한강 공원에 가는 것이 즐겁습니다.**

① 저는 한강 공원에서 좋은 공기를 마십니다.
② 저는 한강 공원에 가는 것을 좋아합니다.
③ 저는 운동을 하려고 한강 공원에 갑니다.
④ 저는 한강 공원에서 산책을 합니다.

[49-50] **다음을 읽고 물음에 답하십시오.** 각 2점

> **저는 아내에게 특별한 선물을 주고 싶었습니다. 아내가 꽃을 좋아해서 우리 집에는 꽃이 많았습니다. 그래서 사탕으로 꽃을 만들었습니다. 아내는 그 선물을 받고 기쁜 얼굴로 사탕을 먹었습니다. 아내가 좋아해서 저는 정말 ( ㉠ ).**

49. ( ㉠ )**에 들어갈 가장 알맞은 말을 고르십시오.**

① 미안했습니다　　② 슬펐습니다
③ 바빴습니다　　④ 기뻤습니다

50. 윗글의 내용과 같은 것을 고르십시오.

① 아내는 사탕을 아주 좋아합니다.
② 저는 꽃으로 사탕을 만들었습니다.
③ 아내는 꽃을 받는 것이 기쁘지 않습니다.
④ 저는 아내에게 선물을 주었습니다.

[51-52] 다음을 읽고 물음에 답하십시오.

| 인주시에는 한국에서 가장 큰 미술관이 있습니다. 한국의 여러 화가의 유명한 그림과 세계적 화가들의 그림을 볼 수 있습니다. 그리고 화가들이 그림을 그리는 것도 볼 수 있습니다. ( ㉠ ) 거기에서 자기가 좋아하는 그림을 그릴 수도 있습니다. |
|---|

51. ( ㉠ )에 들어갈 알맞은 말을 고르십시오. 3점

① 또　② 그러면　③ 그런데　④ 그렇지만

52. 무엇에 대한 내용인지 맞는 것을 고르십시오. 2점

① 인주시 미술관에서 할 수 있는 일
② 인주시 미술관에 가는 방법
③ 인주시에 미술관을 만든 이유
④ 인주시 미술관을 이용하는 시간

[53-54] 다음을 읽고 물음에 답하십시오.

| 오늘 저는 친구와 K-POP공연을 보러 갔습니다. 사람들이 정말 많았습니다. 오늘 공연에는 제가 좋아하는 가수도 나왔습니다. 늘 텔레비전으로 그 가수를 ( ㉠ ) 오늘은 직접 볼 수 있어서 정말 좋았습니다. 다들 노래를 너무 잘해서 행복했습니다. 다음에 또 갈 수 있으면 좋겠습니다. |
|---|

53. ( ㉠ )에 들어갈 말로 가장 알맞은 것을 고르십시오. 2점

① 봤는데　② 보면　③ 보려고　④ 볼 때

**54. 윗글의 내용과 같은 것을 고르십시오.** 3점

① 친구와 같이 공연장에 갔습니다.
② 오늘은 좋아하는 가수를 못 봤습니다.
③ 공연장에는 사람이 별로 없었습니다.
④ 오늘은 노래를 못하는 가수도 있었습니다.

[55-56] **다음을 읽고 물음에 답하십시오.**

| |
|---|
| **인주시는 올해 '인주시 소비 할인권'을 만들었습니다. 물건을 살 때나 숙박을 예약할 때 이 할인권을 쓰면 쓴 돈의 10%를 할인받을 수 있습니다. 이 할인권은 인주시 안에서 사용할 수 있습니다. 그래서 전보다 인주시로 ( ㉠ ) 사람들이 많아졌습니다.** |

**55. ( ㉠ )에 들어갈 알맞은 말을 고르십시오.** 2점

① 놀러 오는
② 일하러 가는
③ 할인을 받는
④ 돈을 바꾸러 가는

**56. 윗글의 내용과 같은 것을 고르십시오.** 3점

① 이 할인권을 모르는 사람들이 많습니다.
② 이 할인권은 올해 만들 것입니다.
③ 인주시에서 이 할인권을 쓸 수 있습니다.
④ 다른 도시에 사는 사람은 못 씁니다.

## [57-58] 다음을 순서에 맞게 배열한 것을 고르십시오.

57. 3점

(가) 우리 집에는 개가 두 마리 있습니다.
(나) 그 이름은 '메리'와 '매미'입니다.
(다) 그래서 우리 가족은 이름을 다르게 불렀습니다.
(라) 처음에 이름을 불렀을 때 두 마리가 같이 왔습니다.

① 가-다-나-라　　② 가-라-나-다
③ 라-가-다-나　　④ 라-나-다-가

58. 2점

(가) 또는 소금물에 넣어도 좋습니다.
(나) 사과는 깎아 놓으면 색이 변합니다.
(다) 설탕물에 넣으면 그것을 막을 수 있습니다.
(라) 제일 좋은 것은 깎아서 다 먹는 것입니다.

① 나-가-라-다　　② 나-다-가-라
③ 라-나-가-다　　④ 라-나-다-가

## [59-60] 다음을 읽고 물음에 답하십시오.

저는 갈 곳이 없는 청소년들을 돌보고 있습니다. ( ㉠ ) 청소년들에게 보호자가 생길 때까지 함께 지냅니다. ( ㉡ ) 지금은 5명의 청소년을 돌보고 있습니다. 저는 이 아이들과 같이 산책도 하고 운동도 합니다. ( ㉢ ) 이제 함께 지낼 수 없어서 슬프지만 보호자가 생긴 것은 좋은 일입니다. ( ㉣ )

59. 다음 문장이 들어갈 곳을 고르십시오. 2점

그런데 다음 주에 보호자가 이 아이들을 데리러 옵니다.

① ㉠　　② ㉡　　③ ㉢　　④ ㉣

60. **윗글의 내용과 같은 것을 고르십시오.** 3점

① 청소년들은 갈 곳이 없습니다.

② 저는 이 아이들과 시간을 같이 보냅니다.

③ 저는 이 아이들과 같이 살 겁니다.

④ 저는 보호자들과 같이 이 아이들을 돌봅니다.

[61-62] **다음을 읽고 물음에 답하십시오.** 각 2점

> 저는 어제 리포트를 냈습니다. 그런데 오늘 아침에 다시 읽으면서 보니까 잘못 쓴 곳이 있었습니다. 이번에도 좋은 점수를 못 받을 것 같습니다. 다음에는 잘 써 보려고 합니다. 리포트를 잘 ( ㉠ ) 좋은 점수를 받을 겁니다.

61. ( ㉠ )**에 들어갈 알맞은 말을 고르십시오.**

① 쓰면　　② 써서　　③ 쓰고　　④ 쓰려면

62. **윗글의 내용과 같은 것을 고르십시오.**

① 오늘 아침에 리포트를 제출할 겁니다.

② 교수님이 리포트를 잘못 썼습니다.

③ 다음에는 좋은 점수를 받을 겁니다.

④ 이번에 낸 리포트는 잘 썼습니다.

[63-64] **다음을 읽고 물음에 답하십시오.**

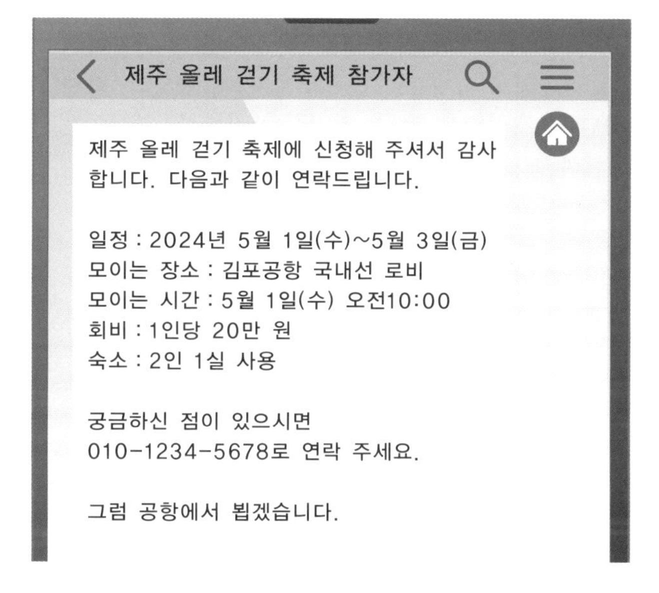

제주 올레 걷기 축제 참가자

제주 올레 걷기 축제에 신청해 주셔서 감사합니다. 다음과 같이 연락드립니다.

일정 : 2024년 5월 1일(수)~5월 3일(금)
모이는 장소 : 김포공항 국내선 로비
모이는 시간 : 5월 1일(수) 오전10:00
회비 : 1인당 20만 원
숙소 : 2인 1실 사용

궁금하신 점이 있으시면
010-1234-5678로 연락 주세요.

그럼 공항에서 뵙겠습니다.

63. **왜 이 글을 썼는지 맞는 것을 고르십시오.** 2점

① 축제 내용을 알려 주려고
② 축제 참가자에게 일정 등을 알려 주려고
③ 축제 참가자를 모으려고
④ 축제를 같이 하려고

64. **이 글의 내용과 같은 것을 고르십시오.** 3점

① 이 축제는 이틀에 끝납니다.
② 이 축제에 가는 사림은 국제선 로비에 보입니다.
③ 이 축제에 가려면 비행기를 타야 합니다.
④ 이 축제에 가려면 열한 시까지 공항에 가야 합니다.

[65-66] **다음을 읽고 물음에 답하십시오.**

**올해 인주대학교는 기숙사를 크게 새로 짓습니다. 이 기숙사는 이전의 3층을 6층으로 만들어 전보다 2배의 학생들이 들어갈 수 있게 합니다. 학생들의 ( ㉠ ) 만드는 겁니다. 그리고 1층에는 식당이 생깁니다. 학생들은 이 식당에서 아침부터 저녁까지 식사를 할 수 있게 됩니다.**

65. **( ㉠ )에 들어갈 알맞은 말을 고르십시오.** 2점

① 편의를 생각해서　　② 안전을 걱정해서

③ 공부를 위해서　　④ 수업 시간이 달라서

66. **윗글의 내용과 같은 것을 고르십시오.** 3점

① 인주대학교 기숙사가 작년에 바뀌었습니다.

② 이 기숙사는 이전보다 아주 넓어집니다.

③ 이 기숙사에는 식당이 없습니다.

④ 학생들은 학교에 가서 식사를 합니다.

[67-68] **다음을 읽고 물음에 답하십시오.** 각 3점

**서울에는 4년제 대학이 50개 있습니다. 이 가운데 대학 랭킹이 가장 높은 곳은 서울대학교입니다. 그렇지만 한국어를 배우려는 외국인들에게 인기가 있는 곳은 연세대학교, 서강대학교, 경희대학교 등입니다. 특히 연세대학교는 ( ㉠ ) 외국인에 대한 한국어 교육을 잘해서 지금도 외국인들이 많이 찾습니다.**

67. **( ㉠ )에 들어갈 알맞은 말을 고르십시오.**

① 한류 붐이 생긴 후에　　② 한류 붐이 생기면서

③ 한류 붐과 함께　　④ 한류 붐이 생기기 전부터

**68. 윗글의 내용과 같은 것을 고르십시오.**

① 외국인들은 연세대학교를 잘 모릅니다.
② 서울에서 가장 좋은 대학은 서울대학교입니다.
③ 외국인들에게는 서울대학교가 인기가 있습니다.
④ 연세대학교는 한국어 교육을 잘 못합니다.

**[69-70] 다음을 읽고 물음에 답하십시오.** 각 3점

우리 아버지는 대학교를 졸업하지 못했습니다. 할아버지가 일찍 돌아가셔서 동생들을 돌봐야 했습니다. 아버지는 동생들이 대학에 가서 공부하는 것을 보면서 부러워했습니다. 우리는 그런 아버지께 대학교 졸업장을 ( ㉠ ) 했습니다. 오늘이 우리가 준비한 졸업장을 아버지께 드리는 날입니다. 아버지가 기뻐하셨으면 좋겠습니다.

**69. ( ㉠ )에 들어갈 알맞은 말을 고르십시오.**

① 만들어 드리기로
② 만들어 드리려고
③ 선물해 드리면
④ 보내 주지 않기로

**70. 윗글의 내용으로 알 수 있는 것을 고르십시오.**

① 아버지는 졸업하고 싶지 않습니다.
② 아버지는 오늘 대학을 졸업합니다.
③ 아버지는 대학에 가고 싶어했습니다.
④ 아버지는 동생들이 없었습니다.

# 第4回　I　듣기　正解及び解説

## TOPIK I　듣기 (1번～30번)
## TOPIK I 聞き取り (1番～30番)

音楽

### 안내 말씀

안녕하십니까? 듣기 평가를 위한 안내 말씀을 드립니다. 잠시 후 시험이 시작되오니 감독관과 수험생 여러분은 본 안내를 들으며 잡음 없이 소리가 잘 들리는지 소리의 크기가 적당한지 또 시험장 주변에서 소음이 들리지 않는지 확인해 주시기 바랍니다. 문제가 있을 경우 감독관은 본 안내를 정지시킨 후 조치를 취해 주십시오. 음악이 끝나면 듣기 평가가 시작됩니다. 감사합니다.

訳

### ご案内

こんにちは。聞き取り評価のためのご案内です。間もなく試験が始まりますので、監督官と受験生の皆さんは、本案内を聞きながら、雑音なく音が綺麗に聞こえるか、音の大きさは適切か、また、試験場周辺から騒音が聞こえてこないか、確認して下さい。支障がある場合、監督官は本案内を止め、措置を行って下さい。音楽が終わると、聞き取りの評価が始まります。ありがとうございます。

**解説**　この案内は、聞き取り試験開始直前に、韓国語で流れます。この案内放送が終わると、聞き取り試験に入ることになります。

音楽

**제XX회 한국어능력시험 I 듣기, 아래 1번부터 30번까지는 듣기 문제입니다. 문제를 잘 듣고 질문에 맞는 답을 고르십시오. 두 번씩 읽겠습니다.**

訳

第XX回韓国語能力試験 I 聞き取り、次の1番から30番までは、聞き取りの問題です。問題をよく聞き、質問に合う答えを選んで下さい。二回ずつ読みます。

**解説**　音楽が終わると、上記の案内が韓国語で流れます。ここからが聞き取り試験となります。

チャイム

[1-4] 次を聞いて《例》のように質問に合う答えを選んで下さい。

《例》

㉮ : **공책이 있어요?** カ：ノートがありますか。
㉯ : ________ ナ：________
**정답은 1번입니다.** 正解は、一番です。

❶ 네, 공책이 있어요. はい、ノートがあります。
② 네, 공책이 작아요. はい、ノートが小さいです。
③ 아니요, 공책이 커요. いいえ、ノートが大きいです。
④ 아니요, 공책이 싸요. いいえ、ノートが安いです。

1. 4点 ㉮ : **사람이 많아요?** カ：人が多いですか。
㉯ : ________ ナ：________

❶ はい、人が多いです。 ② はい、人ではありません。
③ いいえ、人です。 ④ いいえ、人がいます。

**解説** 「많아요?」という質問なので、肯定の返事なら「네, 많아요 (はい、多いです)」に、否定の返事なら「아니요, 많이 없어요 (いいえ、たくさんはいません) /많지 않아요 (多くありません)」になります。①が正解です。

2. 4点 ㉮ : **영화를 좋아해요?** カ：映画が好きですか。
㉯ : ________ ナ：________

❶ はい、映画が好きです。 ② はい、映画がありません。
③ いいえ、映画を観ます。 ④ いいえ、映画がいいです。

**解説** 「영화를 좋아해요?」という質問なので、肯定の返事をする場合には「네, 좋아해요 (はい、好きです)」に、否定の返事をする場合には「아니요, 안 좋아해요 (いいえ、好きではありません)」になります。①が正解になります。

3. 3点 ㉮ : **무슨 책을 읽어요?** カ：何の本を読みますか。
㉯ : ________ ナ：________

① よく読みます。 ② 夜、読みます。
❸ 料理の本を読みます。 ④ 家で読みます。

**解説** 「무슨 책을 읽어요?」という質問なので、何の本かを答えなければなりません。その条件を満たしているのは③です。

4. 3点 ㉮ : **학교에 어떻게 가요?** カ：学校にどのように行きますか。
㉯ : ________ ナ：________

① 私が行きます。 ② 今、行きます。 ③ 家に行きます。 ❹ 電車で行きます。

**解説** 「어떻게 가요?」と聞いているので、手段を答える必要があります。それを満たしているのは④です。②は「언제 가요? (いつ行きますか？)」と聞かれた時の答え方です。

チャイム

[5−6]　次を聞いて《例》のように続く表現を選んで下さい。

《例》

㉮：늦어서 미안해요.　　カ：遅れてすみません。
㉯：＿＿＿＿＿＿＿＿　　ナ：＿＿＿＿＿＿＿＿
정답은 1번입니다.　　正解は、一番です。

❶ 아니에요.　いいえ。　② 죄송해요.　ごめんなさい。
③ 환영해요.　歓迎します。　④ 부탁해요.　お願いします。

5.　4点

㉮：안녕히 계세요.　　カ：さようなら。
㉯：＿＿＿＿＿＿＿＿　　ナ：＿＿＿＿＿＿＿＿

① ここにあります。　② いらっしゃいませ。
❸ さようなら。　④ お会い出来て嬉しいです。

**解説**　「안녕히 계세요」は、去っていく人がその場に残る人に言う「さようなら」です。去っていく人からそれを言われると、残る人は、「안녕히 가세요」と返事をします。正解は③です。②の「어서 오세요」は、自宅を訪ねてくる人を迎える時にも使います。その場合は、「どうぞお入り下さい」の意味になります。

6.　3点

㉮：잠깐만 기다리세요.　　カ：少しお待ち下さい。
㉯：＿＿＿＿＿＿＿＿　　ナ：＿＿＿＿＿＿＿＿

① はい、いいでしょう。　② はい、おめでとうございます。
③ はい、違います。　❹ はい、分かりました。

**解説**　「잠깐만 기다리세요」と言われると、日常生活では、「네/예（はい）」と簡単に答えることが多いです。上の4つでそれに最も近いのは、④です。「네, 알았어요」でもかまいません。

チャイム

[7−10]　ここはどこですか。《例》のように相応しいものを選んで下さい。

《例》

㉮：어떻게 오셨어요?　　カ：ご用件を承ります。
㉯：이거 한국 돈으로 바꿔 주세요.　　ナ：これ、韓国のお金に換えて下さい。
다시 들으십시오.　　もう一回お聞き下さい。
정답은 2번입니다.　　正解は、二番です。

① 가게　お店　❷ 은행　銀行　③ 운동장　運動場　④ 지하철　地下鉄

7.　3点

㉮：뭐 드시겠어요?　　カ：ご注文はお決まりでしょうか。
㉯：비빔밥 하나 주세요.　　ナ：ビビンバ一つ下さい。
다시 들으십시오.　　もう一回聞いて下さい。

① 教室　❷ 食堂　③ 病院　④ 会社

**解説**　飲食店で使われる「ご注文はお決まりでしょうか」という表現は、「주문하시겠어요？（注文な

さいますか)」や「주문 도와드리겠습니다(注文をお手伝いします)」「뭐 드시겠어요?(何を召し上がりますか)」など、いろいろな言い方があります。なお、ここから「다시 들으십시오(もう一回お聞き下さい)」という韓国語の案内が一回目の会話の後に流れます。正解は、②です。

8. 3点

| | |
|---|---|
| ㉮ : **민수 씨, 이 치마 어때요?** | カ : ミンスさん、このスカート、どうですか。 |
| ㉯ : **좋네요. 그거 사세요.** | ナ : いいですね。それ、買ったらどうですか。 |
| **다시 들으십시오.** | もう一回聞いて下さい。 |

① パン屋　② 薬局　③ 図書館　❹ デパート

**解説**　「치마 어때요?」という問いかけに「사세요」という応答が続いているので、買い物の場面です。正解は④です。「좋네요」は、[존네요]に聞こえるので、注意して下さい。パッチム「ㅎ」は[ㄷ]で発音しますが、「パッチム[ㄷ]+ㄴ」の条件になると発音が変わり、「パッチム[ㄴ]+ㄴ」になります。「사세요」は、上記が買い物の場面なので、命令というより「~たらどうですか」くらいの意味だと思って下さい。

9. 3点

| | |
|---|---|
| ㉮ : **부산 가는 버스, 여기서 타요?** | カ : 釜山に行くバス、ここで乗るのですか。 |
| ㉯ : **네, 표 좀 보여 주세요.** | ナ : はい、切符を見せて下さい。 |
| **다시 들으십시오.** | もう一回聞いて下さい。 |

① ホテル　❷ バスターミナル　③ 駅　④ 美容室

**解説**　「버스」と「타요」を組み合わせた言い方が使われるところは、버스 정류장(バス停)か②の버스 터미널(バスターミナル)です。両者の違いは、市境を超えるかどうかです。「버스 정류장」は市境を超えませんが、「버스 터미널」は超えます。

10. 4点

| | |
|---|---|
| ㉮ : **서울로 택배를 보내고 싶은데요.** | カ : ソウルに宅配を送りたいのですが。 |
| ㉯ : **네, 저쪽으로 가세요.** | ナ : はい、あちらへどうぞ。 |
| **다시 들으십시오.** | もう一回聞いて下さい。 |

① 博物館　② 停留所　❸ 郵便局　④ 美術館

**解説**　「택배」は、コンビニでも扱う場合がありますが、基本的には郵便局で送ります。正解は、③です。

チャイム

[11-14]　次は何について話しているのですか。《例》のように相応しいものを選んで下さい。

《例》

| | |
|---|---|
| ㉮ : **누구예요?** | カ : 誰ですか。 |
| ㉯ : **이 사람은 형이고, 이 사람은 동생이에요.** | ナ : この人は兄で、この人は弟です。 |
| **다시 들으십시오.** | もう一回お聞き下さい。 |
| **정답은 3번입니다.** | 正解は、三番です。 |

① 선생님　先生　② 친구　友達　❸ 가족　家族　④ 부모님　両親

11. 3点

㉮ : 이 김치는 좀 맵네요. カ：このキムチは、少し辛いですね。
㉯ : 네, 그런데 맛있어요. ナ：はい、でも美味しいです。
다시 들으십시오. もう一回お聞き下さい。

❶ 食べ物　② 国　③ 日付　④ 時間

**解説** 「맵네요」は、「パッチム［ㅂ］＋ㄴ」の環境では「パッチム［ㅁ］＋ㄴ」になるので［맴네요］に聞こえます。「-네요」は、「～ですね」とほぼ同じ使い方をします。正解は、①です。「음식」は「料理／食べ物／飲食」などの意味で使われます。

12. 3点

㉮ : 지금 몇 시예요? カ：今何時ですか。
㉯ : 열 시 반이에요. ナ：10時半です。
다시 들으십시오. もう一回お聞き下さい。

① 値段　② 味　❸ 時間　④ 年齢

**解説** ［면씨］［열씨］と聞こえたら、時間のことです。正解は、③です。

13. 4点

㉮ : 밖에 바람 불어요?
㉯ : 바람은 안 부는데 비가 많이 와요.
다시 들으십시오.

カ：外は、風が吹いていますか。
ナ：風は吹いていないけど、雨が結構降っています。
もう一回聞いて下さい。

① 故郷　❷ 天気　③ 旅行　④ 計画

**解説** 「바람이 불다（風が吹く）」「비가 오다（雨が降る）」は、天気のことです。正解は、②です。

14. 3点

㉮ : 내일 아빠 생일이에요. 뭘 사 주면 좋을까요?
㉯ : 넥타이를 사 주는 게 어때요?
다시 들으십시오.

カ：明日パパの誕生日です。何を買ってあげたらいいでしょうか。
ナ：ネクタイを買ってあげたらどうですか。
もう一回お聞き下さい。

❶ プレゼント　② 色　③ 場所　④ 財布

**解説** 「-는 게 어때요?」は、相手によりいい選択をすることを勧める時に使う表現です。「사 드리는 게（買って差し上げたら）」という、より丁寧な言い方もあります。正解は、①です。

[15−16] 次の対話を聞いて相応しい絵を選んで下さい。各4点

15.

여자 : (깜짝 놀라며) 어머, 괜찮으세요? 어디 다치신 데 없으세요?
남자 : (아프다는 듯이) 아, 네. 괜찮습니다. 고맙습니다.

女性：(びっくりしながら) あら、大丈夫ですか。どこかけがはないですか。
男性：(痛そうに) あ、はい。大丈夫です。ありがとうございます。

❶ 

② 

③ 

④ 

16.

여자 : 저, 압구정역까지 몇 정거장 더 가야 하죠?
남자 : 세 정거장 더 가시면 돼요.

女性：あの、狎鴎亭駅まで、あと何駅ですか。
男性：あと三駅行けばいいです。

① 

② 

③ 

❹ 

チャイム

[17−21] 次を聞いて《例》のように会話内容と同じものを選んで下さい。各3点

《例》

남자 : 요즘 한국어를 공부해요?
여자 : 네. 한국 친구한테서 한국어를 배워요.
다시 들으십시오.
정답은 4번입니다.

男性 : 最近韓国語を勉強していますか。
女性 : はい。韓国の友達から韓国語を習っています。
もう一回お聞き下さい。
正解は、四番です。

① 남자는 학생입니다. 男性は学生です。
② 여자는 학교에 다닙니다. 女性は学校に通っています。
③ 남자는 한국어를 가르칩니다. 男性は韓国語を教えています。
❹ 여자는 한국어를 공부합니다. 女性は韓国語を勉強しています。

17.

여자 : 민수 씨, 주말에 우리 집에 올 거죠?
남자 : 네, 근데 아르바이트 때문에 좀 늦을 거예요.
여자 : 괜찮아요. 아빠 엄마도 늦는 거 알고 있으니까 천천히 와도 돼요.
다시 들으십시오.

女性 : ミンスさん、週末うちに来ますよね?
男性 : はい、しかし、バイトがあるから、少し遅れると思います。
女性 : 大丈夫です。パパやママも遅れることは知っているから、ゆっくり来てもいいですよ。
もう一回聞いて下さい。

❶ 男性は女性の家に行きます。
② 女性は一人で住んでいます。
③ 男性は週末にアルバイトがありません。
④ 女性は男性に招かれました。

**解説** ①の「갈 겁니다」は予定ですが、「行く予定です」と「予定」を入れないで覚えた方がいいです。「갈 겁니다(行きます)」と「갈 예정입니다(行く予定です)」との区別がつかなくなる可能性があるからです。「아빠/엄마」に触れているので、一人暮らしではありません。週末の約束にバイトで遅れると言っているので、③も間違いです。④は逆です。正解は、①です。試験に出てくる人名ですが、男性は「민수 씨」、女性は「수미 씨」とほぼ決まっています。

18.

여자 : 민수 씨, 휴가 잘 보냈어요? 저는 친구들하고 여행 가서 즐겁게 지냈어요.
남자 : 좋았겠네요. 저는 휴가 때 부모님 만나러 갔어요.
여자 : 그래요? 부모님은 어디 계시는데요?
남자 : 제주도에 사시는데 멀어서 휴가 때 가요.
다시 들으십시오.

女性：ミンスさん、休みは楽しめましたか。私は、友達と旅行に行って楽しく過ごしました。
男性：よかったですね。私は休みの時に、両親に会いに行きました。
女性：そうですか。ご両親はどこにいらっしゃるのですか。
男性：済州島に住んでいるのですが、遠いので休みの時に行きます。
もう一回お聞き下さい。

① 男性は休みの時にゆっくり休みました。
② 女性は休みの時に男性に会いました。
③ 女性は休みの時に旅行に行けませんでした。
❹ 男性は休みの時に両親に会いました。

**解説** 「휴가」は「誰かの許可を前提とする休み」のことです。分かりやすいのは会社の休みです。学校の休みや休日のことは「휴가」とは言いません。男性は休みに両親に会っているので、①は不正解です。女性は男性に休みの時に何をしたのかを聞いているので、②も不正解です。冒頭で旅行に行ったと言っているので、③も不正解です。「잘 보내다」は「(人を)きちんと見送る」「楽しく過ごす」という意味なので、上の会話のような状況では、「休みは楽しめたか」という意味になります。「좋았겠네요」は[조앋껜네요]に聞こえます。「(きっと)よかったことでしょう」と確信に近い推量の気持ちを表す時に使います。

19.

남자 : 와, 이 그림 진짜 멋있네요. 정말 수미 씨가 그린 거예요?
여자 : 네, 지난달부터 인주센터에서 그림 그리는 거 배우거든요.
남자 : 저도 그림 잘 그리고 싶은데 그 수업 언제 있어요?
여자 : 토요일 저녁이요. 민수 씨도 신청해서 같이 배워요.
다시 들으십시오.

男性：おっ、この絵、本当に素敵ですね。本当にスミさんが描いたのですか。
女性：はい、先月からインジュセンターで絵を描くのを習っているんです。
男性：私も絵を上手に描きたいのですが、その授業はいつありますか。
女性：土曜日の夕方です。ミンスさんも申し込んで一緒に習いましょうよ。
もう一回お聞き下さい。

① 女性は今日授業があります。
❷ 女性は絵を描くのを習っています。
③ 男性は女性と一緒に授業を受けています。
④ 男性は絵を描く授業に申し込みました。

**解説** 絵を習う授業は土曜日にあると言っているので、①は不正解です。②の「배웁니다」は「習っています」にも「習う予定です」にもなります。③の「듣습니다」も「(授業を)受けています」にも「(授業に)出る予定です」にもなりますが、実際の会話ではそういう紛らわしい言い方はしないので、本当に予定を言うつもりなら、③はしっかり「들을 겁니다」と言います。正解は、②です。試験に出てくる地名ですが、「인주」がほとんどです。

20.

남자 : 다음 주에 시험 보지요? 준비는 다 했어요?
여자 : 아뇨, 다 못했어요. 공부할 게 너무 많아서 이번 주말에 열심히 하려고요.
남자 : 주말에 저, 시간 있는데 공부하는 거 도와드릴까요?
여자 : 정말요? 그럼 이것저것 조사도 해야 하니까 우리 집으로 와 줄래요?
다시 들으십시오.

男性：来週試験を受けますよね。準備は全部しましたか。
女性：いいえ、全部は出来ていません。勉強するものが多過ぎて、今週末に一生懸命やろうと思っています。
男性：週末に私、時間がありますが、勉強するの手伝ってあげましょうか。
女性：本当ですか。では、あれこれ調べることもしなければいけないから、うちに来てもらえますか。
もう一回お聞き下さい。

① 女性は試験を受けません。
② 女性は勉強するものがあまりありません。
❸ 女性は時間が必要です。
④ 女性は一人で試験の準備をします。

**解説** 「다 못하다」は「다 하다(やり切る／やり抜く)」の可能否定なので「준비 다 못하다」は「準備がしっかり出来ていない」の意味になります。「다 못했어요」は［다모태써요］に聞こえます。会話内容は、女性の試験勉強がしっかり出来ておらず、週末に男性の力を借りて頑張りたいということなので、③が正解となります。

21.

여자 : 손님, 이 구두 어떠세요? 한번 신어 보세요.
남자 : 음, 아주 편하고 좋은데요. 근데 혹시 다른 색깔은 없어요?
여자 : 죄송하지만 지금은 없습니다. 다른 색으로 주문해 드릴까요?
남자 : 네, 그럼 검은색으로 하나 주문해 주세요.
다시 들으십시오.

女性：お客様、この靴はいかがですか。一度履いてみて下さい。
男性：うん、とても楽でいいですね。しかし、他の色はありませんか。
女性：申し訳ありませんが、今はありません。他の色でお取り寄せ致しましょうか。
男性：はい、では、黒い色で一つ取り寄せて下さい。
もう一回聞いて下さい。

❶ 男性は靴を注文しました。
② 女性は靴を買っています。
③ 女性は黒い色の靴をあげました。
④ 男性は靴を持って帰ります。

**解説** 「손님」という言葉が冒頭にあるので、接客の場面となります。「주문」は、「注文」の他に「取り寄せ」の意味もあります。「주문해 드릴까요?」は、「取り寄せの手続きを私が承りますね」という意味での言い方で、「주문해 주세요」は店員に取り寄せの仕事をお願いするという意味で使われる言い方です。④の「가지고 가다」は「持っていく」ではなく、「持ち帰る」という意味です。正解は、①です。②は「여자는 구두를 팔고 있습니다(女性は靴を売っています)」にすると正解となります。

チャイム

[22-24] 次を聞いて女性の中心となる考えを選んで下さい。各3点

22.

남자 : 수미 씨, 뭐 하고 있어요?
여자 : 인터넷으로 여행 갈 곳을 찾고 있어요.
남자 : 왜요? 어제 예약 안 했어요?
여자 : 네, 거기는 좀 마음에 안 들거든요.
다시 들으십시오.

男性：スミさん、何をしていますか。
女性：インターネットで旅行に行くところを探しています。
男性：どうしてですか。昨日予約しなかったのですか。
女性：はい、そこは少し気に入らないんです。
もう一回聞いて下さい。

① 旅行先を探すのが大変です。
② 今予約したところが気に入っています。
❸ 旅行は別のところに行こうと思っています。
④ インターネットで探すと便利です。

**解説** 「-거든요」は、今自分がやっていることや言っていることの根拠を全面に出したい時に使う表現です。上の会話の最後で女性は、インターネットで改めて旅行先を探す行動の根拠を「마음에 안 들거든요」で表現しています。一度予約を入れたもののそれが気に入らないことがこの会話のポイントなので、正解は、③になります。①も内容的には合っていますが、女性の抱く中心となる考えではありません。

23.

여자 : 전기밥솥이 이상해서 왔는데요. 한번 봐 주시겠어요?
남자 : 아, 이거 스위치가 고장 나서 안 돼요.
여자 : 고쳐 주실 수 있어요? 조금 더 쓰다가 바꾸려고요.
남자 : 오래된 거라 고쳐도 또 고장이 날 거예요. 일단 고쳐 보고 연락 드릴게요.
다시 들으십시오.

女性：炊飯ジャーがおかしくて来たのですが。一回見てもらえますか。
男性：あぁ、これはスイッチが故障して出来ないのですよ。
女性：直してもらえますか。もう少し使ってから替えようと思いまして。
男性：古いものだから、直してもまた故障すると思います。一旦直してみて連絡します。
もう一回聞いて下さい。

❶ 炊飯ジャーを直したいです。
② 炊飯ジャーを新しく買おうと考えています。
③ 炊飯ジャーを安く買えたらいいと思っています。
④ 炊飯ジャーを注意して使うつもりです。

**解説** 「이상하다(おかしい)」は、人に対しても物に対しても使います。物に対して使うと、調子が悪いという意味になります。「전기밥솥이」は[전기밥쏘치]と発音します。[전기밥쏘시]ではありません。「안 돼요」は「(正常動作に)なりません」という意味なので、出来ないという言い方になります。「연락」は[열락]と発音します。②も④も内容的には合っていますが、女性が最も言いたいのは、①なので、①が正解です。

24.

남자 : 수미 씨, 졸업 후에 뭐 할 거예요?
여자 : 저는 디자인 회사에서 일하고 싶어서 준비하고 있어요.
남자 : 아, 수미 씨, 패션 공부했지요? 그럼 패션 디자인을 하려고요?
여자 : 네, 쉽지 않지만 새로운 패션 디자인에 한번 도전해 보려고요.
다시 들으십시오.

男性：スミさん、卒業後に何をするつもりですか。
女性：私は、デザイン会社で働きたくて準備しています。
男性：あ、スミさん、ファッションを勉強したのですよね。では、ファッションデザインをしようと考えているのですか。
女性：はい、簡単ではないけど、新しいファッションデザインに一度挑戦してみたいと思っています。
もう一回聞いて下さい。

① 早く卒業をしなければなりません。
② ファッションの勉強をしようと考えています。
③ ファッション会社は就職しやすいです。
❹ デザイン会社で働けたらいいと思っています。

**解説** ④の「-면/으면 좋겠습니다」は「実現出来たら自分にとって最善」という気持ちを表したい時に使います。正解は、④です。「졸업 후」は普通［조러푸］に聞こえます。TOPIK Ⅰの試験では、比較的丁寧に問題を読んでいるので「졸업 후」と聞こえることもよくあります。

チャイム

[25−26] 次を聞いて質問に答えて下さい。

(딩동댕)
여자 : 잠시 후 제2회 남산 등산 모임을 시작합니다. 오늘은 남산공원 입구에서 출발해서 정상까지 올라갈 예정입니다. 먼저 출발 장소에서 다 함께 준비 운동을 하고 9시에 출발하겠습니다. 참가자 여러분들께서는 지금 바로 남산공원 입구로 모여 주시기 바랍니다.
(댕동딩)
다시 들으십시오.
이십오 번
이십육 번

女性：まもなく第2回南山登山会を開始します。今日は南山公園の入口から出発して頂上まで登る予定です。まず出発場所で皆で一緒に準備運動をしてから、9時に出発します。参加者の皆さんは、今すぐ南山公園の入口にお集まり下さい。
もう一回聞いて下さい。
25番
26番

25. 女性がなぜこの話をしているのか選んで下さい。3点

① 登山会の申し込みを受けつけようと思って
② 登山会の場所を変えようと思って
❸ 登山会の開始を案内しようと思って
④ 登山会の持ち物を説明しようと思って

**解説** 「모임」は「集まり/集い/会」などの意味を持ち、「고등학교 친구들 모임(高校の友達の集まり)」「동창회 모임(同窓会の集まり)」「동아리 모임(サークルの集い)」のような使い方をします。女性が何かの案内放送を流す内容なので、正解は、③となります。ここからは、音声が流れた後、二問ずつ問題を解いていきますが、二回目の音声が流れた後、番号の音声が流れます。TOPIK Iなので26番を[이십육뻔]としっかり言ってくれますが、普通の会話では[이심뉵뻔]に聞こえます。

26. 聞いた内容と同じものを選んで下さい。4点

① 今南山の頂上に行かなければなりません。
② この集いは、今回初めて開かれます。
③ 準備運動は、各自各々やります。
❹ 出発場所と集まる場所が同じです。

**解説** 出発場所に集まって皆で一緒に準備運動をし、それから頂上に登るので、①③は不正解、第2回なので②も不正解、④が正解となります。「올라갈 예정입니다」は「올라갈 것입니다」とは言いません。皆さんへの告知なので、予定であることをしっかり言う必要があるからです。

チャイム

[27−28] 次を聞いて質問に答えて下さい。

**남자 : 수미 씨, 저 이번에 농촌 봉사활동 갈 거예요.**
**여자 : 농촌 봉사활동이요? 민수 씨, 봉사활동에 관심 있어요?**
**남자 : 네, 농촌을 좋아해서 가끔 놀러 다니기도 했는데 직접 가서 일을 해 보면 재미 있을 것 같아서 한번 가 보려고요. 수미 씨는 관심 없어요?**
**여자 : 저도 한번 해 보고 싶어요. 방학 때 할머니가 계시는 시골에 자주 갔거든요.**
**남자 : 겨울에도 하니까 한번 신청해 봐요.**
**여자 : 그래요? 다음에 꼭 신청해 봐야겠네요.**
다시 들으십시오.
이십칠 번
이십팔 번

男性：スミさん、私、今度農村ボランティア活動に行きます。
女性：農村ボランティア活動ですか。ミンスさん、ボランティア活動に関心あるのですか。
男性：はい、農村が好きでたまに遊びに行ったりもしましたが、直接行って働いてみると楽しそうで一回行ってみようと思っているのですよ。スミさんは、興味ないですか。
女性：私も一度やってみたいです。学校の休みの時に、祖母がいる田舎によく行っていたのですよ。
男性：冬もやるから、一度申請してみて下さい。
女性：そうですか。今度必ず申請してみたいですね。
もう一回聞いて下さい。
27番
28番

27. 二人が何について話しているのか選んで下さい。3点

① 農村ボランティア活動でやること
❷ 関心のあるボランティア活動
③ 最近人気のあるボランティア活動
④ ボランティア活動をする時期

**解説** 「봉사활동(奉仕活動)」とは「ボランティア活動」のことです。「의료(医療) 봉사활동」「대학생(大学生) 봉사활동」「청소년(青少年) 봉사활동」「직장인 주말(社会人週末) 봉사활동」のように多

様なボランティア活動がありますが、泊りがけですることがほとんどです。中でも「농촌 봉사활동」は、若い人の参加が多く、期間も長いことが特徴です。ボランティア活動の内容については話していないので、①は不正解。会話の中に「관심」という言葉が何回か出てくるので、正解は、②となります。

28. 聞いた内容と同じものを選んで下さい。 4点

❶ 男性はボランティア活動をする予定です。
② 女性は農村には関心がありません。
③ 男性はボランティア活動に加入するつもりです。
④ 女性は男性と一緒に農村に行くつもりです。

**解説** 冒頭で男性が「이번에 농촌 봉사활동 갈 거예요」と言っているので、①が正解となります。女性が「한번 해 보고 싶어요」と言っているので、②は不正解、同じく女性が「다음에 신청해 봐야겠네요」と言っているので、④も不正解となります。「봐야겠네요」は[봐야겐네요]に聞こえます。「-아야겠다/어야겠다」は、必ず実現させたいと願う強い意志を表す時に使います。「必ず～したい」と訳すとよいと思います。

チャイム

[29-30] 次を聞いて質問に答えて下さい。

여자 : 선생님께서는 의사로 일하면서 생활이 어려운 청소년들을 도와주고 계시는데요. 어떻게 이 일을 하게 되셨나요?
남자 : 제 환자 중의 한 분이 오래 병원에 계시다가 돌아가셨는데 그분의 딸이 생활이 어려워서 공부를 그만두게 됐어요. 그걸 보고 돕고 싶어서 시작하게 됐습니다.
여자 : 아, 그러셨군요. 청소년들에게는 어떤 도움을 주시나요?
남자 : 공부도 가르쳐 주고 상담도 해 줘요. 그런 청소년들을 지원해 주는 곳과 연결해서 도움을 받기도 하고요.
여자 : 병원 일을 하면서 청소년들까지 도와주려면 바쁘시겠어요.
남자 : 처음에는 저 혼자 하니까 힘들었어요. 하지만 지금은 다른 의사하고 간호사 몇 분이 함께 해 주셔서 큰 힘이 되고 있습니다.
다시 들으십시오.
이십구 번
삼십 번

女性：先生は、医師として働きながら、生活が厳しい青少年たちを助けていますよね。どのようにしてこういうことを始めるようになったのですか。
男性：私の患者の一人が長らく病院にいて亡くなったのですが、その方の娘さんが生活が厳しくて勉強をやめるようになりました。それを見て助けてあげたくて始めました。
女性：あぁ、そうだったのですね。青少年たちをどのように助けていますか。
男性：勉強も教えてあげたり相談にも乗ってあげます。そういう青少年たちをサポートしてくれるところと連携して助けてもらったりもしています。
女性：病院の仕事をしながら青少年たちまで助けてあげようとしたら、お忙しいでしょうね。
男性：最初は私一人でやっていたから大変でした。しかし、今は他の医者や看護師何人かが一緒にやってくれるので、大きな力になっています。
もう一回聞いて下さい。
29番
30番

29. 男性がこのことを始めるようになった理由を選んで下さい。 3点

① 中学校の教師になろうと思って
② 医者を紹介したくて
❸ (生活が) 厳しい子供たちを助けようと思って
④ 病院の助けになろうと思って

**解説** 「어려운+人」は「難しい(近寄りがたい)人」を意味することもありますが、相手が子供の場合には、生活が難しい(厳しい)という意味になります。答えは、③です。

30. 聞いた内容と同じものを選んで下さい。 4点

① 男性は子供たちを教えたことがありません。
② 男性は子供たちがいるので病院を辞めます。
❸ 男性は他の人たちと一緒にこのことをやっています。
④ 男性は最初からこのことがきつくはありませんでした。

**解説** 子供たちを教えたりしているので、①は不正解です。病院を辞めているわけではないので、②も不正解です。「처음에는 힘들었어요」と言っているので、④も不正解です。「다른 사람들」は、「他の人たち、違う人たち」という意味です。正解は、③です。

音楽

**수고하셨습니다. 듣기 시험이 끝났습니다.**

訳

お疲れさまでした。聞き取りの試験が終わりました。

**解説** 聞き取り試験の最後に流れる音声です。これで聞き取り試験は終了となります。引き続き読解試験に入ります。

# 第4回　Ⅱ　읽기　正解及び解説

[31−33] 何についての話ですか。《例》のように相応しいものを選んで下さい。 各2点

《例》

今日は月曜日です。明日は火曜日です。

① 友達　❷ 曜日　③ 顔　④ 手紙

31. 男性がいます。女性はいません。

① 時間　② 国　③ 日付　❹ 人

**解説** 「남자(男性/男子/男)」「여자(女性/女子/女)」は、④「사람」のことです。

32. 私はサッカーをします。兄は野球をします。

❶ 運動　② ショッピング　③ 年齢　④ 季節

**解説** 「축구」「야구」は、「운동」のことです。①が正解です。

33. 私はマンションに住んでいます。部屋が四つです。

① 花　② 趣味　③ 家族　❹ 家

**解説** 韓国語の「아파트」は、マンションのことです。部屋が四つあるということなので、④の「집」のことになります。

[34−39] 《例》のように(　　)に入る言葉として最も相応しいものを選んで下さい。

《例》

単語が分かりません。(　　)を引きます。

① メガネ　② スイカ　❸ 辞書　④ 財布

34. 時間がありません。それでタクシーに(　　)。 2点

❶ 乗ります　② あります　③ 寝ます　④ 飲みます

**解説** 「～に乗る」は「-을/를 타다」と言います。正解は「택시를 탑니다」で①です。問題に書いてある韓国語の「말」ですが、「言葉/文/単語/文章/句/表現」などの意味を持つ言葉です。本書では、その訳として、「言葉」と「表現」を使います。

35. それは紙(　　)ありません。ビニールです。 2点

① で　② と　❸ では　④ に

**解説** 名詞の否定は「-이/가 아닙니다」と言います。「종이」の後に「아닙니다」が出てくるので名詞の否定となります。③が正解です。

36. 雨が降っています。(　　)を差します。 2点

❶ 傘　② 椅子　③ 帽子　④ 時計

**解説** 「쓰다」は「書く/使う/被る/差す/苦い」のように複数の意味を持つので、文脈を正確に判断

する必要があります。前の文で「비가 옵니다」とあるので、傘の話になることが予想され、正解は①となります。②は「의자에 앉습니다（椅子に座ります）」、③は「모자를 씁니다（帽子を被ります）」、④は「시계를 찹니다（時計をつけます）」のような使い方をします。

37. 冬です。外が（　　　）寒いです。3点

❶ とても　　② あまり　　③ 初めて　　④ 時々

**解説** ②の「별로」は否定表現と一緒に使われ、「あまり～（ない）」の意味を持ちます。「처음」は「初めて」、「가끔」は「時々、たまに」の意味なので、①の「아주」が正解となります。

38. 韓国語の勉強が（　　　）。毎日やっています。3点

① 静かです　　❷ 楽しいです　　③ 小さいです　　④ 多いです

**解説** 後の文で毎日やっているという表現が続くので、韓国語の勉強が楽しいという内容が前に来ることが予想されます。正解は、②です。「人＋재미있다」は「（人が）面白い／おかしい」という意味に、「出来事・物＋재미있다」は「（出来事・物が）楽しい／面白い」という意味になります。

39. 手紙が（　　　）。手紙を読みます。2点

❶ 来ました　　② 見ました　　③ 書きました　　④ 洗いました

**解説** 「편지를（手紙を）」で始まっているなら②の「봤습니다」も③の「썼습니다」もあり得ますが、「편지가（手紙が）」で始まっているので、①が正解となります。

[40-42] 次を読んで正しくないものを選んで下さい。各3点

40.

**陶磁器工芸体験**

家族全員で一緒に可愛いカップを作りましょう。

★**日時**：毎週土曜日午後２時
★**場所**：利川陶磁器カフェ
★**参加費**：子供　5,000ウォン
　　　　　大人　10,000ウォン

コーヒーとジュースを差し上げます。

① お父さんは1万ウォンを払います。
② 陶磁器体験教室は土曜日ごとにあります。
③ 親と子供がカップを作ります。
❹ コーヒーはお金を払って飲みます。

**解説** コーヒーは無料なので④が正解です。

41.

**中古のノートパソコンを買う方**

6か月使用したノートパソコンを売ります。
必要な方はご連絡下さい。

**連絡先**：010-1234-5678
**Eメール**：kjfi5642@saram.co.kr

① このノートパソコンは6か月間使いました。
② ノートパソコンの持ち主はお金が必要です。
❸ 連絡は電話でしなければなりません。
④ Eメールで連絡をしても大丈夫です。

**解説** 連絡先の電話番号とEメールアドレスが書いてあるので、両方連絡が可能ということになります。正解は③です。

42.

**列車乗車券**

乗車日時　2018年1月31日（水）

ソウル ▶ 釜山
15：00　17：38

158列車　釜山行き　領収額 ₩64,000

乗り場と列車の確認後、ご乗車下さい。

① この列車は釜山行きの列車です。
② ソウルから釜山まで2時間40分くらいかかります。
❸ この列車は午後5時に出発します。
④ 金額は64,000ウォンです。

**解説** 出発時間が15:00ですから、午後3時になります。③が正解です。

[43−45] 次を読んで内容が同じものを選んで下さい。

43. 3点

高校の友達が明日ここに来ます。私は仕事が終わってから駅へ向かいます。そして友達と一緒に夕食を食べます。

❶ 私は明日仕事があります。
② 友達は今日ここに来ました。
③ 私は友達と一緒に駅へ向かうつもりです。
④ 友達は夕飯を食べました。

**解説** 友達がここに来るのは「내일」なので、②は不正解です。「친구와 같이 저녁식사를 할 겁니다

（友達と一緒に夕食を食べます）」と書いてあるので、④も不正解です。正解は、①です。「가다」は「行く」の他に「向かう」の意味になることがあるので、注意して下さい。

44. 2点

**私は昨日韓国ドラマを観ました。ドラマを観た後、姉と一緒にラーメンとトッポッキを食べました。それから、K-POPを聴きました。**

❶ 私は姉とラーメンを食べました。
② 私は姉の歌を聴きました。
③ 私は今日韓国ドラマを見ます。
④ 私はドラマを見ながらトッポッキを食べました。

**解説** 私が聴いた歌は「K-POP」なので、②は不正解です。韓国ドラマを観たのは「어제」ですので③も不正解です。「라면과 떡볶이」を食べたのは「드라마를 본 후」なので④も不正解です。①が正解となります。

45. 3点

**今週末、姉と一緒に近くの公園に行きます。そこで姉とテニスをします。私は今はテニスを上手にすることが出来ます。**

❶ 今週末、公園に行きます。
② 近くに公園がありません。
③ 私は姉にテニスを習います。
④ 姉はテニスが出来ません。

**解説** 「치다」は「（ピアノを）弾く／（テニス・卓球を）する／（ボールを）打つ／（人を）轢く／（肩・頭を）叩く」のように複数の意味を持ちます。「테니스를 잘 치다」は「テニスが上手だ」という意味で、その反対の「テニスが出来ない」は「테니스를 못 치다」です。「동네」は「住んでいる町」の意味で、狭いエリアに限定して言いたい時に使います。「동네 공원」を「近くの公園」と訳した理由です。姉にテニスを習うとは言っていないので、③は不正解、姉と一緒にテニスをすると言っているので、④も不正解。公園に行ってテニスをするつもりなので②も不正解で、①が正解となります。

[46-48] 次を読んで中心となる内容を選んで下さい。

46. 3点

**今週から休暇です。旅行にも行き、美味しいものもたくさん食べるつもりです。来週が来ないでほしいです。**

① 私は旅行に行くのが好きです。
❷ 私は休暇を待っていました。
③ 私は美味しいものをたくさん食べます。
④ 私は来週が嫌です。

**解説** 「휴가」は「誰かの許可を前提とする休み」のことです。分かりやすい例は、会社の「휴가」です。今週から休みに入り、旅行にも行き、美味しいものも食べたいと言っているので、①も③も、休み明けの来週が来るのが嫌だと言っている④も、内容的には合っています。しかし、ここで最も言いたいのは、それだけ休みが来るのを待ち望んでいたということです。②が正解となります。

47. 2点

**私は昨日スカートを1枚買いました。このスカートは、楽で可愛いです。それでしょっちゅう着るつもりです。**

① 私は可愛いスカートがいいです。
❷ 私は新しいスカートが気に入っています。
③ 私は服を買うのが好きです。
④ 私はスカートを買いたいです。

**解説** 買ったスカートが気に入り、度々着ることになりそうだと言っている文なので、②が正解です。

「-ㄹ/을 겁니다」は、これからそうするつもりだと言いたい時に使う表現です。「-ㄹ/을 예정입니다(～する予定です)」も似たような意味ですが、これは、スケジュール上のことを言う時に使います。②の「마음에 듭니다」は、現在の心の状態を表す場合は「気に入っています」になります。

48. 3点

**私は漢江公園によく行きます。漢江公園に行くと綺麗な空気も吸えるし、運動も出来ます。私は漢江公園に行くのが楽しいです。**

① 私は漢江公園で綺麗な空気を吸います。
❷ 私は漢江公園に行くのが好きです。
③ 私は運動をするために漢江公園に行きます。
④ 私は漢江公園で散策をします。

**解説** 「한강공원에 가는 것이 즐겁습니다」と言っているので、②が正解となります。①③④は、内容的には合っていますが、漢江公園に行く目的の一部なので、正解にはなりません。

[49-50] 次を読んで質問に答えて下さい。各2点

**私は妻に特別なプレゼントをあげたかったです。妻が花が好きなので、我が家には花がたくさんありました。それで、キャンディーで花を作りました。妻はそのプレゼントをもらって嬉しそうな顔でキャンディーを食べました。妻が喜んだので、私は本当に(㉠)。**

49. (㉠)に入る最も相応しい言葉を選んで下さい。

① 申し訳ありませんでした　② 悲しかったです
③ 忙しかったです　❹ 嬉しかったです

**解説** 「아내가 좋아해서」は「妻が喜んだので/妻が嬉しそうだったので」という意味です。助詞「가」を「를」にして「아내를 좋아해서」にすると「妻が好きなので」になります。ここは、奥さんが喜んでいるということなので、④が正解となります。

50. 上の文の内容と同じものを選んで下さい。

① 妻はキャンディーがとても好きです。　② 私は花でキャンディーを作りました。
③ 妻は花をもらうのが嬉しくありません。　❹ 私は妻にプレゼントをあげました。

**解説** 妻がキャンディーが好きなのかどうかは分からないので、①は正解にはなりません。②は逆です。③はもらった妻が喜んでいるので、不正解です。正解は、④です。

[51-52] 次を読んで質問に答えて下さい。

**インジュ市には韓国で最も大きい美術館があります。韓国のいろいろな画家の有名な絵と世界的な画家たちの絵を見ることが出来ます。そして画家たちが絵を描くのも見ることが出来ます。(㉠)そこで自分が好きな絵を描くことも出来ます。**

51. (㉠)に入る相応しい言葉を選んで下さい。3点

❶ また　② では　③ ところで　④ しかし

**解説** 最後の文章に「그림을 그릴 수도 있습니다」とあるので、直前の文にこの内容が付け加えられていることが分かります。それをつなぐのは、①の「또」です。

52. 何についての内容なのか正しいものを選んで下さい。2点

❶ インジュ市美術館で出来る事　② インジュ市美術館に行く方法
③ インジュ市に美術館を作った理由　④ インジュ市美術館を利用する時間

**解説** TOPIKの試験に出てくる地名は、ほぼ「인주」に固定されています。本文では絵に関する表現が何回か出てきますが、そこへの行き方、美術館が作られた理由、利用時間などの言及はありません。①が正解です。

[53−54] 次を読んで質問に答えて下さい。

**今日私は友達とK-POPの公演を見に行きました。人が本当にたくさんいました。今日の公演には私が好きな歌手も出ました。いつもテレビでその歌手を（㉠）、今日は生で見ることが出来て本当によかったです。皆歌があまりにも上手いので幸せでした。今度また行けたらいいなと思います。**

53. （㉠）に入る言葉として最も相応しいものを選んで下さい。2点

❶ 見ていたけど　② 見たら　③ 見ようと　④ 見る時

**解説** 「-는데」は、今言っていることがこれから言うことの前置きであることを表す言い方です。会話の中で最も頻度の高い接続語尾と言ってもいいかもしれません。「～のに／～けど／～している時に／～ので」などと訳します。「오늘은 직접 볼 수 있어서」と言うための前提・前置きとして「늘 텔레비전으로 그 가수를 봤다（いつもテレビでその歌手を見ていた）」を出している文なので、①が正解となります。

54. 上の文の内容と同じものを選んで下さい。3点

❶ 友達と一緒に公演会場に行きました。
② 今日は好きな歌手を見ることが出来ませんでした。
③ 公演会場には人があまりいませんでした。
④ 今日は歌が上手くない歌手もいました。

**解説** ②は「제가 좋아하는 가수도 나왔습니다」と矛盾するので不正解、③は「사람들이 정말 많았습니다」と矛盾するので不正解、④は「다들 노래를 너무 잘해서」と矛盾するので不正解です。正解は、①です。

[55−56] 次を読んで質問に答えて下さい。

**インジュ市は、今年「インジュ市消費割引券」を作りました。ものを買う時や宿泊を予約する時にこの割引券を使うと、使ったお金の10%を割引してもらえます。この割引券は、インジュ市内で使うことが出来ます。それで以前よりインジュ市へ（㉠）人たちが多くなりました。**

55. （㉠）に入る相応しい言葉を選んで下さい。2点

❶ 遊びに来る　② 働きに行く　③ 割引を受ける　④ お金を換えに行く

**解説** 割引制度が出来てから、どういう人たちがインジュ市に来るのかを考えれば、正解が分かると思います。③が「할인을 받으러 오는（割引してもらいに来る）」なら、正解になり得ます。

56. 上の文の内容と同じものを選んで下さい。3点

① この割引券を知らない人が多いです。
② この割引券は今年作る予定です。
❸ インジュ市でこの割引券が使えます。
④ 他の都市に住んでいる人は使うことが出来ません。

**解説** ①は「사람들이 많아졌습니다」と矛盾するので、不正解です。「만들었습니다」と言っているので②も不正解です。違う市の人は使えないとは言っていません。正解は、③です。

[57−58] 次を順序に合うように並べたものを選んで下さい。

57. 3点

(가) 我が家には犬が2匹います。
(나) その名前は、「メリ」と「メミ」です。
(다) それでうちの家族は別の名前で呼びました。
(라) 最初名前を読んだ時に、2匹が同時に寄ってきました。

❶ 가−다−나−라　② 가−라−나−다　③ 라−가−다−나　④ 라−나−다−가

**解説** 2匹いる犬に似たような名前を付けたがために最初混乱したという話なので、①が正解となります。この問題を解くポイントは(가)と(다)の読み方にあります。(가)は最初で決まりですが、(다)を3番目や4番目に持っていくと話の流れがおかしくなります。それを満たしているのは、①だけです。

58. 2点

(가) または塩水に入れてもいいです。
(나) リンゴは剥いておくと色が変わります。
(다) 砂糖水に入れるとそれを防ぐことが出来ます。
(라) 一番いいのは、剥いたら全部食べ切ることです。

① 나−가−라−다　❷ 나−다−가−라　③ 라−나−가−다　④ 라−나−다−가

**解説** 「또는」の使い方が分かっていれば、(다)−(가)の順番になることが理解出来ると思います。先頭に来るのは(나)なので、正解は、②になります。

[59−60] 次を読んで質問に答えて下さい。

私は帰るところのない青少年たちを世話しています。(㉠)青少年たちに保護者が出来るまでともに過ごします。(㉡)今は5人の青少年を世話しています。私はこの子たちと一緒に散歩もするし運動もします。(㉢)もう一緒に過ごすことが出来ないので悲しいのですが、保護者が出来たことはいいことです。(㉣)

59. 次の文が入るところを選んで下さい。2点

ところで、来週保護者がこの子たちを迎えに来ます。

① ㉠　② ㉡　❸ ㉢　④ ㉣

**解説** 「그런데」は、話題の転換を図る時に使う表現です。上記の文で話題の転換が見られるところは、③の㉢しかありませんので③が正解です。「갈 곳」は「行くところ」の意味ですが、「帰るところ/向かうところ」の意味にもなります。

60. 上の文の内容と同じものを選んで下さい。3点

① 青少年たちは帰るところがありません。
❷ 私はこの子たちと時間を一緒に過ごしています。
③ 私はこの子たちと一緒に暮らします。
④ 私は保護者たちと一緒にこの子たちを世話します。

**解説** 一見①が正解に見えるかもしれませんが、青少年一般に帰るところがないわけではないので、正解とは言えません。③は新しい保護者に引き継ぐことになっているので、不正解です。④は本文の「함

게 지낼 수 없어서」と矛盾するので、不正解です。②が正解です。

[61−62] 次を読んで質問に答えて下さい。各2点

**私は昨日レポートを出しました。ところで、今朝もう一回読みながら見たら書き間違えているところがありました。今回もいい点数をもらえそうにありません。次は頑張って書いてみようと思います。レポートを上手に(㉠)いい点をもらいたいと思います。**

61. (㉠)に入る相応しい言葉を選んで下さい。

① 書けば　❷ 書いて　③ 書いて　④ 書くためには

**解説** 分かりそうに見えながらその意味を正確に掴みにくい文型がいくつも使われています。「보니까」は「見るから」ではなく、「見たら／見ると」という発見の意味を持つ「−니까/으니까」の例です。「잘못 쓴 곳」は「間違えて書いたところ」という意味で、「잘 못 쓴 곳」は「うまく書けなかったところ」という意味です。 読む時や話す時も「잘못 쓴」は[잘몯][쓴]と読み、「잘 못 쓴」は[잘][몯쓴]と言います。「점수를 못 받다」は「いい点が取れない」という意味で「−ㄹ/을 것 같습니다」と合わせて「いい点が取れそうにありません」という意味になります。「잘 써 보다」は「頑張ってしっかり書いてみる」という意味で「−려고/으려고 합니다」と合わせて「頑張って書いてみようと思います」の意味になります。単純に「上手に／上手く書く」という意味ではありません。最後に「좋은 점수를 받을 겁니다」と締め括っているので、①の「쓰면」は最も相応しい答えにはなりません。自然な流れの因果の意味を持つ②の「써서」がこの場合は、最も適切な表現となります。

62. 上の文の内容と同じものを選んで下さい。

① 今朝レポートを提出するつもりです。　② 先生がレポートを書き間違えました。
❸ 次回はいい点をもらうつもりです。　④ 今回出したレポートはよく書けています。

**解説** レポートを出したのは「어제」なので、①は不正解です。レポートを書き間違えているのは先生ではありません。②も不正解です。「다음」は「今度／次／次回」という意味で、「이번」は「今回」という意味です。④の「잘 썼습니다」は「よく書きました」ではなく「よく書けました」です。書くことを上手にやったという意味です。正解は、③です。

[63−64] 次を読んで質問に答えて下さい。

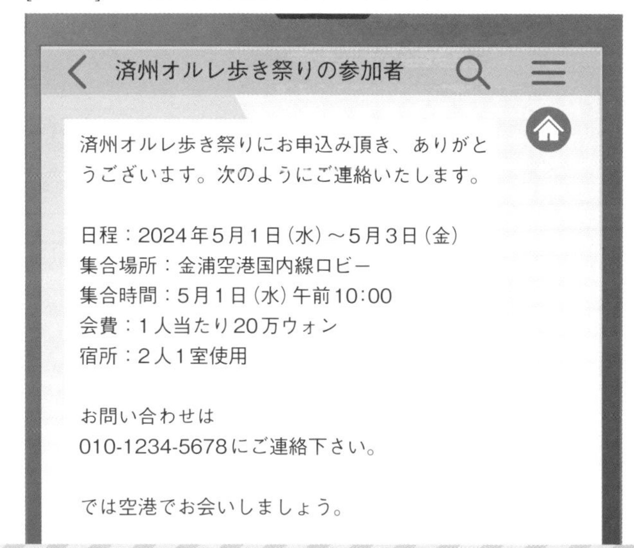

63. なぜこの文を書いたのか正しいものを選んで下さい。2点

① 祭りの内容を知らせようと
❷ 祭りの参加者にスケジュール等を知らせようと
③ 祭りへの参加者を集めようと
④ 祭りを共にしようと

**解説** 祭り参加者へのトークアプリのグループトークの内容なので②が正解です。④は間違いではありませんが、いちばんの理由ではないので正解にはなりません。

64. この文の内容と一致するものを選んで下さい。3点

① この祭りは2日で終わります。
② この祭りに行く人は国際線ロビーに集まります。
❸ この祭りに行くためには飛行機に乗らなければいけません。
④ この祭りに行くためには11時までに空港に行かなければなりません。

**解説** 2日間ではなく3日間です。集合場所は国内線のロビーです。集合時間は午前10時です。集合場所が国内線のロビーですから、普通に考えて飛行機に乗ります。③が正解になります。

[65−66] 次を読んで質問に答えて下さい。

今年、インジュ大学は寮を大きく新たに建てます。この寮は以前の3階を6階にし、前より2倍の学生たちが入れるようにします。学生たちの(㉠)作るのです。それから、1階には食堂が出来ます。学生たちはこの食堂で朝食から夕食まで食事が出来るようになります。

65. (㉠)に入る相応しい表現を選んで下さい。2点

❶ 便宜を考えて
② 安全を心配して
③ 勉強のために
④ 授業時間が異なって

**解説** 「편의를 생각해서」の意味が分かれば、①が正解であることが分かると思います。

66. 上の文の内容と同じものを選んで下さい。3点

① インジュ大学の寮が昨年変わりました。
❷ この寮は前よりだいぶ広くなります。
③ この寮には食堂がありません。
④ 学生たちは学校に行って食事をします。

**解説** 話の冒頭に「올해…짓습니다」とあるので、①は不正解です。「1층에 식당이 생깁니다」と書いてあるので、③も不正解です。その食堂で食事することが可能になると書いてあるので、④も不正解です。正解は、②です。

[67−68] 次を読んで質問に答えて下さい。各3点

ソウルには4年制の大学が50個あります。その中で大学ランキングが最も高いのはソウル大学です。しかし、韓国語を学ぼうとする外国人に人気のあるところは延世大学、西江大学、慶熙大学などです。特に延世大学は(㉠)外国人に対する韓国語教育が充実しているので、今も外国人がたくさん訪れます。

67. (㉠) に入る相応しい言葉を選んで下さい。

① 韓流ブームが起きた後で　② 韓流ブームが起きると同時に
③ 韓流ブームとともに　❹ 韓流ブームが起きる前から

**解説**　ランキングが高いのはソウル大学なのになぜ他大学の人気が高いのか、その理由は外国人に対する韓国語教育の充実さにあります。中でも特に延世大学が人気を集めているのは、他大学と違うことをやっているからです。韓流ブームが起きる前から韓国語教育にしっかり取り組んでいる内容を含む④が正解となります。

68. 上の文の内容と同じものを選んで下さい。

① 外国人は延世大学をよく知りません。
❷ ソウルで最もいい大学はソウル大学です。
③ 外国人にはソウル大学が人気があります。
④ 延世大学は韓国語教育が上手ではありません。

**解説**　延世大学が人気を集めているので、①は不正解です。ソウル大学が外国人に人気があるかどうかは、この文からでは分からないので、③は正解にはなりません。④は事実と逆です。ランキングが一番上であることを踏まえると、正解は、②です。

[69−70] 次を読んで質問に答えて下さい。各3点

**私の父は大学を卒業できませんでした。祖父が早くに亡くなったので、弟たちの面倒を見なければなりませんでした。父は弟たちが大学に入り、勉強する姿を見ながら羨ましがっていました。私たちはそんな父に大学の卒業証書を(㉠)しました。今日は私たちが用意した卒業証書を父にあげる日です。父が喜んでくれたらいいなと思います。**

69. (㉠) に入る相応しい表現を選んで下さい。

❶ 作ってあげることに　② 作ってあげようと
③ プレゼントしてあげると　④ 送らないことに

**解説**　「-기로 하다」は「〜することにする」の意味で、「-려고/으려고 하다」は「〜しようとする」の意味です。本文の話の流れに沿っているのは、①です。

70. 上の文の内容から分かることを選んで下さい。

① 父は卒業したくありません。　② 父は今日大学を卒業します。
❸ 父は大学に行きたがっていました。　④ 父には弟たちがいませんでした。

**解説**　①は、本文の内容と無関係です。父は大学で勉強したことがありませんので②も不正解です。弟たちの面倒を見るために大学に行けなかったので、④も不正解です。③が正解です。

TOPIK Ⅰ

# 여섯 번째 모음

# 最新の出題傾向

この모음では最新の出題傾向への対策を説明します。TOPIKの目的に合わせ、試験内容に変化のないものもあれば、時代を反映し、変化しているものもあります。

# TOPIK Ⅰ 듣기 (1번～30번)
## TOPIK Ⅰ 聞き取り (1番～30番)

**※[1-4] 다음을 듣고《보기》와 같이 물음에 맞는 대답을 고르십시오.**

※[1-4] 次を聞いて《例》のように質問に合う答えを選んで下さい。

1. ㉮ : **공책이에요?** (track5-01)

   ㉯ : ＿＿＿＿＿＿＿＿

   ① 네, 공책이에요. ② 네, 공책이 작아요.
   ③ 아니요, 공책이 커요. ④ 아니요, 공책이 싸요.

**日本語訳と正解**

1. カ：ノートですか。

   ナ：＿＿＿＿＿＿＿＿

   ❶ はい、ノートです。 ② はい、ノートが小さいです。
   ③ いいえ、ノートが大きいです。 ④ いいえ、ノートが安いです。

**最新の傾向**

● **難しい不規則表現が増えている！**

「크(다)＋어요➡커요(大きいです)」「쓰(다)＋어요➡써요(書きます/使います/被ります)」のように難しい不規則の言葉も出てくるようになっています。

**※[5-6] 다음을 듣고《보기》와 같이 이어지는 말을 고르십시오.**

※[5-6] 次を聞いて《例》のように続く文を選んで下さい。

5. ㉮ : **맛있게 드세요.** (track5-02)

   ㉯ : ＿＿＿＿＿＿＿＿

   ① 잘 먹겠습니다. ② 아주 좋습니다.
   ③ 잘 모르겠습니다. ④ 어서 오세요.

**日本語訳と正解**

5.　カ：どうぞ、お召し上がり下さい。
　　ナ：＿＿＿＿＿＿＿＿

❶ いただきます。　　② とてもいいです。
③ よく分かりません。　④ いらっしゃいませ。

**最新の傾向**

**●韓国語らしい挨拶表現が増えている！**

①「맛있게 드세요 [마신께드세요]」：食堂や自宅などでお客さんに食事を勧める時に使う表現です。こう言われたら「네, 감사합니다（はい、ありがとうございます）」「네, 잘 먹겠습니다（はい、いただきます）」などと答えます。

②「잘 지냈어요?（お元気でしたか）」：久しぶりに会った人にその間の安否を聞いたりする時に使う表現です。こう聞かれたら「네, 잘 지냈어요（はい、元気でした）」と答えます。

③「네, 알겠어요（はい、分かりました）」：相手の話に肯定の返事をする時に使う表現です。「네, 알았어요」と同じ意味ですが、最近はむしろこちらの方がよく使われるようになりました。

④「네, 좋겠어요（はい、よさそうです）」：相手の発言に対し、それがよさそうだという返事をする時に使う表現です。

## ※[7-10]　여기는 어디입니까?《보기》와 같이 알맞은 것을 고르십시오.

※[7-10]　ここはどこですか。《例》のように相応しいものを選んで下さい。

7.　㉮：어떻게 오셨어요?　　track5-03
　　㉯：이거 한국 돈으로 바꿔 주세요.

① 가게　② 은행　③ 운동장　④ 지하철

**日本語訳と正解**

7.　カ：ご用件を承ります。
　　ナ：これ、韓国のお金に換えて下さい。

①お店　❷銀行　③運動場　④地下鉄

**最新の傾向**

最近の傾向に変化は特にありませんが、日常生活の中でよく訪れる場所での基本的な会話能力を問う問題なので、しっかりおさえておきましょう。

## ※[11-14]　다음은 무엇에 대해 말하고 있습니까?《보기》와 같이 알맞은 것을 고르십시오.

※[11-14]　次は何について話しているのですか。《例》のように相応しいものを選んで下さい。

**11. ㉮ : 누구예요?**
**㉯ : 이 사람은 형이고 이 사람은 동생이에요.**

track5-04

①가족　②친구　③선생님　④부모님

**日本語訳と正解**

11. カ：誰ですか。
　　ナ：この人は兄で、この人は弟です。

❶家族　②友達　③先生　④親

**最新の傾向**

最近の傾向に変化は特にありませんが、日常生活の中でよく話題に上るテーマについての基本的な会話能力を問う問題なので、しっかりおさえておきましょう。

**※[17-21] 다음을 듣고《보기》와 같이 대화 내용과 같은 것을 고르십시오.**

※[17-21] 次を聞いて《例》のように会話内容と同じものを選んで下さい。

track5-05

**17. 여자 : 마이크 씨, 일본에 가 봤어요?**
**남자 : 네, 여름 방학 때 갔어요. 오 일 동안 있었는데 정말 좋았어요.**
**여자 : 저는 아직 못 가 봤는데 다음 휴가 때 친구들하고 꼭 가 보고 싶어요.**

① 남자는 일주일 동안 일본에 있었습니다.
② 여자는 일본에 간 적이 있습니다.
③ 남자는 휴가 때 일본에 갔습니다.
④ 여자는 친구와 일본에 가고 싶어 합니다.

**日本語訳と正解**

17. 女性：マイクさん、日本に行ったことがありますか。
男性：はい、学校の夏休みの時に行きました。5日間いましたが、本当によかったです。
女性：私はまだ行けていないのですが、今度の休みの時に、友達と絶対行ってみたいです。

① 男性は1週間日本にいました。
② 女性は日本に行ったことがあります。
③ 男性は休暇の時に日本へ行きました。
**❹** 女性は友達と日本に行きたがっています。

**最新の傾向**

**●「-는데」に要注意！**

まず、聞こえ方に注意することです。例えば「있었는데」は[이썬는데]に聞こえます。「있었는데」➡[이썬는데]（パッチムㅆが[ㄷ]で発音される）➡[이썬는데]（パッチム[ㄷ]＋ㄴ➡パッチム[ㄴ]＋ㄴ）」と発音が変化します。「없었는데（なかったけど／いなかったのに）」は[업썬는데]、「먹는데（食べている

けど)」は[멍는데]、「잡는데(捕まえるのに)」は[잠는데]に聞こえます。「-는데」は、後に続く話をするための前置きとして何かを出す時に使うもので、最も頻度の高い接続語尾です。また不規則を起こすことにも注意しなければなりません。「마음에 들(다) +는데⇒마음에 드는데(気に入っているのだけど)」のような例です。

**●「-아요/어요」の複数の意味に要注意!**

不規則がよく起きることに注意しなければなりませんが、例えば「먹어요」の場合「食べます/食べています/食べましょう/食べなさい」の意味があるように、「-아요/어요」は、複数の意味があることに、特に注意しなければなりません。

**●人名と地名に要注意!**

試験問題の中に登場する人名と地名に注意しましょう。人名は韓国人なら「민수 씨(男性)」「수미 씨(女性)」でほぼ固定で、最近は「마이크 씨」「피터 씨」のような西洋人の人名も使われることがあります。地名は「인주」でほぼ固定です。この地名は、韓国に存在しない架空のものです。

## ※[22-24] 다음을 듣고 여자의 중심 생각을 고르십시오.

※[22-24] 次を聞いて女性の中心となる考えを選んで下さい。

track5-06

**22.** 남자 : **이 냉장고는 어떠세요?**

여자 : **크기나 가격은 마음에 드는데 김치 넣을 곳이 없네요.**

남자 : **아, 그럼 다른 냉장고를 보여 드릴까요? 김치를 많이 넣을 수 있는 냉장고도 있거든요.**

여자 : **네, 그럼 그 냉장고를 보여 주세요. 제가 김치를 아주 좋아해서요.**

① 아주 큰 냉장고를 사고 싶습니다.
② 가격이 싼 냉장고를 찾아봐야 합니다.
③ 김치를 넣는 냉장고를 소개하고 싶습니다.
④ 냉장고에 김치 넣을 곳이 있어야 합니다.

**日本語訳と正解**

22. 男性：この冷蔵庫はいかがですか。
　女性：大きさや値段は気に入りますが、キムチを入れるところがないですね。
　男性：あ、では違う冷蔵庫をお見せしましょうか。キムチをたくさん入れられる冷蔵庫もありますよ。
　女性：はい、ではその冷蔵庫を見せて下さい。私はキムチがとても好きなのです。

① とても大きい冷蔵庫を買いたいです。
② 値段の安い冷蔵庫を探してみなければなりません。
③ キムチを入れる冷蔵庫を紹介したいです。
❹ 冷蔵庫にキムチを入れるところがなくてはなりません。

**最新の傾向**

**●「-거든요」の使い方に要注意！**

「-거든요」は、「これであなたの疑問や問題提起に充分説明になったでしょう」という話し手の気持ちを表す言い方です。難易度的にTOPIK Ⅱレベルのものですが、最近ではTOPIK Ⅰ試験に登場しています。日常生活での使用頻度が高いものなので、今後も登場すると思います。上の会話で言うと、キムチを入れるところがないと困ると言う客に対し、「そういう冷蔵庫もわれわれは持っているのです」と客を安心させたい気持ちを「-거든요」で言い表しています。

23. 남자：**수미 씨, 이 검은색 지갑 어때요?**　track5-07
　여자：**음, 그것보다 여기 있는 파란색 지갑이 더 나은 것 같아요.**
　남자：**아, 그래요? 아빠가 검은색 지갑을 갖고 싶어 했거든요. 그래서 사 드리려고요.**
　여자：**파란색 지갑도 잘 어울릴 거예요. 이거 사 보세요.**

① 지갑은 검은색을 쓰는 것이 좋습니다.
② 검은색보다 파란색이 더 낫습니다.
③ 아빠한테 지갑을 사 드리고 싶습니다.
④ 파란색 지갑이 남자한테 어울립니다.

**日本語訳と正解**

23. 男性：スミさん、この黒色の財布、どうですか。
女性：う～む、それよりこちらにある青色の財布がもっとよさそうです。
男性：あ、そうですか。父が黒色の財布をほしがっていたんですよ。
それで買ってあげようと思いまして。
女性：青色の財布もよく似合うと思いますよ。これ、買ってみて下さい。

① 財布は黒色を使った方がいいです。
❷ 黒色より青色がもっといいです。
③ お父さんに財布を買ってあげたいです。
④ 青色の財布が男性に似合います。

**最新の傾向**

**●「낫다」の意味をしっかり理解する！**

「낫다」は、高く評価する複数の人または物を比較し、一方の人または物が、もう一方よりさらにいいことを表す表現です。「이게 더 나아요（これがもっといいです）」は、両方他よりいいけど、二つのうち、こちらの方がもっといいという意味です。「이게 더 좋아요（これがもっといいです）」は、両方他よりいいという意味ではなく、単純にこちらの方がもっといいという意味になります。「낫다」は、TOPIK Ⅰレベルの語彙ではありません。上の会話では「낫(다)＋ㄴ/은 것 같다⇒나은 것 같다」で不規則も起こしています。日常生活でよく使われる頻度がかなり高いものなので、これからも登場してくる可能性が高いでしょう。

**●「고 싶어 하다」もしっかり理解しよう！**

「-고 싶어 하다」は「～したがる」という意味です。TOPIK Ⅱレベルのものですが、最近の試験で登場しています。

## ※[25-26]　다음을 듣고 물음에 답하십시오.

※[25-26]　次を聞いて質問に答えて下さい。

**最新の傾向**

次の27～28を見て下さい。

※[27-28] 다음을 듣고 물음에 답하십시오.

※[27-28] 次を聞いて質問に答えて下さい。

track5-08

남자 : 요즘 운동을 시작했는데 건강에 아주 좋은 것 같아요.

여자 : 어떤 운동을 하세요?

남자 : 실내 수영장에서 하는 좀 특별한 방법의 걷기 운동인데요. 10분은 빨리 걷다가 다음 20분은 천천히 걸어요. 이렇게 하루에 한 시간 동안 하는데 아주 좋아요.

여자 : 한 시간밖에 안 하는데 운동이 돼요? 그럼 매일 해요?

남자 : 아니요, 일주일에 두 번만 해요.

여자 : 그래요? 그럼 저도 한번 해 봐야겠어요.

27. 두 사람이 무엇에 대해 이야기를 하고 있는지 고르십시오. 3점

① 30분 동안 걷는 사람
② 수영장을 이용하는 방법
③ 요즘 하고 있는 운동
④ 건강에 좋지 않은 운동

28. 들은 내용과 같은 것을 고르십시오. 4점

① 남자는 이 운동을 매일 합니다.
② 남자는 이 운동을 여자와 같이 합니다.
③ 남자는 이 운동을 하면서 수영을 합니다.
④ 남자는 이 운동을 한 번에 한 시간 합니다.

**日本語訳と正解**

男性：最近運動を始めたけど、健康にとてもいいみたいです。

女性：どんな運動をやっているのですか。

男性：室内プールでする少し特別な方法のウォーキングです。10分は速く歩いて、次の20分はゆっくり歩きます。こういうふうに1日に1時間やっているけど、とてもいいです。

女性：1時間しかやっていないのに運動になるのですか。では、毎日やるのですか。

男性：いいえ、1週間に2回だけやります。
女性：そうですか。では、私も一度やってみなければいけませんね。

27. 2人が何について話しているのか選んで下さい。 3点

① 30分間歩く人　　② プールを利用する方法
❸ 最近やっている運動　　④ 健康によくない運動

28. 聞いた内容と同じものを撰んで下さい。 4点

① 男性はこの運動を毎日やっています。
② 男性はこの運動を女性と一緒にやっています。
③ 男性はこの運動をやりながら水泳をやっています。
❹ 男性はこの運動を1回に1時間やります。

**最新の傾向**

**●TOPIK Ⅱレベルの「-다가」「-밖에 안 하다」も知っておこう！**

「빨리 걷다가」の「-다가」は、ある動きをしている最中に他の動きに切り替えることを表す言い方です。上の会話で言うと、10分間早歩きをしている状態から、ゆっくりな歩き方に切り替えていくさまを「걷다가」で表現しています。これまでは、TOPIK Ⅰレベルのものではありませんが、高い頻度で日常会話で使われているので、これからも問題に使われることが予想されます。「한 시간밖에 안 하는데」の「-밖에 안 하다（～しかやらない、～しかやっていない）」も、近年の試験では頻度がとても高い表現です。

今までの説明でお気付きかと思いますが、最近の傾向として注意すべきことは、表現や言葉の難易度より頻度が重視され、頻度の高いものはTOPIK Ⅱレベルのものでもどんどん使われることになる、という点です。

## ※[29-30]　다음을 듣고 물음에 답하십시오.

※[29-30]　次を聞いて質問に答えて下さい。

**最新の傾向**

会話の内容が長くなるだけで、最近の傾向としては、[27-28]と同じです。

# TOPIK Ⅰ 읽기 (31번～70번)
## TOPIK Ⅰ 読解 (31番～ 70番)

**※[31-33] 무엇에 대한 내용입니까?《보기》와 같이 알맞은 것을 고르십시오.** 각 2점

※[31-33] 何についての内容ですか。《例》のように相応しいものを選んで下さい。各2点

**最新の傾向**

[34～39] のところを見て下さい。

**※[34-39] 《보기》와 같이 (　　　)에 들어갈 말로 가장 알맞은 것을 고르십시오.**

※[34-39] 《例》のように (　　　) に入る言葉として最も相応しいものを選んで下さい。

**最新の傾向**

**●不規則変化に要注意！**

基本的な言葉の意味、簡単な助詞の使い方、名詞と動詞の基本的なつながりに関する知識を計る問題なので、傾向自体にあまり変化は見られませんが、「살(다)＋ㅂ니다/습니다➡삽니다(住んでいます)」「팔(다)＋ㅂ니다/습니다➡팝니다(売ります)」「울(다)＋ㅂ니다/습니다➡웁니다(泣きます)」、「길(다)＋ㅂ니다/습니다➡깁니다(長いです)」などの不規則には注意しましょう。

設問 [31～33] についても同様の傾向が見られます。

※[43-45] **다음을 읽고 내용이 같은 것을 고르십시오.**
※[43-45] 次を読んで内容が同じものを選んで下さい。

43. 3점

> 저는 오늘 수업이 없어서 경복궁에 갔습니다. 거기에서 처음으로 한복도 입어 보고 사진도 찍었습니다. 다음에는 창덕궁에 가 보려고 합니다.

① 저는 오늘 수업이 있었습니다.
② 저는 오늘 창덕궁에 갔습니다.
③ 저는 경복궁에서 사진을 찍었습니다.
④ 저는 한복을 입지 않았습니다.

**日本語訳と正解**

> 私は今日授業がなかったので景福宮に行きました。そこで初めて韓服も着てみて写真も撮りました。今度は昌徳宮に行ってみようと思います。

① 私は今日授業がありました。
② 私は今日昌徳宮に行きました。
❸ 私は景福宮で写真を撮りました。
④ 私は韓服を着ませんでした。

**最新の傾向**

**●接続表現に要注意！**

2行くらいの文章を見て、同じ内容のものを選ぶ問題です。この形式は変わりませんが、文章は多少長くなっていますので、接続表現に注意する必要があります。

「수업이 없어서」の「-어서」は継起の因果の「-아서/어서」で、前の内容が成立するとそれが原因となって、後に続く出来事が自然に成立することを表す表現です。接続語尾の中では「-는데」と並んで使用頻度がとても高いものです。「-기 때문에」、「-니까/으니까」などと意味が似ており、正確な使い方が難し

いため、TOPIK Iで扱われることは望ましくありませんが、高い頻度で使われます。意味的には「～て/～ので/～から」になります。問題文の「수업이 없어서」は「수업이 없기 때문에」や「수업이 없으니까」では言えません。

**●地名などに要注意！**

最近の傾向として「한복（韓服）」「경복궁（景福宮）」「창덕궁（昌徳宮）」などの韓国的な物や場所の名前が出てくることに注意して下さい。「한복」は韓国の伝統衣装のことで「경복궁」「창덕궁」はソウル市内にある朝鮮王宮の名前です。景福宮の正門「광화문（光化門）」、王宮に入る「남대문（南大門）」「동대문（東大門）」なども覚えておくといいでしょう。「남대문」「동대문」は地名でも市場名でも使われています。

## ※[46-48]　다음을 읽고 중심 내용을 고르십시오.

※[46-48]　次を読んで中心内容を選んで下さい。

**最新の傾向**

**●接続表現に要注意！**

[43～45]に続き、2行くらいの文章を読み、その文が伝えようとする中心内容を選ばせる問題です。ここにも接続表現がよく使われます。架空の地名として「인주」という言葉が使われることがあります。「인주」の後につくのは「시（市）」「산（山）」「센터（センター）」「대학교（大学）」など様々です。

## ※[49-50]　다음을 읽고 물음에 답하십시오. 각 2점

※[49-50]　次を読んで質問に答えて下さい。各2点

**最新の傾向**

ここから問題文の長さが2倍の4行くらいになります。ここでは、適切な言葉を知っているかどうかと、問題文と同じ内容のものを選ばせる問題が出ます。新傾向については設問[53～54]で詳しく解説します。

## ※[51-52]　다음을 읽고 물음에 답하십시오.
※[51-52]　次を読んで質問に答えて下さい。

**最新の傾向**

ここでも4行くらいの問題文となります。設問[49～50]と違うのは、接続詞と問題文の概要を選ばせているところです。新傾向については[53～54]で詳しく解説します。

## ※[53-54]　다음을 읽고 물음에 답하십시오.
※[53-54]　次を読んで質問に答えて下さい。

> 인주시가 한국에 하나밖에 없는 자전거 박물관을 만들었습니다. 이곳에 가면 세계 여러 나라의 자전거와 재미있는 모습을 하고 있는 자전거를 볼 수 있습니다. 그리고 거기에 있는 자전거를 탈 수도 있습니다. 다른 곳에서 이 박물관을 ( ㉠ ) 사람들이 많이 옵니다.

**53. ( ㉠ )에 들어갈 알맞은 말을 고르십시오.**

① 구경하러　② 구경하거나
③ 구경하면　④ 구경해서

**54. 윗글의 내용과 같은 것을 고르십시오.**

① 자전거 박물관에 가는 사람
② 자전거 박물관을 이용하는 시간
③ 자전거 박물관에서 할 수 있는 일
④ 자전거 박물관을 만든 이유

**日本語訳と正解**

インジュ市が韓国に1つしかない自転車博物館をつくりました。ここに行けば世界の様々な国の自転車と面白い形をしている自転車を見ることが出来ます。それからそこにある自転車に乗ることも出来ます。他のところからこの博物館を（ ㉠ ）人がたくさん訪れます。

53. （ ㉠ ）に入る相応しい言葉を選んで下さい。

❶ 見物しに　② 見物したり
③ 見物したら　④ 見物して

54. 上の文の内容と同じものを選んで下さい。

① 自転車博物館に行く人
② 自転車博物館を利用する時間
❸ 自転車博物館で出来ること
④ 自転車博物館をつくった理由

**最新の傾向**

**●韓国の時事についても要チェック！**

最近の試験に済州島にある本当の博物館の話が登場しています。こういうタイプの問題は設問[49～54]の中から、これからも出題されると思われます。内容そのものはそこまで難しいレベルではありませんが、社会の変化に伴い、韓国国内で起きた出来事が問題の内容として出てくることがあるということです。

## ※[55-56] 다음을 읽고 물음에 답하십시오.

※[55-56] 次を読んで質問に答えて下さい。

> 인주시청 앞에서는 여러 가지 행사가 자주 열립니다. 행사 때는 참석하는 사람도 많고 구경을 하러 오는 사람도 많아서 길이 아주 복잡합니다. 그래서 인주시에서는 시청 뒤에 넓은 주차장을 새로 만들었습니다. 이제는 행사에 오는 사람들이 그곳에 ( ㉠ ) 때문에 전보다 길이 복잡하지 않습니다.

**55. ( ㉠ )에 들어갈 말로 가장 알맞은 것을 고르십시오.** 2점

① 차를 멈추기　② 많이 모이기
③ 차를 세우기　④ 구경을 오기

**56. 윗글의 내용과 같은 것을 고르십시오.** 3점

① 행사가 열리면 사람들이 많이 옵니다.
② 요즘은 행사 때 길이 더 복잡합니다.
③ 주차장은 인주시청 옆에 있습니다.
④ 인주시청 앞에서는 행사를 못 합니다.

**日本語訳と正解**

> インジュ市役所の前では、様々なイベントがよく開かれます。イベントの時には、出席する人も多く、見に来る人も多くて道がとても混雑します。それで、インジュ市では、市役所の裏に広い駐車場を新たに造りました。今はイベントに来る人たちがそこに( ㉠ )ため、以前より道が混みません。

55. ( ㉠ )に入る言葉として最も相応しいものを選んで下さい。2点

① 車を停車する　② たくさん集まる
❸ 車を停める　④ 見物に来る

56. 上の文の内容と同じものを選んで下さい。3点

❶ イベントが開かれると人がたくさん来ます。
② 最近はイベントの時に道が余計に混みます。
③ 駐車場はインジュ市役所の横にあります。
④ インジュ市役所の前ではイベントが出来ません。

**最新の傾向**

**●実在しない地名인주**

最近よく「인주」という地名が使われますが、韓国には実在しません。主に「市」の設定として使われることが多いです。

55番の「차를 멈추다」は一旦停止の時に、「차를 세우다」は一旦停止と駐車、両方の時に使います。③が正解になる理由です。

## ※[57-58] 다음을 읽고 물음에 답하십시오.

※[57-58] 次を読んで質問に答えて下さい。

57. 3점

(가) 인기가 좋아서 학생들이 많이 옵니다.
(나) 우리 학교는 스포츠가 아주 유명합니다.
(다) 새로 교장 선생님이 온 후에 그렇게 된 것입니다.
(라) 처음부터 스포츠가 유명한 것은 아니었습니다.

① 가-나-라-나
② 나-가-라-다
③ 가-다-라-가
④ 나-다-라-가

58. 2점

| |
|---|
| (가) 잘못하면 게임을 하다가 죽을 수도 있습니다.<br>(나) 의자에 앉아 게임을 오래 하면 몸에 안 좋습니다.<br>(다) 오랜 시간 인터넷 게임을 하는 사람들이 있습니다.<br>(라) 30분만 게임을 해도 피가 잘 안 흐르기 시작합니다. |

① 나-가-라-다 ② 나-다-가-라
③ 다-가-나-라 ④ 다-나-라-가

**日本語訳と正解**

57. 3点

| |
|---|
| (가) 人気がよくて学生たちがたくさん来ます。<br>(나) 私の学校は、スポーツがとても有名です。<br>(다) 新たに校長先生が来てからそうなったのです。<br>(라) 最初からスポーツが有名だったわけではありません。 |

① 가-나-라-다 ❷ 나-가-라-다
③ 가-다-라-가 ④ 나-다-라-가

58. 2点

| |
|---|
| (가) 下手をするとゲームをやっていて死ぬこともあります。<br>(나) 椅子に座ってゲームを長くすると体によくありません。<br>(다) 長時間インターネットゲームをやる人がいます。<br>(라) 30分ゲームをやっただけで血がうまく流れなくなります。 |

① 나-가-라-다 ② 나-다-가-라
③ 다-가-나-라 ❹ 다-나-라-가

**最新の傾向**

**●文の論理的なつながりを推理！**

ここでは、以前は、各項の冒頭に接続詞が使われており、それを拾って前後関係を判断していました。今はそれがなくなり、純粋に文の内容だけで前後関係を判断しなければなりません。文どうしの論理的つながりを把握する能力を問われます。

①～④に二つずつ同じものがあるので、まず、どちらが出だしとして相応しいかを判断します。

57番は、(나)が出だしとなります。突然(가)の「인기가 좋아서 학생들이 많이 옵니다」が出てきても何の話か分からないからです。それは58番も同じで、(나)と(다)を比較すると、(다)の方が出だしにより相応しいことが分かります。(나)を出だしにして、その後に(다)を続けると意味的におかしくなるからです。

57番の出だし(나)の後にはどれが続いてもいいように見えますが、(라)の後に(가)を続けることは出来ません。また(다)が来たら話がそれで終わってしまいます。

したがって②が正解となります。

58番の出だし(다)の後には(나)も(라)も続いていいように見えます。しかし(라)の後に(나)を続けることは出来ません。(가)は結論的な内容になっているので最後に持っていくしかありません。したがって正解は④です。

## ※[59-60]　다음을 읽고 물음에 답하십시오.

※[59-60]　次を読んで質問に答えて下さい。

**最新の傾向**

ここでは、さらに問題文が増えて5行くらいになります。ここ数回、試験の推移を見ると、この設問と次の[61～62]には、あまり変化が見られません。59番は、文をどこに入れれば話の流れがスムーズにつながるのかを問う問題で、61番は、適切な活用の形を問う問題です。

63番、64番のイラストを見て質問に答える問題ですが、特に出題傾向に変化はありません。

※[65-66] **다음을 읽고 물음에 답하십시오.**
※[65-66]] 次を読んで質問に答えて下さい。

> 하늘을 나는 택시가 나왔습니다. 급할 때나 시간이 없을 때 이용을 하면 아주 편리할 것 같습니다. 하늘을 날기 때문에 지금은 정해진 장소에서만 이 택시를 이용할 수 있습니다. 특히 공항을 자주 이용하는 사람들에게 많은 도움이 될 것으로 보입니다. 중요한 일이 있거나 또는 차가 막혀서 ( ㉠ ) 경우 이것을 이용하면 예정대로 공항에 도착할 수 있습니다. 또는 위급한 환자가 있을 경우에도 이 택시는 많은 도움을 줄 수 있습니다.

65. **( ㉠ )에 들어갈 말로 가장 알맞은 것을 고르십시오.** 2점

① 시간이 부족할 것 같은
② 빨리 갈 것 같은
③ 먼저 도착할 것 같은
④ 늦을 것 같은

66. **윗글의 내용과 같은 것을 고르십시오.** 3점

① 이 택시는 공항까지만 이용할 수 있습니다.
② 이 택시는 시간이 없는 사람이 탈 것 같습니다.
③ 이 택시는 중요한 일이 있을 때 탑니다.
④ 이 택시는 위급한 환자를 태울 수 없습니다.

**日本語訳と正解**

> 空を飛ぶタクシーが登場しました。急ぐ時や時間がない時に利用すれば、とても便利そうです。空を飛ぶため、今は決められた場所でのみこのタクシーを利用することが出来ます。特に空港をよく利用する人たちにとってかなり役立つと思われます。大事な仕事があったりまたは車が混んでいて ( ㉠ ) 場合、これを利用すれば予定通り空港に到着出来ます。または、救急の患者がいる場合にも、このタクシーは大いに役立ちます。

65. ( ㉠ )に入る表現として最も相応しいものを選んで下さい。 2点

① 時間が足りなそうな　② 早く行きそうな
③ 先に到着しそうな　❹ 遅れそうな

66. 上の文の内容と同じものを選んで下さい。 3点

① このタクシーは空港までしか利用出来ません。
❷ このタクシーは時間がない人が乗りそうです。
③ このタクシーは大事な仕事がある時に乗ります。
④ このタクシーは救急患者を乗せることが出来ません。

**最新の傾向**

**●韓国の社会問題を日頃からチェック！**

ここでは、5行から6行くらいの長い問題文となります。TOPIK Ⅰの最上位レベルの語彙を伴い、複数の接続表現を交えた形で出てきます。また、上記の問題文のように、その時どきの話題の物やシステム、社会のルールなど、今の韓国を感じさせる内容の問題が出題されます。直近で見ると、交通システムの改訂やロボットの話が出題されていました。

## ※[67-68] 다음을 읽고 물음에 답하십시오. 각 3점

※[67-68] 次を読んで質問に答えて下さい。 各3点

'한정식'은 한국 요리를 서양의 정식처럼 차려서 내놓는 요리를 말합니다. 반찬을 보통 때보다 훨씬 많이 놓고 먹는 식사 방법은 조선시대에도 있었습니다만 한정식 요리를 일반 대중에게 팔기 시작한 것은 1900년쯤으로 보입니다. 한정식집은 ( ㉠ ) 여러 사람이 식사를 즐기는 것이 일반적이기 때문에 젊은 사람들보다는 나이가 든 분들이 찾는 경우가 많습니다. 여러 음식을 맛볼 수 있기 때문에 외국인들에게도 인기가 있습니다.

## 67. ( ㉠ )에 들어갈 말로 가장 알맞은 것을 고르십시오.

① 조용한 분위기 속에서 ② 비싼 요리를 먹고
③ 사람이 많이 없어서 ④ 맛있는 것을 먹으려고

## 68. 윗글의 내용과 같은 것을 고르십시오.

① 한정식은 외국인들에게도 인기가 있습니다.
② 한정식은 반찬의 수가 많지 않습니다.
③ 한정식은 혼자 먹는 것이 맛있습니다.
④ 한정식은 청년들이 좋아하는 요리입니다.

**日本語訳と正解**

「韓定食」は韓国料理を西洋の定食のように並べて出す料理を指します。おかずを普段よりはるかに多く並べて食べる食事方法は朝鮮王朝時代にもありましたが、韓定食料理を一般大衆に売り始めたのは1900年頃と思われます。韓定食の店は（ ㉠ ）複数の人が食事を楽しむのが一般的なので、若い人たちよりは年配の人たちが訪れることが多いです。様々な料理を味わえるため、外国人にも人気があります。

67. （ ㉠ ）に入る言葉として最も相応しいものを選んで下さい。

❶ 静かな雰囲気の中で ② 高い料理を食べて
③ 人があまりいなくて ④ 美味しいものを食べようと

68. 上の文の内容と同じものを選んで下さい。

❶ 韓定食は外国人にも人気があります。
② 韓定食はおかずの数が多くありません。
③ 韓定食は一人で食べるのが美味しいです。
④ 韓定食は青年たちが好む料理です。

**最新の傾向**

**●韓国のニュースをチェックしておこう！**

ここでも[65～66]と同じように、5行から6行くらいの問題文が、TOPIK Ⅰの最上位レベルの語彙を伴い、複数の接続表現を交えた形で出てきます。文がさらに複雑になり、難度も上昇しますが、それより大事なのは、ここでは、韓国的な物・現象・出来事・ニュースなどがテーマとして取り上げられる点です。直近の試験では、ソウルの漢江にかかる橋、韓国の伝統菓子である「약과（薬菓）」などがテーマとして取り上げられています。

## ※[69-70] 다음을 읽고 물음에 답하십시오. 각 3점

※[69-70] 次を読んで質問に答えて下さい。各3点

> 저는 지난주에 선배를 만났습니다. 지난번에 만난 것이 5년 전이기 때문에 정말 오랜만이었습니다. 선배는 "마음이 많이 아팠지? 나도 그랬어"라고 했습니다. 제 가족이 교통사고로 죽은 것을 친구 ( ㉠ ) 것입니다. 선배도 사고로 아내와 딸을 잃었다는 것을 알았습니다. 우리는 같이 울었습니다. 5년만에 와 준 선배의 그 마음을 잊지 못할 겁니다.

**69. ( ㉠ )에 들어갈 알맞은 말을 고르십시오.**

① 부탁으로 온　② 소개로 만난
③ 전화로 알려준　④ 연락으로 안

**70. 윗글의 내용으로 알 수 있는 것을 고르십시오.**

① 저는 선배를 만나 마음이 아팠습니다.
② 저는 선배의 위로를 받고 울고 싶었습니다.
③ 저는 오랜만에 선배를 만나 기뻤습니다.
④ 저는 교통사고로 가족을 잃었습니다.

## 日本語訳と正解

> 私は先週先輩に会いました。前回会ったのが5年前だったから、本当に久しぶりでした。先輩は、「心がずいぶん痛んだだろう？ 俺もそうだったよ」と言ってくれました。私の家族が交通事故で死んだのを友達（ ㉠ ）のです。先輩も事故で奥さんと娘さんを亡くしていることを知りました。私たちは一緒に泣きました。5年ぶりに来てくれた先輩のその気持ちを忘れることが出来ないと思います。

69. （ ㉠ ）に入る相応しい表現を選んで下さい。

① に頼まれて来た　② の紹介で会った
③ の電話で知らせた　❹ の連絡で知った

70. 上の文の内容から分かることを選んで下さい。

① 私は先輩に会って心が痛みました。
② 私は先輩の慰めを受けて、泣きたかったです。
③ 私は久しぶりに先輩に会い、嬉しかったです。
❹ 私は交通事故で家族を失いました。

## 最新の傾向

### ●話法に要注意！

最後の設問です。最近の傾向として、問題文に間接話法が出てくることがあります。「-라고 했습니다（〜と言いました）」という表現です。他人の話をそのまま引用し、他の人に伝える言い方です。

### ●ため口（반말）も知っておいたほうがよい！

TOPIK Ⅰで扱うことのない「반말（ため口言葉）」が会話の中で使われていることにも注意する必要があります。今のところ「-지?（〜だろう？）」「-아/어（〜しなさいよ）」くらいのものにとどまっています。

## ●今後も使われると思われる文型

・「~고 싶어하다」 動詞・있다+고 싶어하다

話し手が相手に、第3者の希望を伝えていることを表す表現。

| ~したがる |
|---|
| 형은 지금 라면을 먹고 싶어한다. 兄は今ラーメンを食べたがっている。 |
| 우리 엄마는 매일 한국 드라마를 보고 싶어해요.<br>私の母は毎日韓国ドラマを見たがります。 |
| 선수라면 누구나 경기를 이기고 싶어합니다.<br>選手なら誰もが競技に勝ちたがります。 |

・「~기에 좋다」 動詞・있다+기에 좋다

何かをするのに便宜がいいということを表す表現。

| ~するのにいい |
|---|
| 오늘 날씨는 산책하기에 좋다. 今日の天気は散歩するのにいい。 |
| 지금이 운동하기에 가장 좋을 때입니다. 今が運動するのに一番いい時です。 |
| 아이들 키우기에 너무 좋은 환경이에요.<br>子供たちを育てるのにとてもいい環境です。 |

・「~거든요」 動詞・形容詞・있다/없다+거든요

これであなたの疑問や問題提起に充分説明になったでしょうという話し手の気持ちを表す表現。

| ~んです |
|---|
| 아빠가 이 가방을 갖고 싶어했거든요.<br>パパがこのバッグをほしがっていたんですよ。 |
| 제가 거기까지는 이야기 안 했거든요. 私がそこまでは言わなかったんですね。 |
| 그때는 우리 집에 돈이 없었거든요. その時はうちにお金がなかったんですよ。 |

・「~다가」 動詞・있다+다가

Aが展開している時にBに遭遇し、しまいにはBに移行してしまうことを表す表現。

| ~していて/~しているうちに/~している時に/~していたけど |
|---|
| 책을 읽다가 잠이 들어버렸다. 本を読んでいて寝入ってしまった。 |
| 남자 친구하고 5년을 사귀다가 헤어졌어요.<br>彼氏と5年付き合っていたけど、別れました。 |
| 계단을 내려가다가 넘어져서 크게 다쳤습니다.<br>階段を下りている時に転んで大けがをしました。 |

・「~셔서/으셔서」 動詞・形容詞・있다/없다・이다+셔서/으셔서
「~시/으시 (尊敬) +어서 (継起の因果)」

| 직접 오셔서 이야기해 주시면 고맙겠습니다.<br>直接いらっしゃって話をして頂けるとありがたいです。 |
|---|
| 강의를 잘하셔서 인기가 많습니다.<br>いい講義をされるので人気が高いです。 |
| 훌륭한 정치가가 되셔서 좋은 일 많이 하십시오.<br>立派な政治家になられていい仕事をたくさんして下さい。 |

・「~아/어 드리다」 動詞・있다+아/어 드리다
「~아/어 주다」を丁寧に言う時に使う表現 。

| ~してあげる |
|---|
| 제가 같이 있어 드리겠습니다.<br>私が一緒にいてあげます。 |
| 저희 스텝이 안전하게 도와 드릴 겁니다.<br>私どものスタッフが安全にサポートさせて頂きます。 |
| 제가 가르쳐 드린 곳에 가 보셨습니까?<br>私がお教えしたところに行ってみましたか。 |

・「~게 보다」 形容詞+게 보다

| ~く見る、~に見る |
|---|
| 오랜만에 정말 영화를 재미있게 봤다.<br>久しぶりに本当に映画を楽しんだ(楽しく見た)。 |
| 앞으로도 저희 블랙핑크를 예쁘게 봐 주세요.<br>これからも私たち、ブラックピンクをよろしくお願いします(可愛く見て下さい)。 |
| 사람들이 저를 어렵게 봐요.<br>私、皆に煙たがられています(気難しい人と見られます)。 |

・「~는게 좋다」 動詞・있다/없다+는게 좋다
複数の出来事のうち、一つをあげ、そちらの方がいいということを表す表現。

| ~するのがいい、~する方がいい |
|---|
| 오늘은 가지 않는 게 좋겠어요.<br>今日は行かない方がよさそうです。 |
| 피곤할 때는 푹 쉬는 게 좋아요.<br>疲れた時はしっかり休むのがいいです。 |
| 차라리 집에 없는 게 좋아요.<br>かえって家にいない方がいいです。 |

・「~는게 낫다」 動詞・있다/없다+는게 낫다

話題の対象となっているどれもいいが、ある物事がもう一方の物事より、よりいいと思えることを表す表現。

| ~する方がいい、~した方がいい |
|---|
| 이 부분은 수정하지 않는 게 나아요.<br>この部分は修正しない方がいいです。 |
| 여럿이 하는 것보다 혼자 하는 게 더 낫습니다.<br>皆でやるより一人でやった方がよりいいです。 |
| 수술을 안 하는 게 나을지도 모릅니다.<br>手術をしない方がいいかもしれません。 |

・「~기 힘들다」 動詞・있다+기 힘들다

何かを乗り越えるのには力が要るということを表す表現。

| ~するのが難しい、~しにくい |
|---|
| 물가가 많이 올라서 먹고 살기 정말 힘듭니다.<br>物価がだいぶ上がって食べていくのが本当に難しいです。 |
| 그렇게 많이 모이기 힘들 겁니다.<br>そんなにたくさん集まるのは難しいと思います。 |
| 맨몸으로 올라가기 힘든 곳에 있는 것 같아요.<br>身一つで上りにくいところにあるようです。 |

・「~기 시작하다」 動詞+기 시작하다

| ~し始める |
|---|
| 벌써 나뭇잎이 떨어지기 시작한다.<br>もう木の葉が落ち始める。 |
| 사람들이 슬슬 움직이기 시작하는데요.<br>皆さん、ぼちぼち動き始めるんですけど。 |

・「~는 대로」「~ㄴ/은 대로」 動詞+는대로・ㄴ/은 대로

「何かを行ったらその動きを保ったまま」を表す表現。

| ~する次第、~した通りに、~したまま |
|---|
| 내가 말한 대로 하세요.<br>私が言った通りにして下さい。 |
| 도착하는 대로 바로 연락 주셔야 합니다.<br>到着し次第、すぐにご連絡下さい。 |
| 계획이 확정되는 대로 알려 드리도록 하겠습니다.<br>計画が確定し次第、お知らせするように致します。 |

・「잘못～」　잘못＋動詞

後に続く出来事が間違い、誤りであることを表す表現。

| ～し間違う、～し間違える |
| --- |
| 내 이야기를 잘못 들은 것 같아요.<br>私の話を聞き間違えたようです。 |
| 물건을 잘못 만든 우리의 책임입니다.<br>物を作り間違えたわれわれの責任です。 |
| 아무래도 길을 잘못 들어간 것 같은데요?<br>どうやら道を間違えて入ったようですけど。 |

・「～니까/으니까」　動詞＋니까/으니까

「～니까/으니까」には、意図の因果と発見の因果、二つの意味がある。

| ～から／ので（意図の因果）、～たら（発見の因果） |
| --- |
| 곧 도착하니까 거기서 기다리고 계세요.<br>もうすぐ着くので、そこで待っていて下さい。 |
| 집에 도착하니까 밤 10시였다.<br>家に着いたら夜10時だった。 |
| 9시에 문을 여니까 그때 다시 오십시오.<br>9時に開店しますから、その時にまた来て下さい。 |
| 문을 여니까 고양이가 들어왔다.<br>ドアを開けたら猫が入ってきた。 |

・「～던」　動詞・形容詞・있다/없다・이다＋던

動詞の場合は経験回想、その他の場合は過去連体形の機能を持つ。

| ～していた＋名詞、～た＋名詞 |
| --- |
| 내가 대학 다닐 때 자주 들리던 곳입니다.<br>私が大学に通っていた時によく立ち寄っていたところです。 |
| 아기 때의 귀엽던 얼굴이 그대로 남아 있네요.<br>赤ちゃんの時の可愛かった顔がそのまま残っていますね。 |
| 그 시절 최고로 멋있던 배우예요.<br>あの頃、最高にカッコよかった俳優です。 |

・「～고 가다/오다」　動詞＋고 가다/오다

| ～して（から）行く／来る |
| --- |
| 물 좀 마시고 오겠습니다.　ちょっとお水を飲んできます。 |
| 점심 먹고 갈 거예요?　昼ご飯、食べて行きますか。 |
| 설명을 잘 듣고 가시는 게 좋을 겁니다.<br>説明をよく聞いてから行った方がいいと思います。 |

・「~는 줄 알다/모르다・~ ㄹ/을 줄 알다/모르다」
動詞+는 줄 알다/모르다・動詞+ㄹ/을 줄 알다/모르다

「(何かをする技術、技能、スキルを)知っている/知らない」という意味になる時と、「~するものと思った/思っていない」の意味になる時がある。

| 테니스 칠 줄 아세요?<br>テニス、出来ますか。(テニスの仕方を知っているのかという意味) |
|---|
| 저는 춤 출 줄 몰라요.<br>私はダンスが出来ません。(踊り方をまったく知らないという意味) |
| 먼저 가시는 줄 알았어요.<br>先に行かれるものと思っていました。 |
| 여기에는 안 올 줄 알았습니다.<br>ここには来ないだろうと思っていました。 |
| 그렇게 빨리 돌아오실 줄 몰랐어요.<br>そんなに早く帰ってこられるとは思っていませんでした。 |
| 거기에서 회의하는 줄 몰랐어요.<br>そこで会議をしているとは思いませんでした。 |

・「~ㄹ/을 수 있을/없을 것 같다」 動詞+ㄹ/을 수 있을/없을 것 같다

「~ㄹ/을 수 있다/없다(可能・不可能)+을 것 같다(そうだ)」の複合系。

| ~出来そうだ/~出来なさそうだ |
|---|
| 소비 기한이 지나서 먹을 수 없을 것 같아요.<br>賞味期限が過ぎているので食べられなさそうです。 |
| 일이 너무 많아서 내일까지 끝낼 수 없을 것 같은데요.<br>やることが多過ぎて、明日までに終わりそうにないですけど。 |
| 잘하면 우리가 할 수 있을 것 같습니다.<br>上手くやれば私たちに出来そうです。 |

・「~고 싶을/싶은 것 같다」 動詞+고 싶을/싶은 것 같다

「~고 싶다(希望)+것 같다(そうだ/ようだ)」の複合系。

| 한국어를 배우고 싶은 것 같아요.<br>韓国語を学びたいようです。 |
|---|
| 그런 사람이라면 저도 만나고 싶을 것 같습니다.<br>そういう人なら私も会いたくなりそうです。 |
| 우리한테 뭔가 말을 하고 싶은 것 같았어요.<br>私たちに何かを言いたげなようでした。 |

・「～려고/으려고 할/하는 것 같다」
動詞＋려고/으려고 할/하는 것 같다
「～려고/으려고 하다（～しようとする）＋것 같다（そうだ／ようだ）」の複合系。

| 이 이야기를 들으면 안 오려고 할 것 같아요.<br>この話を聞くと来なさそうです。 |
|---|
| 가을에 결혼하려고 하는 것 같아요.<br>秋に結婚しようとしているようです。 |
| 배추가 싸니까 김치 담그려고 할 것 같아요.<br>白菜が安いからキムチを漬けようとしそうです。 |

・「～ㄴ/은 적이 있을/없을・있는/없는 것 같다」
動詞＋ㄴ/은 적이 있을/없을 것 같다
「～ㄴ/은 적이 있다/없다（～したことがある／ない）＋것 같다（そうだ／ようだ）」の複合系。

| 저 사람은 다른 사람하고 싸운 적이 한번도 없을 것 같다.<br>あの人は他の人と喧嘩をしたことが一回もなさそうだ。 |
|---|
| 비싼 명품 가방은 사 본 적이 없는 것 같아요.<br>高いブランドのバッグは買ったことがないみたいです。 |
| 전에 한번 만난 적이 있는 것 같은데요.<br>以前一回会ったことがあるようですが。 |

・「～면/으면 될/되는 것 같다」動詞＋면/으면 될/되는 것 같다
「～면/으면 되다（～すればいい）＋것 같다（そうだ／ようだ）」の複合系。

| 여기는 들어가면 안 될 것 같아요.<br>ここは入ったらだめなようです。 |
|---|
| 한 달 안에 취득하면 되는 것 같아요.<br>一カ月以内に取得すれば大丈夫みたいです。 |
| 이렇게 결제하시면 될 것 같습니다.<br>このように決済すれば大丈夫そうです。 |

・「～아도/어도 될/되는 것 같다」
動詞＋아도/어도 될/되는 것 같다
「～아도/어도（～しても）＋것 같다（そうだ／ようだ）」の複合系。

| 우리는 몰라도 될 것 같아요.<br>私たちは知らなくてもよさそうです。 |
|---|
| 이곳에서는 소리를 내도 되는 것 같습니다.<br>ここでは音を出してもいいみたいです。 |

・「～아야/어야 될/되는・할/하는 것 같다」
動詞＋아야/어야 될/되는・할/하는 것 같다
「～아야/어야 하다/되다（当然の義務）＋것 같다（そうだ／ようだ／だろう）」の複合系。

| 한 시간은 더 걸어야 할 것 같습니다.<br>さらに1時間、歩かなければならなさそうです。 |
|---|
| 앞으로 이런 일은 없어야 될 같아요.<br>これからこんなことはあってはならないでしょう。 |
| 작별인사를 해야 하는 것 같습니다.<br>別れの挨拶をしないといけないみたいです。 |
| 먼저 이동을 해야 되는 것 같아요.<br>先に移動をしないといけないみたいです。 |

・「～아질/어질・아지는/어지는 것 같다」
動詞＋아질/어질・아지는/어지는 것 같다
「～아지다/어지다（～くなる・～になる）＋것 같다（そうだ／ようだ）」の複合系。

| 회의가 길어질 것 같습니다.<br>会議が長くなりそうです。 |
|---|
| 시간이 점점 짧아지는 것 같아요.<br>時間がどんどん短くなっているみたいです。 |
| 드라마가 갈수록 재미있어지는 것 같아요.<br>ドラマが回を重ねるほど面白いようです。 |

## ●今後使われると思われる単語

・공연　公演

어제 K-POP 공연을 보러 갔다.　昨日K-POPの公演を見に行った。

・돌보다　世話をする、面倒を見る

갈 곳이 없는 아이들을 돌보아 주고 있어요.

行くところのない子供たちの面倒を見ています。

・동아리　サークル、同好会

우리 동아리에 안 들어올래요?　うちのサークルに入りませんか。

・보호자　保護者

제가 이 학생 보호자입니다.　私がこの学生の保護者です。

・영상　映像

미국에 있는 아들과 영상 통화를 하였다.

アメリカにいる息子とテレビ電話（映像通話）をした。

・들다　持つ、持ち上げる、入る

이쪽이 더 마음에 듭니다.　こちらの方がもっと気に入ります。

・만두　餃子

이 집은 만두가 맛있습니다.　この店は餃子が美味しいです。

・결제(하다)　決済（する）、会計（をする）、（払う）

결제 도와드리겠습니다. お会計、承ります。

・입사하다　入社する

우리 회사에는 언제 입사하셨어요?　うちの会社にはいつ入社なさいましたか。

・면접　面接

면접 시험　面接試験

・긴장(하다/되다)　緊張（する）

긴장하실 필요 없습니다.　緊張する必要はありません。

・자연스럽다　自然だ

자연스럽게 행동하세요.　自然に行動して下さい。

・지원하다　志願する、応募する

월급을 많이 주는 회사를 지원하는 경향이 있다.

給料をたくさんくれる会社を志願する傾向がある。

・혁신　革新、改革

이번에 새로 선발된 혁신 팀입니다.　この度新たに選抜された革新チームです。

・만원버스　満員のバス

오늘도 만원버스를 타야해요.　今日も満員のバスに乗らなければなりません。

· 작별인사 お別れの挨拶
작별인사는 안 받으시겠답니다. お別れの挨拶はお受けにならないそうです。

· 나다 出る、なる
눈물이 납니다. 涙が出ます。
적자가 났다. 赤字になった。
갑자기 병이 났대요. 急に病気になったそうです。

· 토하다 吐く、嘔吐する
먹은 것을 다 토하고 말았다. 食べたものをすべて吐いてしまった。

· 먹거리 食べ物、グルメ
이곳에서는 다양한 먹거리를 체험해 볼 수 있습니다.
ここでは様々なグルメを体験することが出来ます。

· 맛집 人気店、グルメ店
놓치면 후회할 최고의 맛집 逃したら後悔する最高の人気店

· 색다르다 目新しい、風変りだ
색다른 분위기를 맛보고 싶습니다. 目新しい雰囲気を味わってみたいです。

· 다양하다 多様だ、様々だ
다양한 의견이 나와 마땅합니다. 様々な意見が出て当然です。

· 맞이하다 迎える
새로운 마음으로 새해를 맞이합시다. 新しい気持ちで新年を迎えましょう。

· 참석하다 出席する、列する
내일 모임에 참석하실 겁니까? 明日の会に出席されますか。

· 꾸미다 飾る、見せかける、装う
인테리어를 잘 꾸며 놓은 카페 インテリアを上手く作り上げたカフェ

· 전통 伝統
우리 학교의 전통 私の学校の伝統

· 이동하다 移動する
제 차로 이동하시죠. 私の車で移動しましょう。

· 선발하다 選抜する、選ぶ
국가대표로 선발된 선수 国の代表として選ばれた選手

· 문화제 文化祭
한지문화제가 열린다. 韓紙文化祭が開かれる。

· 축제 祝祭、学園祭、フェスティバル
요즘 대학 축제는 규모가 상당히 큽니다.
最近の大学の学園祭は規模がかなり大きいです。

· 유명해지다 有名になる
최근 들어 유명해진 배우 最近になって有名になった俳優

· 파　ネギ
라면에는 파를 넣어야 맛있습니다.
ラーメンにはネギを入れないと美味しくありません。

· 양념　合わせ調味料、味付け、薬味
음식이 맛있으려면 양념이 맛있어야 합니다.
食べ物が美味しくなるためには味付けが美味しくないといけません。

· 마늘　ニンニク
한국 음식에는 마늘이 많이 들어갑니다.
韓国の料理にはニンニクがたくさん入ります。

· 고춧가루　粉唐辛子
고춧가루가 많이 들어가서 맵다.　粉唐辛子がたくさん入っていて辛い。

· 보호하다　保護する
길을 잃어버린 어린아이들을 보호하는 곳
迷子になった子供たちを保護するところ

· 전시관　展示館
자동차 전시관　自動車展示館

· 구경하다　見物する、見る、観覧する
단풍 구경을 가다　紅葉狩りに行く

· 후추　胡椒
후추는 옛날에 검은 황금으로 불렸다.　胡椒は昔黒い黄金と呼ばれた。

· 보리차　麦茶
여름에는 차가운 보리차가 제일이다.　夏は冷たい麦茶が一番だ。

· 관리비　管理費
아파트 관리비가 너무 비싸다.　マンションの管理費が高すぎる。

· 공개(하다/되다)　公開（する／される）
비밀을 다 공개하겠습니다.　秘密をすべて公開します。

· 확인하다　確かめる、確認する
이름하고 주소 확인하셨습니까?　お名前と住所、確認なさいましたか。

· 문의하다　問い合わせをする
문의하신 서류를 메일로 보내 드렸습니다.
お問い合わせの書類をメールでお送りしました。

· 눕다　横になる、仰向けになる
이쪽으로 누우세요.　こちらに仰向けになって下さい。

· 자격　資格
1급 기능사 자격　1級技能士の資格

· 취득하다　取得する
취득하신 면허는 1년간 유효합니다.　取得された免許は1年間有効です。

・교류 交流

국제 교류 国際交流

・개선하다 改善する

품질 문제를 개선하다. 品質問題を改善する。

・원료 原料

원료와 재료 原料と材料

・자료 資料

필요한 자료를 모아 주십시오. 必要な資料を集めて下さい。

・담그다 浸ける、漬ける

어제 오이 김치를 담갔습니다. 昨日きゅうりキムチを漬けました。

・깨지다 割れる、壊れる

계란이 다 깨졌어요. 卵が全部割れました。

・다행스럽다 幸いだ

이번 일은 정말 다행스럽게 생각합니다.

今回のことは本当に幸いだと思います。

・싸다 安い、包む、支度をする

미리 여행갈 짐을 싸 놓았다. 前もって旅行に行く荷造りをしておいた。

・주문하다 注文する、取り寄せる

까만색으로 하나 주문해 주세요. 黒色で1つ取り寄せて下さい。

주문 도와드리겠습니다. 注文、お受けします。

・영업시간 営業時間

영업시간 끝났습니다. 営業時間終了です。

・구급차 救急車

구급차 좀 불러 주세요. 救急車を呼んで下さい。

・마찬가지 同様、同然、同じこと

그 사람이나 나나 마찬가지입니다. あの人も私も同じです。

・케첩 ケチャップ

토마토 케첩 トマトケチャップ

・달라지다 異なる、変わる

어제하고 태도가 완전히 달라졌어요. 昨日と態度が完全に変わりました。

・금연 禁煙

이곳은 금연입니다. ここは禁煙です。

・추억 思い出

제 어릴 때 추억이 담긴 곳입니다.

私の小さいの時の思い出が込められているところです。

著者紹介

## イム・ジョンデ

韓国名イム・ジョンデ(林鍾大)韓国大田生まれ。韓国教育財団諮問委員。韓国外国語大学日本語科卒業。同大学院卒業後、ソウルの桓一高校で日本語教師を勤める。1997年上智大学大学院文学研究科国文学専攻博士後期課程満期退学。清泉女子大学非常勤講師、東海大学福岡短期大学国際文化学科主任教授、観光文化研究所所長などを経て、現在は東海大学教育開発研究センター教授。『完全マスターハングル文法』『完全マスターハングル会話』『完全マスターハングル単語』『中上級ハングル文法活用辞典』『日本語表現文型』など多数の著書がある。韓国語教育、韓国の文化と社会、国際理解、国際交流などを研究テーマにしている。現在の名は、林大仁(はやしひろひと)。

●編集協力：株式会社 アル
●本文組版：有限会社 P.WORD
●カバーデザイン：Pesco Paint(清水裕久)
●イラスト：山下幸雄
●音声録音：爽美録音
●ナレーション：イム・ジョンデほか

**韓国語能力試験 TOPIK I**
**総合対策 [第3版]**

| | | |
|---|---|---|
| 発行日 | 2023年 8月 2日 | 第1版第1刷 |
| | 2024年 6月18日 | 第1版第2刷 |

著　者　イム・ジョンデ

発行者　斉藤　和邦
発行所　株式会社　秀和システム
〒135-0016
東京都江東区東陽2-4-2　新宮ビル2F
Tel 03-6264-3105（販売）　Fax 03-6264-3094
印刷所　三松堂印刷株式会社

ISBN978-4-7980-7051-3 C0087